基础装备焊接接头表面超声冲击理论及技术丛书

列车转向架构架材料及其焊接接头的超高周疲劳性能研究

何柏林 ◎ 著

西南交通大学出版社
·成都·

图书在版编目（CIP）数据

列车转向架构架材料及其焊接接头的超高周疲劳性能研究 / 何柏林著. —成都：西南交通大学出版社，2021.12

（基础装备焊接接头表面超声冲击理论及技术丛书）

ISBN 978-7-5643-8409-8

Ⅰ. ①列… Ⅱ. ①何… Ⅲ. ①铁路车辆 – 转向架 – 架构 – 材料 – 研究②铁路车辆 – 转向架 – 焊接接头 – 疲劳强度 – 研究 Ⅳ. ①U270.331

中国版本图书馆 CIP 数据核字（2021）第 239251 号

基础装备焊接接头表面超声冲击理论及技术丛书

Lieche Zhuanxiangjia Goujia Cailiao ji Qi Hanjie Jietou de Chaogaozhou Pilao Xingneng Yanjiu

列车转向架构架材料及其焊接接头的超高周疲劳性能研究

何柏林　著

责 任 编 辑	李　伟
封 面 设 计	何东琳设计工作室
出 版 发 行	西南交通大学出版社 （四川省成都市金牛区二环路北一段 111 号 西南交通大学创新大厦 21 楼）
发行部电话	028-87600564　028-87600533
邮 政 编 码	610031
网　　　址	http://www.xnjdcbs.com
印　　　刷	四川煤田地质制图印刷厂
成 品 尺 寸	170 mm × 230 mm
印　　　张	17.5
字　　　数	261 千
版　　　次	2021 年 12 月第 1 版
印　　　次	2021 年 12 月第 1 次
书　　　号	ISBN 978-7-5643-8409-8
定　　　价	88.00 元

图书如有印装质量问题　本社负责退换

版权所有　盗版必究　举报电话：028-87600562

前言

随着我国铁路运输全面提速、重载战略的不断推进,列车运行安全备受关注。转向架焊接构架是转向架最关键的零部件之一,属于典型的重载焊接结构,承担着车体重量和轨道振动带来的循环载荷作用,其可靠性直接影响列车的性能和行驶安全。高速列车在 10 年服役期内大约要经历 10^9 次应力循环,即 10 亿次以上的疲劳。传统疲劳研究认为,钢铁材料一般在 $10^6 \sim 10^7$ 循环周次附近存在疲劳极限,加载应力幅低于该疲劳极限,材料将不发生疲劳破坏,即材料有无限寿命,因此材料 10^7 周次的 S-N 曲线即可满足构件的疲劳设计安全要求。目前的疲劳设计大多是基于 10^7 次应力循环的试验数据进行的。然而,最近的研究结果表明,金属材料在超过 10^7 次的超长寿命区出现疲劳极限消失的现象,材料在 10^7 以上超长寿命区循环周次内仍然会发生疲劳断裂,这意味着长寿命疲劳设计方法不能满足结构在超长寿命区的安全设计要求。很多材料在超高周疲劳寿命区不存在传统的疲劳极限,S-N 曲线具有阶梯下降特征。与传统疲劳不同,材料的超高周疲劳行为发生在加载应力幅远低于传统的疲劳极限下。其疲劳断裂机理与传统疲劳破坏的机理也有所不同。

超声冲击处理是一种全新的焊后处理技术,它能够有效降低焊接接头焊趾处的应力集中系数,消除焊接残余拉伸应力,甚至在焊缝及其附近区域引入残余压应力,并使焊接接头表层组织得到明显细化,这对提高焊接件的疲劳寿命具有重要作用。

本书介绍了超高周疲劳研究的试验方法和所用设备，以及超声疲劳试样的设计和影响试样振动特性的因素；在现有高速列车转向架焊接构架常用材料的基础上，以转向架对接接头和十字接头为例，探讨了转向架焊接构架用钢及其焊接接头的超高周疲劳性能以及超声冲击对其焊接接头超高周疲劳性能和疲劳失效机理的影响；详细总结了超声冲击对焊接接头表面组织的影响、对焊接接头表层残余应力的影响、对焊接接头应力集中系数的影响以及对焊接接头超高周疲劳裂纹萌生和扩展机理的影响，以期找出超声冲击引起的晶粒细化、残余应力和应力集中变化与转向架焊接接头疲劳寿命之间的内在规律，寻求提高转向架焊接接头疲劳强度和疲劳寿命的新方法，为提高转向架焊接接头疲劳寿命、降低转向架焊接构架的维修费用和运营成本提供理论依据及技术支持。最后在论述超高周疲劳的影响因素基础上，本书对频率因素和环境因素对转向架焊接构架用钢焊接接头超高周疲劳性能的影响进行了重点讨论。

本书素材主要来自作者及其研究生（张枝森、邓海鹏、熊磊、魏康、吕宗敏、张志军、江明明、谢学涛、丁江灏、金辉、叶斌、王永祥等）近年来在这一领域的研究成果，同时书中也参考了国内外有关文献的相关内容，在此对相关作者表示感谢。

最后，感谢国家自然科学基金资助项目"超声冲击对高速列车转向架焊接接头超高周疲劳性能及失效机理的影响研究"（项目编号：51365014），中车南京浦镇车辆股份有限公司的合作课题"超声波冲击法对转向架用钢焊接接头力学性能影响研究"，江西省工业支撑重点项目"机械零部件表面超声冲击/滚压联合表面纳米加工技术及装备研究"（20161BBE50072）对本书给予的大力支持。

由于高速列车转向架构架焊接接头的超高周疲劳性能研究是近几年才开展起来的，限于作者学识水平、实践经验，研究工作与书中难免会有纰漏和考虑不周之处，还望读者不吝指正，交流探讨。

何柏林

2021 年 7 月 30 日于华东交通大学

1. 转向架的作用

在现代列车中，走行部一般采用转向架的形式。列车转向架必须要保证列车在运行时具有稳定性、平稳性以及良好的曲线通过性，从而使列车行驶安全、乘坐舒适、减小维修[1]。转向架作为机车车辆的主要组成部分之一，其主要作用包括以下内容[2]：

（1）承受车架及其以上各部分的重量，包括车体、车架、动力装置以及辅助装置等。

（2）保证必要的黏着，并把轮轨接触处产生的轮周牵引力传递给车架、车钩，牵引机车车辆前进。

（3）缓和线路不平顺对机车车辆产生的冲击作用，保证机车车辆具有较好的运行平稳性和稳定性。

（4）保证机车车辆顺利通过曲线。

（5）产生必要的制动力，以便机车车辆在规定的制动距离内停车。

2. 转向架的组成

列车转向架如图 1-1 所示，主要由下列部件组成。

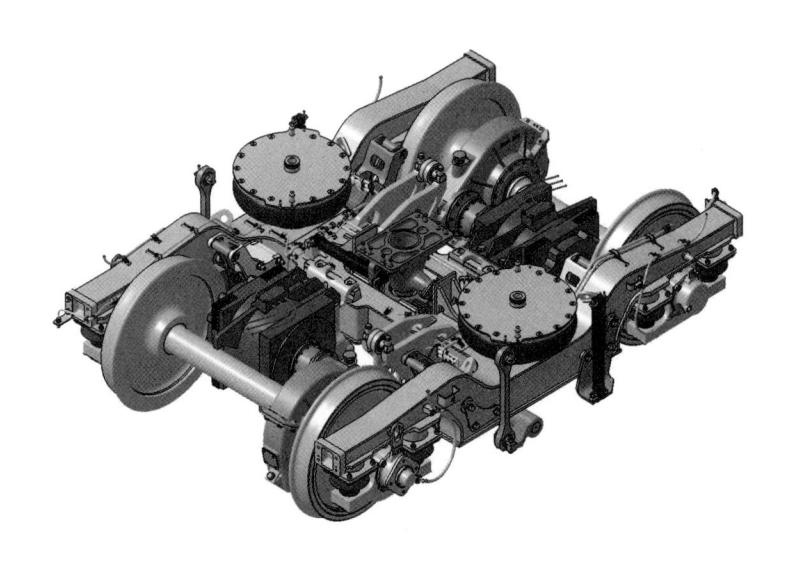

图 1-1　转向架结构示意图

第 1 章

转向架焊接构架与常用钢材

1.1 转向架焊接构架

随着我国经济节奏的加快，铁路运输全面提速、重载战略的不断推进，列车运行安全备受关注，对运载工具可靠性的要求越来越高。与公路、航空等其他运输方式相比，铁路在提高运能和节能环保两方面均具有显著优势。因此，铁路在全世界得到了重新关注，各国相继掀起了大量投资发展铁路运输的新潮。为适应新形势下的运输要求，以继续保持铁路在运能、环保、节能、经济等诸多方面的优势，高速客运和重载货运成为重点发展方向，并已给各国带来了巨大的经济效益和社会效益。截至 2020 年 12 月 31 日，随着商合杭高铁合肥至湖州段、潍莱高铁、京雄城际铁路等一大批铁路开通，我国铁路发展又迈向一个新的高峰。2020 年，全国铁路新增运营里程超过 4 800 千米，其中新增高铁通车里程 2 520 千米，高速铁路运营里程达到 3.79 万千米，较 2015 年年底的 1.98 万千米翻了近一番，稳居世界第一。2021 年春节前，还有京哈高铁北京到承德段（192 千米）投入运营。此外，国铁集团计划 2021 年投产新线 3 700 千米左右，其中高铁 1 600 千米左右，预计到 2021 年年底，全国铁路营业里程达到 15 万千米左右，其中高铁 4 万千米左右。

第 5 章 超声冲击对转向架焊接构架焊接接头超高周疲劳
　　　 性能的影响···113
　　5.1 超声冲击对 P355NL1 钢焊接接头超高周疲劳
　　　　性能的影响··114
　　5.2 超声冲击对 SMA490BW 钢焊接接头超高周疲劳
　　　　性能的影响··122
　　5.3 超声冲击对 Q345 钢焊接十字接头超高周疲劳
　　　　性能的影响··129

第 6 章 超声冲击提高焊接接头超高周疲劳性能的机理··········134
　　6.1 超声冲击对焊接接头表面组织与硬度的影响···············134
　　6.2 超声冲击对焊接接头表层残余应力的影响···················155
　　6.3 超声冲击对焊接接头应力集中的影响··························178
　　6.4 超声冲击对焊接接头疲劳裂纹萌生及扩展的影响·········208

第 7 章 影响材料超高周疲劳性能的频率和环境因素探讨······238
　　7.1 频率因素对 P355NL1 钢超高周疲劳性能的影响··········240
　　7.2 试样形状对超高周疲劳性能的影响······························257
　　7.3 环境因素对 P355NL1 钢焊接接头超高周疲劳
　　　　性能的影响··260

目 录

第1章 转向架焊接构架与常用钢材 ····· 1
1.1 转向架焊接构架 ····· 1
1.2 转向架构架常用钢材 ····· 5

第2章 超高周疲劳 ····· 8
2.1 疲劳概述 ····· 8
2.2 超高周疲劳研究现状 ····· 27
2.3 超高周疲劳的影响因素 ····· 36

第3章 超声疲劳试验方法 ····· 51
3.1 超高周疲劳研究的试验方法及所用设备 ····· 51
3.2 超声疲劳试样设计 ····· 53
3.3 超声疲劳试验系统 ····· 68

第4章 转向架焊接构架用钢及焊接接头的超高周疲劳性能 ····· 73
4.1 P355NL1 钢及焊接接头的超高周疲劳性能 ····· 73
4.2 SMA490BW 钢及焊接接头的超高周疲劳性能 ····· 85
4.3 16Mn 钢及焊接接头的超高周疲劳性能 ····· 104

（1）转向架构架。它是转向架的骨架，构架将转向架的各个部件组成一个整体，并承受、传递各种力，包括垂向力及水平力等。转向架构架包括侧梁、横梁（或端梁）以及与各种相关设备安装、悬挂的支座。

（2）一系悬挂。一系悬挂即弹簧悬挂装置，用来保证轴重分配，同时可缓和线路不平顺导致的车辆冲击，保证列车运行平稳。一系悬挂包括轴箱定位装置、垂直减震器等。

（3）二系悬挂。二系悬挂即车体和转向架之间的连接装置。它用来传递车体与转向架间的垂向力及水平力（包括纵向力，如牵引力或制动力；横向力，如通过曲线时的车体未平衡离心力等），使转向架在车辆通过曲线时能相对车体回转，并进一步减缓转向架和车体之间的冲击振动，同时保证转向架安定。在较高速度的车辆上，车体与转向架之间还设置横动装置，使车体在水平横向成为相对转向架的簧上质量，以提高机车车辆在水平方向的运行平稳性。

（4）轮对和轴箱。转向架的轮对直接向钢轨传递机车车辆的重量，通过轮轨间的黏着产生牵引力和制动力，并通过轮对本身的回转实现机车车辆在钢轨上的运行。轴箱联系转向架构架和轮对，是一个活动的关节。轴箱除了保证轮对进行回转运动外，同时还能使轮对适应不平顺的条件，并相对转向架构架上下、左右和前后活动。

（5）驱动机构。驱动装置为动力转向架所包含的部分，它将动力装置的扭矩传递给轮对。驱动装置包括牵引电机、齿轮箱等[3]。

（6）基础制动装置。基础制动装置主要包括闸瓦（或闸片）、制动盘等。由制动缸传来的力，经杠杆系统增大若干倍后传递给闸瓦，使其压紧车轮（或闸片压紧制动盘），对机车车辆进行制动。

3. 转向架焊接构架

转向架焊接构架是转向架最关键的零部件之一，是转向架其他零部件的安装基础。电动车组动力转向架不但要支撑车体、电机及各种零部件，而且需要传递车体与轮对之间的牵引力、制动力等各种横向、垂向和纵向力，其可靠性直接影响动车的性能和安全性。随着运行速度的提高，构架除了要有良好的疲劳强度外，还需具有结构简单和质量轻等特点。目前，除北美国家外，客车转向架构架基本上采用焊接构架的形式。侧梁一般采用箱形结构，其目的一方面可增加强度，另一方面可增加空气弹簧附加空气室的容积。欧洲国家横梁一般采用箱形结构形式，而日本则采用双无缝钢管的形式。采用双无缝钢管横梁的构架具有质量轻、易实现盘形制动等特点，近年来得到广泛应用[4]。

转向架的焊接构架属典型的重载焊接结构，承担着车体重量和轨道振动带来的循环载荷作用，其抗疲劳性能直接影响到列车的运行安全。转向架焊接构架刚度大、焊缝数量多且分布复杂，其中主要承力焊缝大都为角焊缝，如构架侧梁立板与盖板之间的焊缝、横梁套管与侧梁立板之间的焊缝、定位座与侧梁盖板之间的焊缝等。焊接构架的主要制造过程为：由钢板、钢管来料经过机加工、焊接组装成横梁、侧梁等大部件，再通过焊接把横梁和侧梁组焊成焊接构架，焊接构架经过打磨、调修、整体热处理、表面处理形成构架总成，然后进入其他流程。通常，焊接会在接头附近区域产生较高的残余应力，而由于焊趾处的应力集中，其疲劳强度较低，这些地方成为转向架构架承载能力的薄弱环节[5,6]。转向架焊接接头的疲劳性能直接影响转向架的寿命和车辆的行车安全[7-9]。目前，因转向架结构疲劳引发的铁路运输重大事故时有发生。例如：提速客车 209HS 转向架的联系梁、吊杆、牵引座出现疲劳裂纹；提速客车 CW160 转向架的吊杆、构架和横向控制杆发现疲劳断裂；提速机车 558 转向架端梁发生断裂；"蓝箭"动车组牵引座、电机吊座发生疲劳破坏；提速货车转向架 Z8A（G）交叉杆系统发生疲劳破坏；国内研制的高速动车组"先锋号"（250 km/h）和"中华之星"（270 km/h），在试运行中也出现了抗蛇行减振器座开裂和裙板折断等焊接结构强度问题[10]。某型号的转向架焊接构架侧梁外腹板上的节点座下方与下盖板相交的焊缝上，发现了一条长度大于 100 mm 的纵向裂纹，裂纹外观及位置如图 1-2 所示。因零部件突然失效而导致的重大行车事故或恶性事故中，以转向架零部件失效所占比例最大。在列检及修理重点抓的六项预防工作中，其中五项都是属于转向架的[11]。

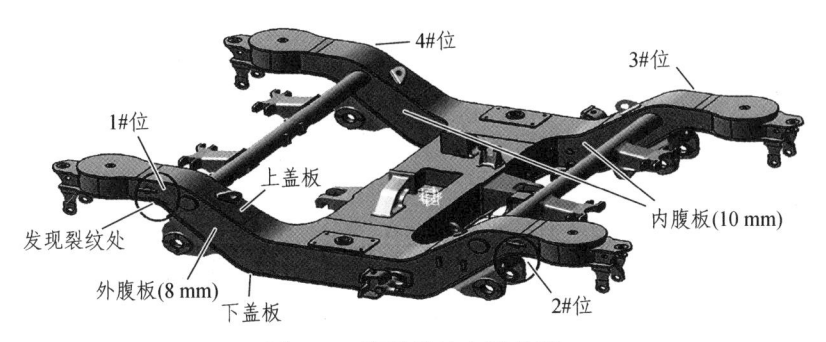

图 1-2 某型号转向架构架

1.2 转向架构架常用钢材

1.2.1 转向架构架常用钢材性能要求

制造高速列车转向架用的结构材料的选择是一个重要的课题，因为正确选择结构材料可以在制造转向架的金属用量最少的前提下保证转向架可靠和长时间运用。决定结构材料在车辆转向架构架结构中的应用效果的主要性能是强度、塑性、冲击韧性、切割和焊接工艺性、基本金属和焊接接头的耐腐蚀性等。

1. 耐腐蚀性能

转向架在我国铁路运行环境中要经受住大气侵蚀，因此构架材质还需要有抗腐蚀性能。在大气中的腐蚀锈蚀，是钢铁材料的主要破坏形式之一。世界上每年约有 1/10 年产量的钢材因腐蚀而损耗。为防止锈蚀所采取的诸如打磨、涂装等措施所需要的费用更是占到工程投资总费用的相当比例。因此，防止或减缓钢铁材料在大气中腐蚀是提高钢铁材料使用寿命的重要方法。

2. 低温韧性

我国南北地域的温度差异很大，在西北和东北的很多地区冬季的最低温度可达-40 ℃，因此构架材质还需要有耐低温的性能。由于转向架焊接构架是复杂动负荷的主要承载构件，该动负荷又随速度的提高而明显增强。所以要求该焊接构架有足够的强度和抗疲劳性能，以便减轻自重，实现低动力作用和确保运行安全可靠。

3. 可焊性

可焊性指钢材焊接时形成裂纹和在焊缝区产生脆性的程度。它主要取决于钢材的化学成分，另外还与焊件结构的形状、刚度及焊接材料和工艺规范有关。一般来说，当碳钢含碳量小于 0.25%、合金钢含碳量小于 0.18%或碳当量（CE）小于 0.45%时，其可焊性属于良好。

1.2.2 转向架构架常用钢材现状

目前，我国的一般转向架用钢主要有 Q345、16Mn 等。首先，Q345 系列钢板作为力学性能和焊接性能较为稳定的钢种，在桥梁和机车车辆上已经使用了十几年，并且在其他行业中得到了广泛应用。但随着对钢结构力学性能要求的不断提高，对钢的焊接性能的要求也不断提高。在铁路机车车辆制造方面，随着重载、提速、高速列车的迅猛发展，要求焊接转向架不仅质量轻，而且整体结构的抗疲劳性进一步提高，这就要求钢不仅具有一定的强度，而且应具有较高的韧性，焊接后焊缝和钢的热影响区还要有一定的耐冲击强度。

Q345 与 SMA490BW、P355NL1 的抗拉强度、屈服强度及延伸率相差不大，但冲击韧性却存在一定的差距，特别是低温下的冲击韧性。因此，目前我国高速动车组转向架构架大都采用 SMA490BW 和 P355NL1 制造。

参考文献

[1] 王伯铭. 高速动车组总体及转向架[M]. 2 版. 成都：西南交通大学出版社，2014.

[2] 王学明，金晶，宋年武，等. 机车转向架技术[M]. 成都：西南交通

大学出版社，2009.

[3] ZHANG M, NIE H, ZHU R P. Design and Dynamics Analysis of Anti-skid Braking System for Aircraft with Four-wheel Bogie Landing Gear[J]. Chinese Journal of Construction Machinery, 2011, 24（2）: 277-284.

[4] 王盛楠. CRH5 动车组转向架构架及摇枕的强度分析与设计规范的比较[D]. 北京：北京交通大学，2007.

[5] 何柏林，魏康. 转向架用 SMA490BW 钢对接接头应力集中系数有限元分析[J]. 表面技术，2015，44（10）: 74-78.

[6] HE B L, WEI K, YU Y X, et al. Fatigue Life Analysis of Ultrasonic fatigue Welded Butt Joint for Train Bogie Based on ABAQUS/FE-SAFE[J]. China Welding, 2016, 25（4）: 1-7.

[7] KIM J S. Fatigue assessment of tilting bogie frame for Korean tilting train: Analysis and tests[J]. Engineering Failure Analysis, 2006, 13（8）: 1326-1337.

[8] BAEK S H, CHO S S, JOO W S. Fatigue life prediction based on the rainflow cycle counting method for the end beam of a freight car bogie[J]. International Journal of Automotive Technology, 2008, 9（1）: 95-101.

[9] WU H C, WU P B. Bogie Frame Fatigue Simulation Based on Flexible Multibody Dynamics[J]. International Conference on Transportation Engineering, Chengdu, 2009:1831-1837.

[10] ZHANG W H, Wu P B, Wu X J, et al. An investigation into structural failures of Chinese high-speed trains[J]. Engineering Failure Analysis, 2006, 13（1）: 427-441.

[11] 严隽耄. 车辆工程[M]. 2 版. 北京：中国铁道出版社，2003.

第 2 章

超高周疲劳

2.1 疲劳概述

2.1.1 疲劳断裂及其特点

疲劳是固体力学的一个分支，它主要研究材料或结构在交变载荷作用下的强度问题，研究材料或结构的应力状态与寿命的关系。疲劳是由应力不断变化引起的材料逐渐破坏的现象。当材料或结构受到多次重复变化的载荷作用后，应力值虽然始终没有超过材料的强度极限，甚至比弹性极限还低的情况下就可能发生破坏，这种在交变载荷重复作用下材料或结构的破坏现象就叫疲劳破坏。美国材料试验协会将疲劳定义为"材料某一点或某一些点在承受交变应力和应变条件下，使材料产生局部永久性逐步发展的结构性变化过程。在足够多的交变次数后，它可能造成裂纹的积累或材料完全断裂"。文献[1]给出定义为"材料在变动载荷作用下，会产生微观的和宏观的塑性变形，这种塑性变形会降低材料的继续承载能力并引起裂纹，随着裂纹逐步扩展，最后将导致断裂，这一过程称为疲劳"。简单说，疲劳是裂纹的萌生、扩展与最终断裂的过程。

疲劳破坏与传统的静载破坏有着许多不同点：① 静力破坏是在最大载荷作用下的一次破坏；疲劳破坏是在多次反复载荷作用下产生的破坏，它不是短期内发生的，而是要经历一定的时间，甚至很长时间才能发生的破坏,即具有寿命的断裂破坏。② 当静应力小于屈服极限或强度极限时,不会发生静力破坏;而交变应力在远小于静强度极限,甚至小于屈服极限的情况下,疲劳破坏也可能发生。③ 静力破坏通常有明显的塑性变形产生;而疲劳破坏通常没有宏观的显著塑性变形迹象,哪怕是塑性良好的金属也如此,就像脆性材料破坏一样,事先不易被觉察出来,这就表明疲劳破坏具有更大的危险性。尽管疲劳是脆性断裂,但疲劳断裂形式与脆性断裂形式有明显差别。疲劳与脆性断裂相比较,虽然二者断裂时的形变都很小,但疲劳需要多次加载,而脆性断裂一般不需多次加载,结构脆断是瞬时完成的,而疲劳裂纹的扩展则是缓慢的,有时需要长达数年时间,它是在长期累积损伤过程中,经裂纹萌生和缓慢亚稳扩展到临界尺寸 a_c 时才突然发生的。因此,疲劳是一种潜在的突发性断裂[2]。④ 在静力破坏的断口上,通常只呈现粗粒状或纤维状特征;而在疲劳破坏的断口上,总是呈现两个区域特征,一部分是平滑的,另一部分是粗粒状或纤维状。⑤ 静力破坏的抗力主要取决于材料本身;而疲劳破坏的抗力与材料的组成、构件的形状或尺寸、表面状况、使用条件以及外界环境都有关系[3]。⑥ 疲劳对缺陷(缺口、裂纹及组织缺陷)十分敏感。由于疲劳破坏是从局部开始的,所以它对缺陷具有高度的选择性。缺口和裂纹因应力集中增大对材料的损伤作用;组织缺陷(夹杂、疏松、白点、脱碳等)降低了材料的局部强度,三者都加快疲劳破坏的开始和发展。

众所周知,疲劳断裂是金属结构失效的一种主要形式。工程结构中约 80% 以上的失效破坏是由疲劳断裂引起的。大量统计资料表明,在某些工业部门,由于疲劳而失效的金属结构,约占失效结构的 90%。引起疲劳失效的循环载荷的峰值往往远小于根据静态断裂分析估算出来的"安全"载荷,因此开展结构疲劳研究有着重要的意义。

2.1.2 变动载荷和循环应力

变动载荷是指载荷大小和/或方向随时间按一定规律呈周期性变化或无规则随机变化的载荷,前者称为周期变动载荷或循环载荷,后者称为随机变动载荷。变动载荷在单位面积上的平均值为变动应力。变动应力可分为规则周期变动应力（也称循环应力）和无规则随机变动应力两种[4]。这些应力可以用应力-时间曲线表示，如图2-1所示。

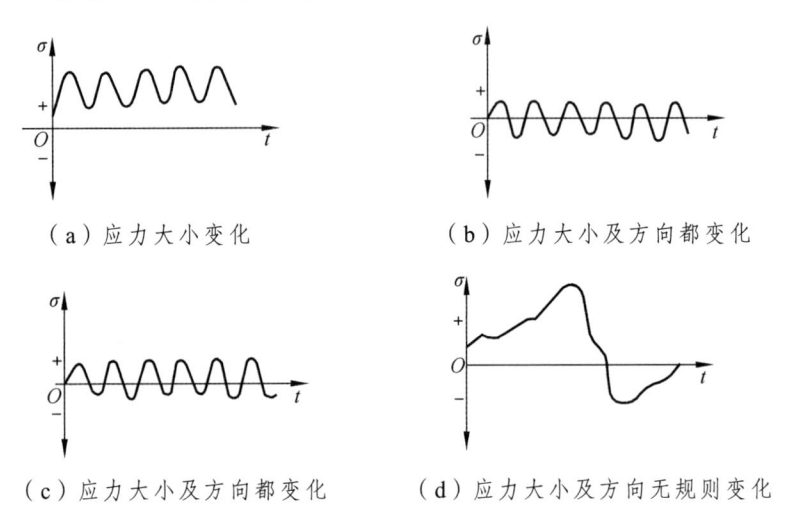

（a）应力大小变化

（b）应力大小及方向都变化

（c）应力大小及方向都变化

（d）应力大小及方向无规则变化

图 2-1　变动应力示意图

实际机器部件承受的载荷一般多属后者，但就工程材料的疲劳特性分析和评定而言，为简化讨论，主要还是针对循环载荷（应力）而言的。

通常循环应力的波形有正弦波、矩形波和三角波等，其中正弦波较为常见。正弦波的特征参数如图2-2所示。

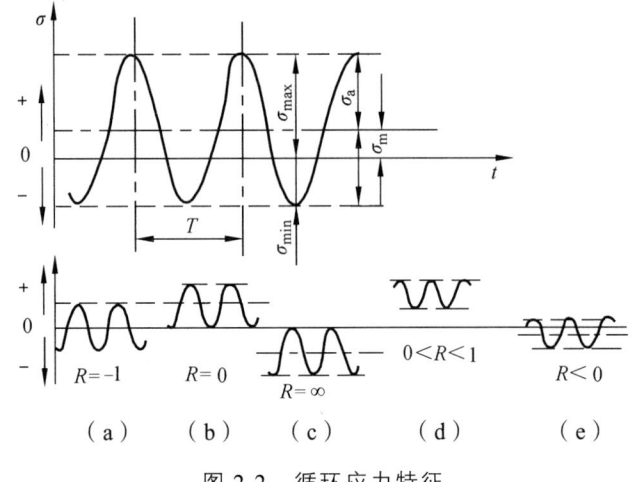

(a) $R=-1$　　(b) $R=0$　　(c) $R=\infty$　　(d) $0<R<1$　　(e) $R<0$

图 2-2　循环应力特征

循环应力的特征主要由以下参数表示：

（1）最大应力 $\sigma_{\max}$ 和最小应力 $\sigma_{\min}$，即循环应力中的最大值和最小值；

（2）应力振幅 $\Delta\sigma = \sigma_{\max} - \sigma_{\min}$ 或应力半幅 $\sigma_a = \dfrac{\sigma_{\max} - \sigma_{\min}}{2}$，即应力最大值与最小值之差或差值的一半；

（3）平均应力 $\sigma_m = \dfrac{\sigma_{\max} + \sigma_{\min}}{2}$，即最大应力与最小应力之和的一半；

（4）应力比 $R = \dfrac{\sigma_{\min}}{\sigma_{\max}}$，或 $r = \dfrac{\sigma_{\min}}{\sigma_{\max}}$，也称为交变应力的循环特性，其变化范围为 $-\infty \sim +1$；

（5）加载频率 f，单位符号为 Hz。

此外，还有加载波形，如正弦波、三角波以及其他波形等。

很容易看出，$\sigma_{\max} = \sigma_m + \sigma_a$ 和 $\sigma_{\min} = \sigma_m - \sigma_a$。因此，可以把任何变动载荷看作是某个不变的平均应力（静载恒定应力部分）和应力振幅（变动应力部分）的组合。

循环应力按照图 2-2 可分为下列几种典型情况：

（1）对称循环，$\sigma_m = 0$，$R = -1$，如图 2-2（a）所示。大多数轴类零件，通常受到交变对称循环应力的作用；这种应力可能是弯曲应力、扭转应力或者是两者的复合。其疲劳极限用 σ_{-1} 表示。

（2）不对称循环，$R \neq -1$，如图 2-2（b）、（c）、（d）、（e）所示。有时还把循环中既出现正（拉）又出现负（压）应力的循环称之为交变应力循环，如图 2-2（a）、（e）所示。其疲劳极限用 σ_r 表示，下标 r 用相应的特性系数表示，如 $\sigma_{0.1}$。

（3）脉动循环，$\sigma_m = \sigma_a$，$R = 0$，如图 2-2（b）所示。齿轮的齿根和某些压力容器受到这种脉动循环应力的作用，其疲劳极限用 σ_0 表示。

（4）波动循环，$\sigma_m > \sigma_a$，$0 < R < 1$，如图 2-2（d）所示。飞机机翼下翼面、钢梁的下翼缘、气缸盖螺钉以及预紧螺栓等，均承受这种循环应力的作用。

（5）脉动压缩循环（$R = \infty$）、大压小拉循环（$R < 0$）等，如图 2-2（c）、（e）所示。滚珠轴承受到脉动压缩循环应力，内燃机连杆受到大压小拉循环（不对称交变）应力的作用。

2.1.3 疲劳断裂实例及研究疲劳的意义

以金属材料为主的材料疲劳研究已经有 160 多年的历史，回顾材料疲劳研究的历史，我们就会发现疲劳研究发展的每一个关键阶段几乎都与机械装备的断裂事故及其分析有关。疲劳断裂事故最早发生在 19 世纪初期，第一个有详尽文字记载的有关金属疲劳的研究工作是在 1842 年法国凡尔赛附近的铁路发生事故以后进行的，这起铁路车轴的疲劳断裂事故造成 60 余人死伤的惨痛教训[5]。以后在第二次世界大战期间发生多起飞机疲劳失事事故。1954 年，英国彗星喷气客机由于压力舱构件疲劳失效引起飞行失事，引起了人们的广泛关注[6]，并使疲劳研究上升到新的高度。

1954 年 1 月 10 日，"彗星 1 号"客机从意大利的罗马起飞，航班的目的地是英国伦敦。然而不幸的是，起飞后不到半小时，机身突然在空中爆裂，随即从 9 000 m 的高空坠入地中海，机上所有乘客和机组人员全部罹难。这次事故震惊了全世界。此前，人们对空难的认识并无深刻印象。英国的航空专家成立了专门的调查组，分析事故原因。更令人震惊的是，时隔不久，另一架"彗星"号飞机也发生了同样的事故，坠毁在意大利的那不勒斯海中。在 1953 年 5 月至 1954 年 4 月的不到一年的时间里，投入航线的 9 架"彗星"号飞机，竟有 3 架以完全相同的方式在空中解体。打捞出来的飞机残骸中，飞机密封座舱结构上发现有裂痕。与此同时，研究人员对已经停飞的"彗星"号飞机逐个进行严格的试验检测，事故分析结果表明，其中两次空难的原因都是飞机密封舱结构发生疲劳所致，飞机在多次起降过程中，其增压座舱壳体经反复增压与减压，在矩形舷窗窗框角上出现了裂纹引起疲劳断裂。结论就是："彗星"号飞机在飞行中由于金属部件发生疲劳裂纹而造成了解体事故。历史表明，如果不是"彗星"号飞机事故，人们对疲劳的认识还可能推迟一段时间。"彗星"号客机悲剧是世界航空史上首次发生的因金属疲劳导致飞机失事的事件，从此，在飞机设计中将结构的疲劳极限正式列入强度规范加以要求[7]。

1998年6月3日，德国时间上午10时30分，当列车驶至策勒区艾雪德镇以南约6 km时，第2节车厢的第3条车轴上的一个车轮外钢圈因疲劳而突然爆裂，列车在行驶中突然出轨，造成100多人遇难身亡的严重后果。事后经过调查发现，由于事发时列车车速高达200 km/h，第2节车厢抛离轨道冲入树丛之中，而第3节及以后的车厢则驶进了另一轨道上，并撞向一条行车天桥的拱位桥梁之上，因冲力强大，天桥桥梁被撞断后，天桥主体随即倒塌压在第3节车厢中后段，第3节之后的所有车厢全部出轨挤压在一起。导致这场近50年来德国最惨重铁路事故的原因就是一节车厢的车轮内部疲劳断裂。

图2-3为直升机起落架的疲劳断裂图，直升机起落架的裂纹是从应力集中很高的角接板尖端开始的，该机飞行着陆2 118次后发生破坏，属于低周疲劳。图2-4为载货汽车底架纵梁疲劳断裂。汽车底架纵梁的板厚5 mm，承受反复弯曲应力，在角钢和纵梁的焊接处，因应力集中很高而产生裂纹。该车破坏时已运行30 000 km。图2-5所示的水压机的疲劳裂纹是从设计不良的焊接接头的应力集中点产生的。图2-6表示空气压缩机法兰盘和管道连接处，因采用应力集中系数很高的角焊缝而导致疲劳断裂。改为应力集中较小的对接焊缝后，疲劳事故大大减少。从上述几个焊接结构的疲劳断裂事故中，可以清楚地看到焊缝接头的重要影响。因此，采用合理的接头设计、提高焊缝质量、消除焊接缺陷是防止和减少结构疲劳事故的重要方面[8]。

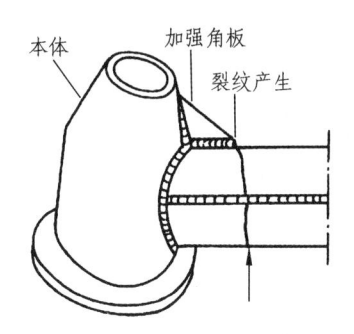

图2-3 直升机起落架的疲劳断裂 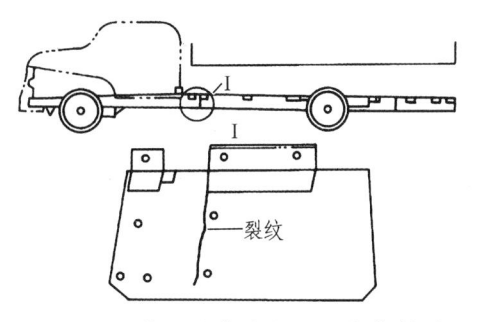   图2-4 载货汽车底架纵梁疲劳断裂

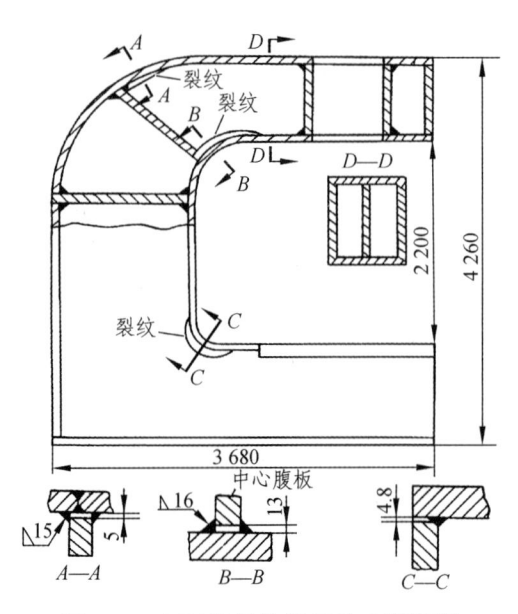

图 2-5　水压机焊接机架的疲劳断裂

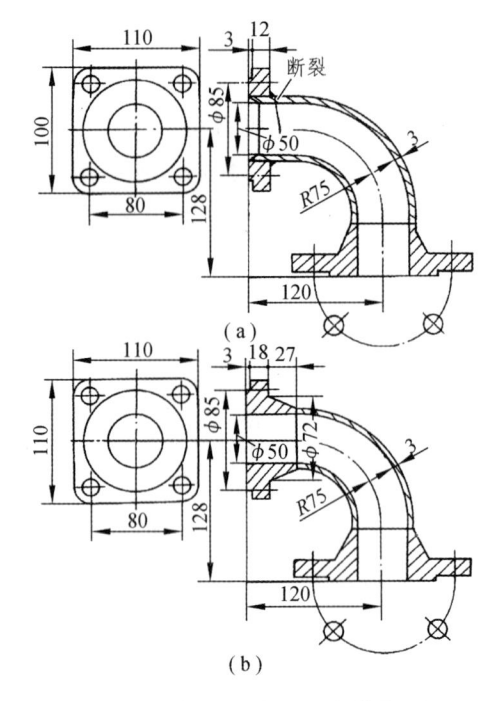

图 2-6　空气压缩机的疲劳断裂

疲劳断裂一般不发生明显的塑性变形，难以检测和预防，因而构件的疲劳断裂会造成巨大的经济损失，甚至严重威胁人类生命。在我国，疲劳失效也相当普遍，在能源、交通等部门都很严重。而且随着新材料、新工艺的不断出现，将会提出许多疲劳强度的新问题需要研究解决。研究材料在变动载荷作用下的力学响应、裂纹萌生和扩展特性，对评定工程材料的疲劳抗力，进而为工程结构部件的抗疲劳设计、评估构件的疲劳寿命以及寻求改善工程材料的疲劳抗力的途径等都是非常重要的。

2.1.4 疲劳断裂过程和断口形貌特征

疲劳过程包括疲劳裂纹萌生、裂纹亚稳扩展及最后失稳扩展三个阶段，其疲劳寿命 N_f 由疲劳裂纹萌生期 N_0 和裂纹亚稳扩展期 N_p 所组成。当然在这三个阶段之间是没有严格界限的。例如，疲劳裂纹"产生"的定义就带有一定的随意性，这主要是因为采用的裂纹检测技术不一而引起的。了解疲劳各阶段的物理过程，对认识疲劳本质、分析疲劳原因、采取强韧化措施、延长疲劳寿命都是很有意义的。

1. 疲劳裂纹的萌生

材料在循环载荷作用下，疲劳裂纹总是在应力最高、强度最弱的部位上形成。一般来说，疲劳裂纹的萌生大都形成于零件的表面，所以要注意零件的表面质量，表面越光洁平整，零件的疲劳强度越高。疲劳裂纹在表面萌生，可能有四个位置：

（1）对于纯金属或单相合金，尤其是单晶体，裂纹多萌生在表面滑移带处，即所谓驻留滑移带的地方。

对于承受循环载荷作用的金属材料，由于晶粒取向不同，以及存在各种宏观或微观缺陷等原因，每个晶粒的强度在相同的受力方向上是各不相同的；当整体金属还处于弹性状态时，个别薄弱晶粒已进入塑性应变状态，这些首先屈服的晶粒可以看成是应力集中区。一般认为，具有与最大切应力面相一致的滑移面的晶粒首先开始屈服，出现滑移。随着循环加载的不断进行，滑移线的数量增多，成为滑移带。与静载荷时均匀滑移带相比，循环滑移不均匀，总是集中分布于某些局部薄弱区域。用电解抛光方法很难将已产生的表面循环滑移带去除，即使能去除，当对试样重新循环加载时，则循环滑移带又在原处出现，这种永久存留或再现的循环滑移带称为驻留滑移带。随着加载循环周次的增加，循环滑移带不断加宽，由于位错的塞积和交割作用，便在驻留滑移带形成微裂纹。

电镜观察表明，驻留滑移带的位错结构是由一些刃位错组成的位错墙，位错墙的位错密度很高，而位错墙之间的地带，位错密度很低，那里可自由变形，变形几乎都聚集在这些地区，这样循环变形的不断重复，在表面形成了许多峰与谷，叫作挤出带和侵入沟，如图 2-7 所示。挤出带和侵入沟处会产生非常大的应力集中，从而成为疲劳裂纹的策源地。

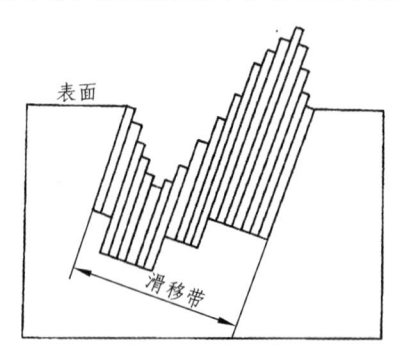

图 2-7　滑移带形成挤出带和侵入沟示意图

关于挤出和侵入的形成过程，可以用柯垂尔（A.H.Cottrell）和赫尔（D.Hull）提出的交叉模型来解释，如图 2-8 所示。在拉伸应力的半周期内，先在取向最有利的滑移面上的位错源 S_1 被激活，当它增殖的位错滑移到表面时，便在表面 P 留下一个滑移台阶，如图 2-8（a）所示。在一个半周期内，随着拉伸应力的增大，在另一个滑移面上的位错源 S_2 也被激活，当它增殖的位错滑移到表面时，在表面 Q 处留下一个滑移台阶；与此同时，后一个滑移面上位错运动使第一个滑移面错开，造成位错源 S_1 与滑移台阶 P 不再处于同一个平面内，如图 2-8（b）所示。在压应力的半周期内，位错源 S_1 又被激活，位错向反方向滑动，在晶体表面留下一个反向滑移台阶 P'，于是 P 处形成一个侵入沟；与此同时，也造成位错源 S_2 与滑移台阶 Q 不再处于一个平面内，如图 2-8（c）所示。同一半周期内，随着压力的增加，位错源 S_2 又被激活，位错沿相反方向运动，滑出表面后留下一个反向的滑移台阶 Q'，于是在此处形成一个挤出脊，如图 2-8（d）所示；与此同时，又将位错源 S_1 带回原位置，与滑移台阶 P 处于一个平面内。当两个滑移系交替动作时，在一个循环周次之后，便可分别形成一个挤出带和一个侵入沟。随着循环周次增加，挤出带更凸起，侵入沟更凹进。通常认为其中的侵入沟将发展成为疲劳裂纹的核心。

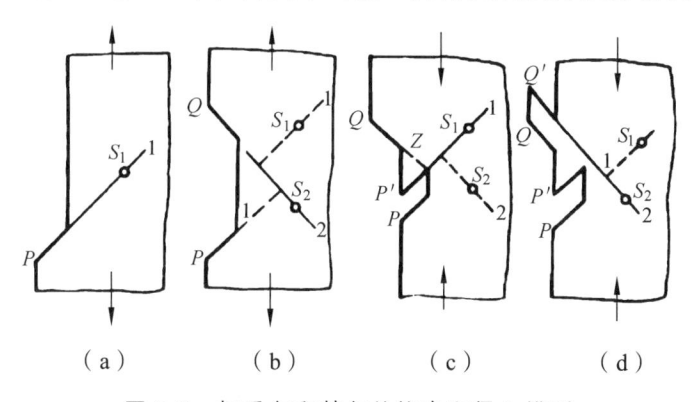

图 2-8　柯垂尔和赫尔的挤出和侵入模型

（2）当经受较高的应力/应变幅时，裂纹萌生在晶界处，特别是在高温下更为常见。多晶材料由于晶界的存在和相邻晶粒的不同取向性，位错在某一晶粒内部运动时会受到晶界的阻碍作用，在晶界处发生位错塞积和应力集中现象。在应力不断循环，晶界处的应力集中得不到松弛时，则应力峰越来越高，当超过晶界强度时就会在晶界上产生裂纹。凡是使晶界弱化和晶粒粗化的因素，如晶界有低熔点夹杂物等有害元素和成分偏析、晶界析氢及晶粒粗化等，均易产生晶界裂纹，降低疲劳强度。

（3）对于一般的工业合金，裂纹多萌生在夹杂物或第二相与基体的界面上。

在疲劳失效分析中，常常发现很多疲劳源都是由材料的第二相或夹杂物引起的，因此提出了第二相、夹杂物本身开裂的疲劳裂纹萌生机理。只要能降低第二相或夹杂物的脆性，提高相界面强度，控制第二相或夹杂物的数量、形态、大小和分布，使之"少、圆、小、匀"，这样均可抵制或延缓裂纹在第二相或夹杂物附近萌生，提高疲劳强度。

（4）疲劳裂纹在材料内部的缺陷处产生。

材料内部的缺陷如气孔、夹杂、分层、各向异性、相变或晶粒不均匀等，都会因局部的应力集中而引发裂纹。

在焊接接头中，产生疲劳裂纹一般要比其他连接形式的循环次数少。这是因为焊接接头中不仅有应力集中（如焊缝的焊趾处），而且这些部位易产生焊接接头缺陷，残余焊接应力也比较高。例如，焊趾处往往存在有微小非金属夹渣物，而疲劳裂纹也正是起源于这些缺陷处。对接焊缝和角焊缝的根部，也能观察到夹渣、未焊透、熔合不良等焊接缺陷。因为有这些缺陷和接头应力集中以及残余应力的存在，致使焊接接头的疲劳寿命一般小于母材的疲劳寿命。

2. 疲劳裂纹的扩展

根据裂纹扩展方向，裂纹扩展可分为两个阶段：

第一阶段：从表面个别侵入沟（或挤出脊）先形成微裂纹，然后裂纹主要沿着与拉应力呈 45°的主滑移系方向，以纯剪切方式向内扩展，如图 2-9 所示。这是疲劳裂纹扩展的第一阶段。这时的裂纹在表面原有多处，但大多数显微裂纹较早地就停止扩展，呈非扩展裂纹，只有少数几个可延伸到几十个微米的长度。

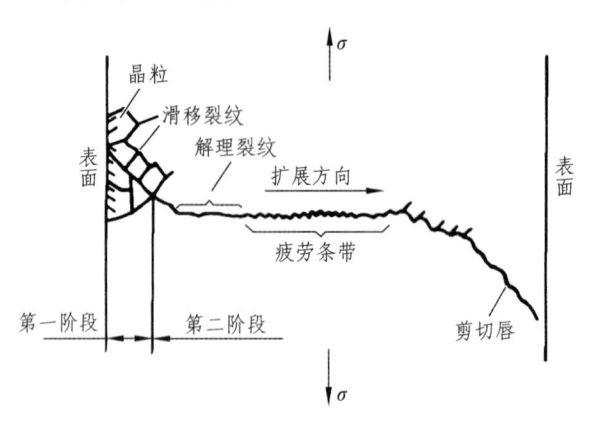

图 2-9 疲劳裂纹扩展的两个阶段示意图

这个阶段的裂纹扩展速率很慢，每一次应力循环大约只有 0.1 μm（微米）数量级，扩展深度为 2~5 个晶粒。许多铁合金、铝合金中可观察到此阶段裂纹扩展，但缺口试样中可能观察不到。

对于体心立方晶系和密排六方晶系的材料，这一阶段的断口区极小，又因断面之间相互摩擦等原因，使得这个区域的显微特征难以分辨。

对于面心立方晶系材料，如镍基高温合金，在高温下的疲劳断裂，这一阶段发展得较为充分。

第二阶段：第一阶段裂纹扩展时，由于晶界的不断阻碍作用，裂纹扩展逐渐转向与最大拉应力相垂直的方向生长，进入第二阶段扩展。

在该阶段内，裂纹扩展的途径是穿晶的，其扩展速率较快，每一次应力循环大约扩展微米数量级，在电子显微镜下观察到的疲劳条纹主要是在这一阶段内形成的。第二阶段的断口特征是具有略呈弯曲并相互平行的沟槽花样，称为疲劳条带（疲劳条纹、疲劳辉纹），如图 2-10 所示。一般来讲，材料强度越低，裂纹扩展越快，疲劳条带越宽。

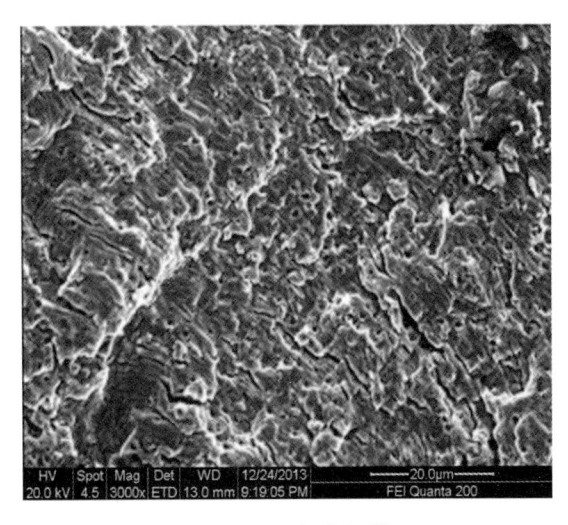

图 2-10 疲劳条带

疲劳条带的主要特征：

（1）疲劳条带是一系列基本上相互平行、略带弯曲的波浪形条纹，并与裂纹局部扩展方向相垂直；

（2）每一条条带都是裂纹扩展时留下的微观痕迹，每条条带也可以视为应力循环的扩展痕迹，每条条带表示该循环下裂纹前端的位置，疲劳条带在数量上与循环次数相等；

（3）疲劳条带的间距（或宽度）随应力强度因子幅的变化而变化；

（4）疲劳断面通常由许多大小不等、高低不同的小断块所组成，各个小断块上的疲劳条带并不连续，且不平行，如图2-11所示；

（5）断口两匹配断面上的疲劳条带基本对应。

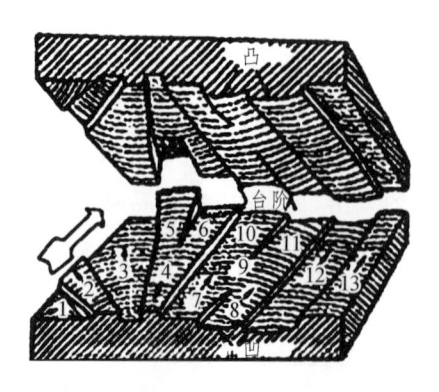

图2-11 疲劳条带与小断块示意图

在实际的疲劳断口上，疲劳条带的数量不一定与循环次数完全相等，因为它受应力状态、环境条件、材质等因素的影响很大。

通常将疲劳条带分成延性疲劳条带与脆性疲劳条带。图2-12为两种疲劳条带的典型照片。脆性疲劳的断裂路径呈放射状扇形，疲劳条带被放射台阶割成短而平坦的小段。

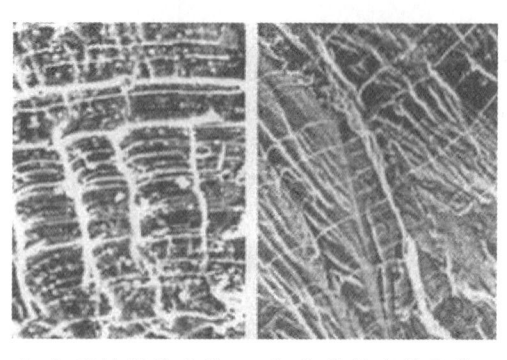

（a）延性疲劳条带　（b）脆性疲劳条带

图2-12 延性疲劳条带与脆性疲劳条带

目前，广泛流行的裂纹扩展模型是塑性钝化模型，如图 2-13 所示。

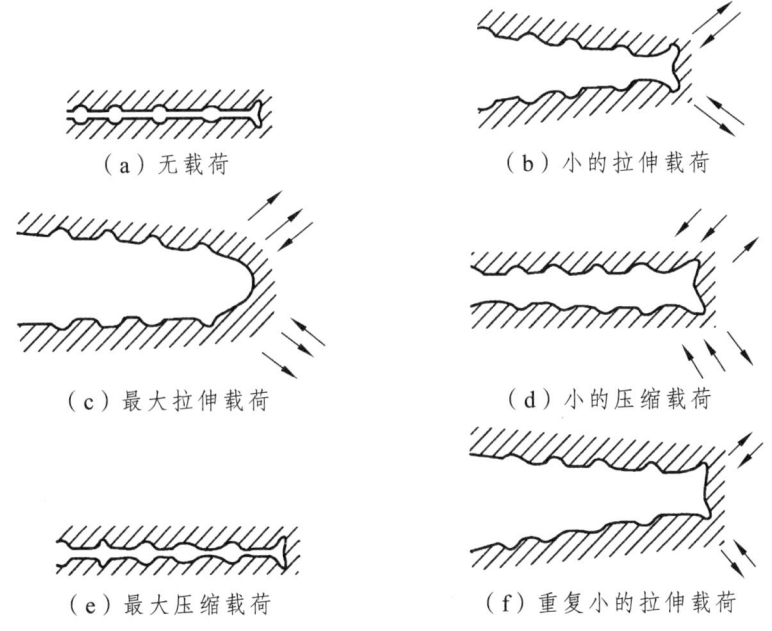

（a）无载荷

（b）小的拉伸载荷

（c）最大拉伸载荷

（d）小的压缩载荷

（e）最大压缩载荷

（f）重复小的拉伸载荷

图 2-13　疲劳裂纹扩展的塑性钝化模型

如图 2-13（a）所示，在交变应力为零时裂纹闭合，这是在开始一循环周次时的原始状态。当拉应力增加，如图 2-13（b）所示，裂纹张开，在裂纹尖端沿最大切应力方向产生滑移。随着拉应力继续增大到最大值时，如图 2-13（c）所示，裂纹张开至最大，塑性变形的范围也随之扩大，图中两个同号箭头之间的距离，即表示裂纹尖端的塑性变形范围。由于塑性变形的结果，裂纹尖端的应力集中减小，裂纹尖端钝化。理想状态是假定裂纹尖端张开呈半圆形，这时裂纹便停止扩展。当应力变为压缩应力时，滑移方向也改变了，裂纹表面逐渐被压缩，如图 2-13（d）所示。到压缩应力为最大值时，如图 2-13（e）所示，裂纹便完全闭合，又恢复到原始状态。图 2-13（f）为另一个循环的开始。循环一周中裂纹扩展的距离，便是裂纹扩展的速率。从图中可以看出，裂纹扩展主要是在拉应力的半周内，在压应力下裂纹是很少扩展的。

裂纹从第一阶段向第二阶段转变得快慢，取决于材料和应力幅两个因素。在一般材料中，第一阶段都是很短的，而在一些高强度镍基合金中，第一阶段可长达毫米的数量级，有时甚至只有第一阶段。应力幅较低时，第一阶段便较长。虽然裂纹扩展第一阶段的长度甚短，但扩展速率却非常缓慢，所以在光滑试样中，第一阶段所消耗的循环周次可以占整个疲劳寿命的大部分。相反，在尖锐缺口的试样中，第一阶段则小到几乎可以忽略，整个疲劳裂纹传播就是第二阶段。裂纹的第一阶段扩展是由切应力分量控制的，而第二阶段则由拉应力控制。

3. 疲劳断口形貌特征

疲劳断口形貌特征分为宏观形貌特征和微观形貌特征两种。

疲劳断口宏观上由三个区域组成，疲劳裂纹萌生区、疲劳裂纹扩展区和最终断裂区，如图 2-14、图 2-15 所示。

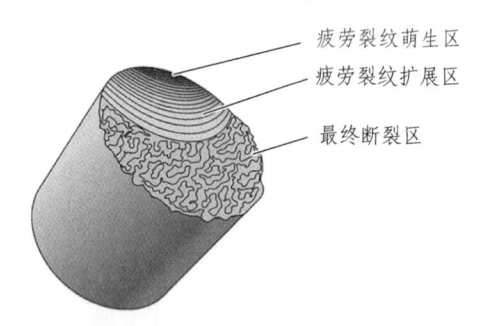

图 2-14　疲劳宏观断口区域划分示意图

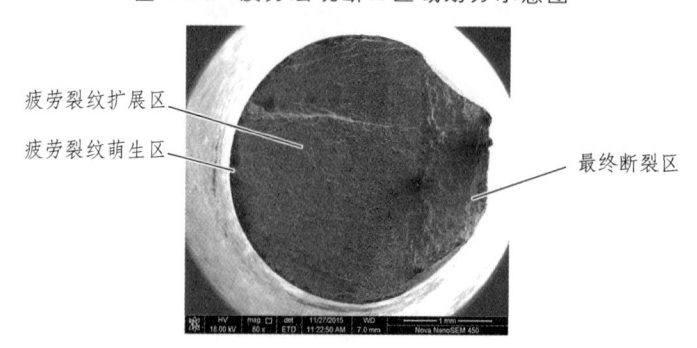

图 2-15　真实疲劳断口宏观形貌

（1）疲劳裂纹萌生区

由于材质的质量、加工缺陷或结构设计不当等原因，在零件的局部区域造成应力集中，该区域是疲劳裂纹核心产生的策源地。从疲劳断口形貌上来看，疲劳源区的光亮度最大，因为这里在整个裂纹亚稳定扩展阶段中断面之间不断摩擦挤压，故显示光亮平滑。在一个疲劳断口中，疲劳源可以有一个或几个不等，这主要与构件的应力状态及应力的大小有关，如图 2-16 所示。

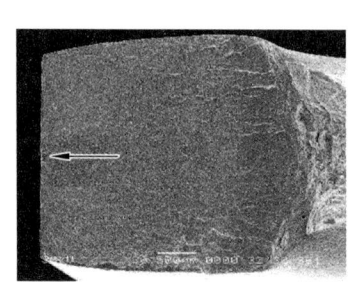

（a）单个裂纹源　　　　（b）多个裂纹源

图 2-16　疲劳断口宏观形貌（箭头所指为裂纹源）

图 2-17 是弯曲疲劳的断口。在承受低名义应力时，对于应力集中较小的地方，疲劳裂纹扩展区占的面积相对说比较大，而且最终断裂区并不正好位于疲劳源的对侧，而是以逆旋转方向偏离一个位置。对于应力集中较大的地方，不仅扩展区减小，而且最终断裂区已不在轴的表面，渐渐移向中心。在承受高名义应力时，即使对应力集中小的轴，表面的疲劳源已有多处，裂纹扩展形成棘轮形，最终断裂区位于轴的中心。对于高应力集中的轴，表面的疲劳源更多。

当断口中同时存在几个疲劳源时，可以根据源区的光亮度、相邻疲劳区的大小和贝纹线的密度来确定它们的产生顺序。疲劳源区光亮度越大，相邻疲劳区越大，贝纹线越多越密者，其疲劳源就越先产生；反之，则疲劳源就越晚产生。

（2）疲劳裂纹扩展区

疲劳裂纹扩展区是裂纹亚稳扩展所形成的。裂纹产生后，在交变载荷作用下扩展，在疲劳裂纹扩展区常常留下一条条的同心圆弧线，叫作前沿线（或疲劳线），这些弧线形成了像"贝壳"一样的花样，所以也称之为贝纹线，如图 2-18、图 2-19 所示。断口表面因反复挤压、摩擦，有时光亮得像细瓷断口一样。贝纹线是判断疲劳断裂的重要宏观特征依据。

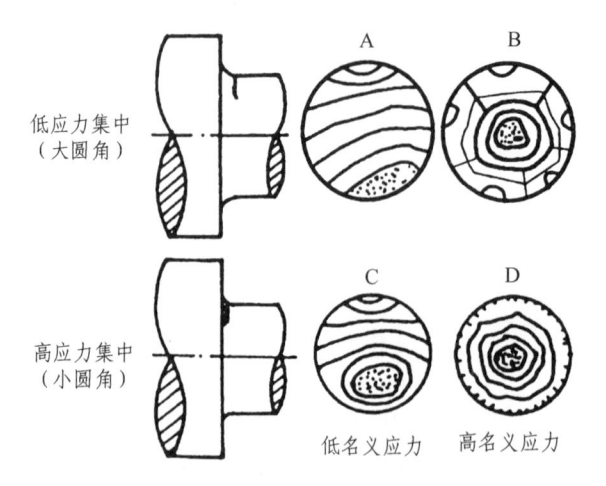

图 2-17 典型疲劳断口形貌

图 2-18 疲劳宏观断口上的贝壳状花样

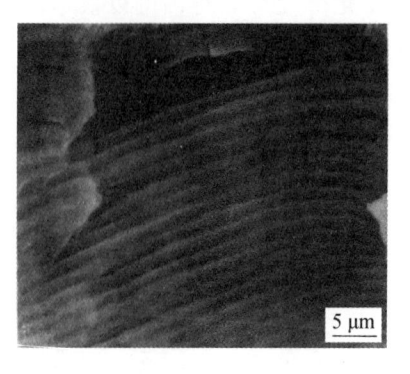

图 2-19 疲劳断口宏观形貌[9]

断口光滑是疲劳源区域的延续,但其程度随裂纹向前扩展逐渐减弱。贝纹线是疲劳区的最大特征,一般认为它是由载荷变动引起的,但机器运转时的开动和停歇,偶然过载引起的载荷变动,使裂纹前沿线留下了弧状台阶痕迹。所以,这种贝纹特征总是出现在实际产品的疲劳断口中,而在实验室的试样疲劳断口中,因变动载荷较平稳,很难看到明显的贝纹线。有些脆性材料如铸铁、铸钢、高强度钢等,它们的疲劳断口也看不到贝纹线。每个疲劳区的贝纹线好像一簇以疲劳源为圆心的平行弧线,其凹侧指向疲劳源,凸侧指向裂纹扩展方向,或是相反的情况。这取决于裂纹扩展时裂纹前沿线各点的前进速度。

(3)最终断裂区(瞬时断裂区)。裂纹不断扩展使零件的有效断面逐渐减少,应力不断增加。当超过材料的断裂强度时,则发生断裂。该区和静载下带有尖锐缺口试样的断口相似。对于塑性材料,断口为纤维状、暗灰色;而对于脆性材料,则是沿晶状。

根据疲劳断口上疲劳裂纹扩展和最后断裂两个区域所占的比例,可估计零件所受应力高低及应力集中程度的大小。一般来说,瞬时断裂区的面积越大,越靠近中心,则表示工件过载程度越大,应力集中严重;相反,其面积越小,位置越靠近边缘,则表示过载程度越小,应力集中也越小。

2.1.5 疲劳断裂的分类

根据零部件在服役过程中环境条件、载荷状态(类型、大小、频率、幅度等)等的不同,可将疲劳断裂划分为多种,如图2-20所示。

疲劳可以按照不同方法分类:

(1)按应力状态不同,可分为弯曲疲劳、扭转疲劳、拉-拉疲劳、拉-压疲劳、复合疲劳。如列车的车轴,是弯曲疲劳的典型,汽车的传动轴、后桥半轴主要承受扭转疲劳,柴油机曲轴和汽轮机主轴则是弯曲和扭转疲劳的复合。

(2)按环境及接触情况不同,可分为大气疲劳、腐蚀疲劳、高温疲劳、热疲劳、接触疲劳、冲击疲劳等。

（3）按断裂寿命和应力高低不同，可分为高周疲劳、低周疲劳，这是最基本的分类方法。最近的疲劳研究表明[10-16]，高强度钢、表面处理钢、合金钢和铸铁，甚至低合金结构钢等金属材料在承受交变载荷超过10^7周次后，仍然会发生疲劳破坏。因此，为了满足工程安全及可靠性设计的要求，对材料在10^7周次以后的疲劳行为进行研究具有重要意义，而此时的疲劳称之为超高周疲劳（Very High Cycle Fatigue，VHCF）或超长寿命疲劳。

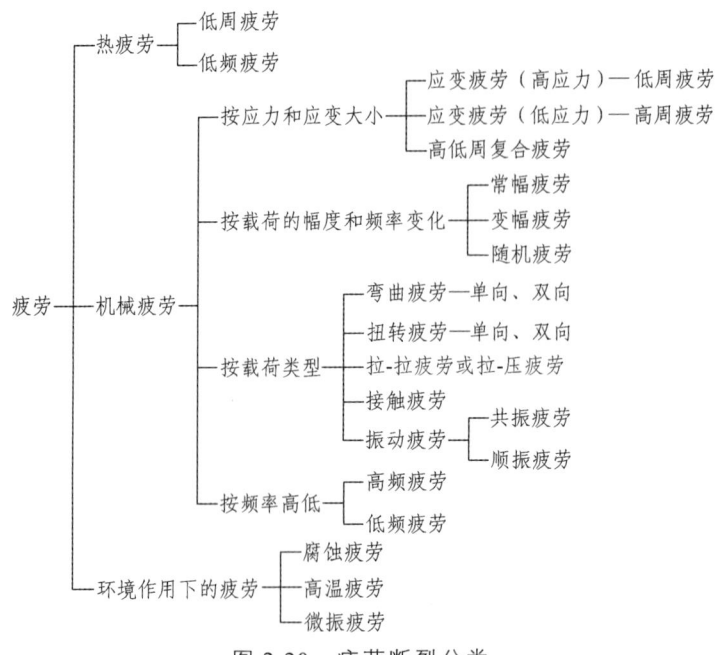

图 2-20　疲劳断裂分类

高周疲劳的断裂寿命较长，疲劳寿命大于10^5周次，断裂应力水平较低，疲劳应力一般小于材料的屈服强度σ_s，也称低应力疲劳，一般常见的疲劳都属于此类。

低周疲劳的断裂寿命较短，疲劳寿命一般在$10^2 \sim 10^5$周次，断裂应力水平较高，疲劳应力一般大于或等于材料的屈服强度σ_s，往往有塑性应变出现，也称高应力疲劳或应变疲劳。

超高周疲劳是指疲劳破坏循环数大于10^7周次的疲劳，又称为超长寿命疲劳或千兆周疲劳（10^9周次）。近年来，随着航空航天、汽车、高速列车和轮船等行业的快速发展，一些重要工程构件在其服役期间经常面临着高频低幅载荷，可承受高达 10^9 的次重复载荷（应力循环）。日本新干线高速列车在 10 年服役期内大约要经历 10^9 次应力循环，即 10 亿次以上的疲劳。经受的疲劳循环往往达到 10^9 周次。传统疲劳研究认为，钢铁材料一般在 $10^6 \sim 10^7$ 循环周次附近存在疲劳极限，加载应力幅低于该疲劳极限，材料将不发生疲劳破坏，即材料有无限寿命，因此材料 10^7 周次的 S-N 曲线即可满足构件的疲劳设计安全要求。目前的长寿命疲劳设计大多是基于 10^7 次应力循环的试验数据进行的。然而，最近的研究结果表明，金属材料在超过 10^7 次的超长寿命区出现疲劳极限消失的现象[17-21]，材料在 10^7 次以上超长寿命区高周循环周次内仍然会发生疲劳断裂，这意味着长寿命疲劳设计方法不能满足机械和结构在超长寿命区的安全设计要求。很多合金在超高周疲劳寿命区不存在传统的疲劳极限，S-N 曲线具有阶梯下降特征。与传统疲劳不同，材料的超高周疲劳行为发生在加载应力幅远低于传统的疲劳极限。其疲劳断裂机理与传统疲劳破坏的机理也有所不同。本章主要讨论具有超高周疲劳的情况。

2.2 超高周疲劳研究现状

1980 年，Naito 等发现在 10^7 甚至 10^8 次以上渗碳钢仍可能发生疲劳断裂，至此金属材料的超高周疲劳领域逐渐为人们所认识，近年来越来越多的研究者们对这一领域展开了深入研究[22-27]。

近年来，超高周疲劳国际学术会议非常频繁。1998 年的法国巴黎、2001 年的奥地利维也纳、2004 年的日本东京、2007 年的美国密歇根、2011 年的德国柏林、2014 年的中国成都和 2017 年的法国，已经先后召开了七届超高周疲劳学术会议。目前，Bathias 和 Stanzl 各自带领科研团队在超高周疲劳领域处于领先位置，日本、中国、美国以及欧洲等国家也已开展了多年的研究工作，为超高周疲劳的发展奠定了坚实的基础。目前，日本岛津公司和各国研究机构已相继开发出超声波拉压、弯曲、扭转疲劳试验系统，用来研究高强钢、铝合金、钛合金等金属材料在不同应力比、不同环境介质、不同加载方式下的超高周疲劳行为。

我国是继日本、西欧和美国之后，开展超高周疲劳研究较早的国家。进入21世纪后，我国在航天、航空、高速铁路等高科技领域迅猛发展，极大地促进了超高周疲劳性能的研究。中科院沈阳金属研究所的张继明等开展了夹杂物对高强度钢的疲劳裂纹萌生的影响[28]。西南交通大学的王弘利用超声疲劳试验技术开展了 50 钢和 40Cr 钢的超高周疲劳研究，分析了缺口应力集中和平均应力的影响，并提出了一种描述裂纹萌生行为的"点缺陷沉淀机理"[29]。成都大学王清远教授带领的团队对材料超高周疲劳性能进行了大量的研究，包括在试验设备方面，通过改变加载方式实现了非对称循环加载，通过对试样加热并记录试验过程中温度的变化，实现了超声加速振动超长寿命疲劳试验全过程温度检测[30]。

2.2.1 超高周疲劳 S-N 曲线的研究

S-N 曲线是表征材料疲劳性能的基本图示，可以揭示材料在超长寿命区间裂纹的形核和扩展特征。关于超高周疲劳应力与寿命的关系研究表明，材料的超高周疲劳 S-N 曲线主要存在 3 种形态特征：持续下降型、阶梯下降型和传统无限寿命型特征，曲线的类型受多种因素的影响，包括材料的种类、夹杂物的大小、残余应力等[31-33]。文献[34]采用超声疲劳试验方法对新型沉淀硬化马氏体不锈钢 S06 钢在 $10^6 \sim 10^9$ 周次范围的疲劳性能进行测定，结果表明，S06 钢在大于 10^7 循环周次的范围仍然发生疲劳断裂，在 $10^6 \sim 10^9$ 之间，应力寿命曲线持续下降，不存在疲劳极限。对于铝合金和钛合金，S-N 曲线也呈持续下降型[35,36]。Morrissey 等[37]通过试验得到航空发动机用镍基高温合金 PWA1484 的 S-N 曲线，循环周次在 $10^6 \sim 10^9$ 之间，呈持续下降型，试样在循环周次达到 10^9 时发生了断裂，不存在传统的疲劳极限。Zhang 等[38]对几种强度级别相同但所含夹杂不同的高强度钢的超高周疲劳性能进行了对比研究，得到了 3 种典型的 S-N 曲线。其中，S-N 曲线为持续下降型的高强钢在断口源区处的夹杂物尺寸大约为 29 μm；S-N 曲线为阶梯下降型的高强钢在断口源区处的夹杂物尺寸大约为 2.4 μm；S-N 曲线为传统无限寿命型的高强钢在断口源区处的夹杂物尺寸小于 1 μm。Murakami 等[39]在分析轴承钢（JIS SUJ2）超高周疲劳断裂机理时认为，S-N 曲线的形状与外加载荷特征、环境介质、加载频率、夹杂物尺寸、残余应力等因素有关，可表现为阶梯下降型、持续下降型、双线阶梯型以及多阶段疲劳寿命图。Tanaka 等[40]研究高强钢的超高周弯曲疲劳裂纹扩展行为，得到的 S-N 曲线呈典型的阶梯下降型，如图 2-21（a）所示。李伟等[41]研究了不同加载频率下的 GCr15 钢超高周疲劳行为，得到常规、超声加载频率下的 S-N 曲线均呈现持续下降的趋势，即不存在疲劳极限，如图 2-21（b）所示。在其他材料（如 5A06 铝合金、Q345 钢焊接接头、SMA490BW 钢焊接对接接头）超高周疲劳性能的研究中也得到类似的持续下降型 S-N 曲线[42-45]。

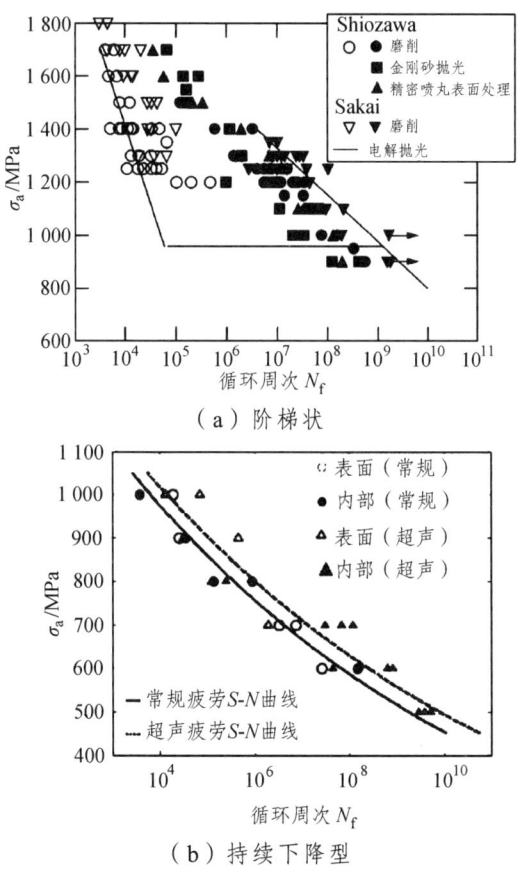

（a）阶梯状

（b）持续下降型

图 2-21 超高周疲劳的典型 S-N 曲线[40-41]

Mayer 等[46]得到贝氏体高碳铬钢的 S-N 曲线呈双线阶梯型；试样在超过 10^8 循环周次断裂时，裂纹起源于内部夹杂物或表面缺陷处（划痕或空穴），导致 S-N 曲线在高周和超高周疲劳阶段的斜率明显不同。Terent'ev[47] 认为高强钢 S-N 曲线第Ⅱ阶段（即超长寿命区间）水平平台的出现是材料表面层硬化导致的，试样表面在机加工或硬化处理过程中会产生硬化层，从而抑制表面裂纹的形核。Chapetti 等[48]认为，对于阶梯状或双线型 S-N 曲线，裂纹长度阈值会影响表面裂纹形核的曲线特征；而内部形核的曲线特征与残余应力、夹杂物大小、载荷特征、内部氢富集程度等因素有关。Mughrabi[49]将 S-N 曲线画为多阶段应力寿命图，如图 2-22 所示。他指出在低、高周疲劳范围内（即第Ⅰ、Ⅱ阶段），裂纹通常萌生于表面；而在更低应力水平下（即第Ⅲ阶段），裂纹在单个夹杂物或夹杂物集簇群处萌生是超高周疲劳阶段最显著的特征；在充分低的应力水平下，可能存在真实的疲劳极限，即第Ⅳ阶段，但该阶段是否存在需要更多的试验验证。

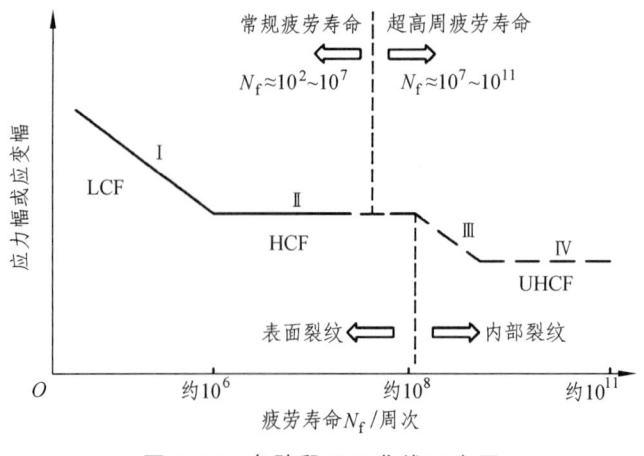

图 2-22 多阶段 S-N 曲线示意图

2.2.2 超高周疲劳裂纹的萌生

关于超高周疲劳的裂纹萌生研究表明，裂纹内部萌生和表面萌生对应着不同的疲劳寿命，高周疲劳阶段裂纹的萌生通常是在试样表面，而超高周阶段裂纹可能会从表面转入内部，也可能还在表面，这与金属材料的种类、夹杂物/缺陷的尺寸与位置、残余应力、表面状态以及微观结构特征等因素有关。文献[50]给出了 42CrMo4、D38MSV5S、铸铁 GS51、铸铝 AS5 在 $10^5 \sim 10^9$ 循环周次范围内的 S-N 曲线。断口分析表明，在超高周时，42CrMo4 钢疲劳裂纹在内部夹杂物处形核；D38MSV5S 钢在内部组织不均匀处形核（一般在铁素体处）；对于铸铁 GS51 及铸铝 AS5，在表面的显微组织的缩孔处形核。Bathias[51]研究了航空涡轮盘金属材料粉末镍基高温合金 N18 在 450 ℃ 时的超高周疲劳性能，发现该合金在超高周疲劳阶段裂纹源位于试样内部的缺陷处，认为超高周寿命阶段裂纹的萌生位置取决于缺陷的尺寸、位置和试验的环境。文献[35]用超声疲劳试验研究了 2024-T351 时效铝合金在 20 kHz 时的扭转和拉压疲劳，结果显示：S-N 曲线呈现连续下降的特征，即在扭转和拉压下均没有疲劳极限，超高周循环时疲劳裂纹在表面形成。Mayer 等[46]对贝氏体高碳铬钢试样表面进行研磨处理，产生表面压应力和增加表面粗糙度，发现 1/3 的试件超高周疲劳裂纹萌生于内部夹杂，2/3 萌生于表面刮痕或者空穴处。Miao 等[52]研究了无宏观缺陷的镍基粉末高温合金 Rene′88DT 的超声疲劳裂纹初始阶段，分析了超声疲劳初始阶段金属材料的微观结构特征（晶粒取向和孪晶界），结果表明，裂纹起始于大晶粒尺寸、孪晶界和高施密德因子的晶粒部位。

很多材料在超高周疲劳寿命区不存在传统的疲劳极限，已达成共识。但对于超高周疲劳的裂纹萌生模式（内部/表面）、疲劳失效机制（裂纹萌生位置、裂纹扩展方向等）以及与材料种类、表面状态、内部夹杂物、残余应力等的关系还存在较大争议。部分研究者认为在低周疲劳和部分高周疲劳寿命区，疲劳裂纹发生在材料的表面，而在部分高周疲劳和超高周疲劳寿命区，发生在材料内部存在的夹杂、空洞等缺陷处，但疲劳裂纹源由表面转向内部的机制尚不明了，有待进一步的研究。此外，一些试验表明，超高周疲劳裂纹也会从试样的表面萌生，特别是焊接接头的超高周疲劳，裂纹大都萌生于焊趾表面[53-58]，但对其机理尚有待于进一步详细研究。

2.2.3　超高周疲劳断口形貌

对于金属母材而言，材料内部的非金属夹杂物对超高周疲劳性能有很大的影响。在典型的高强钢超高周疲劳断口源区，可以看到"鱼眼"特征形貌，如图 2-23（a）所示，示意地表示在图 2-23（b）中。断口源区的"鱼眼"是高强钢超高周疲劳裂纹内部萌生的典型断口特征，"鱼眼"型断口表面一般分为 3 个区域：裂纹源区内的"光学黑区"区域、平滑区域和平滑区域外的粗糙区域。尺寸较小的夹杂物出现在"鱼眼"中心，且在其周围附近会形成相对粗糙的圆形区域，Murakami[59]、Sakai[22]、Shiozawa[60,61]分别将该区域命名为光学暗区（Optically Dark Area，ODA）、细粒状区（Fine Granular Area，FGA）、粒状亮面（Granular Bright Facet，GBF）。对于金属材料焊接接头而言，在超长寿命区间，疲劳裂纹通常萌生在表面几何非连续处或内部焊接缺陷处（如夹杂物、气孔等），图 2-23（c）是本课题组研究 SMA490BW 钢圆柱接头超长寿命行为得到的疲劳断口，裂纹同时在焊缝内两个气孔处形核。刘龙隆等[62]得出 25Cr2Ni2MoV 钢焊接接头的疲劳寿命曲线呈阶梯状；低应力超长寿命阶段的裂纹大多萌生于焊缝区内部气孔处。邓彩艳等[63]开展了焊接缺陷对铝合金 TIG 焊接接头的超高周疲劳性能的影响研究，发现接头内部的气孔和氧化物夹杂物均会恶化疲劳性能。何超等[64]研究了 TC4 钛合金焊接接头超长寿命疲劳特性，发现疲劳裂纹通常在焊缝或熔合区与热影响区的过渡区域处萌生，均由表面的缺陷或夹杂物引起。

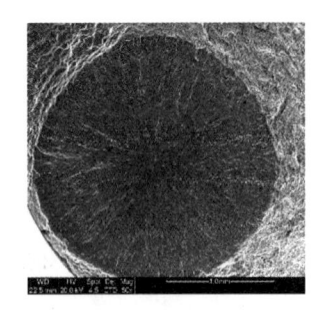

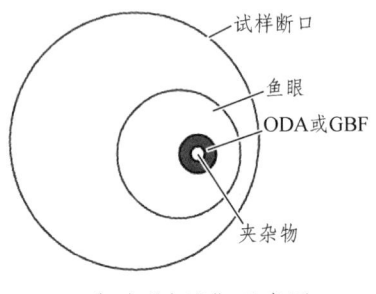

（a）"鱼眼"断口形貌　　　　（b）"鱼眼"示意图

(c) 裂纹萌生于气孔处

图 2-23　典型的高强钢超高周疲劳断口

Marines 等[65]认为，在超长寿命区间，疲劳总寿命主要消耗在裂纹的形核和早期扩展阶段，该阶段主要用于形成细粒状区（FGA）。材料表面状态、基体组织晶粒、残余应力分布、环境介质以及加载类型等因素都会影响裂纹的形核位置。针对超高周疲劳区间，夹杂物引起疲劳失效的破坏现象，许多研究学者进行了机理分析并提出了相应的模型。Bathias[66]认为由于超高周外加应力很小，表面局部很小的塑性变形可以抑制裂纹的形成，应力集中的内部夹杂物处更容易萌生裂纹。Murakami[59]设想了"氢脆模型"来解释 ODA 区的形成机理，他认为非金属夹杂物处捕获的氢提高了位错的迁移速率并降低了内摩擦力，有利于裂纹的形核和扩展，该模型如图 2-24 所示。

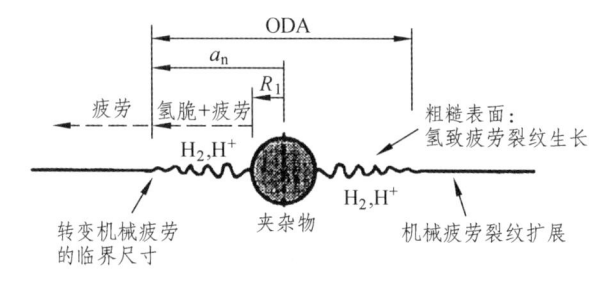

图 2-24　内部夹杂物捕获氢形成 ODA 区的示意图

Shiozawa 等[60]根据断面的拓扑分析，设想了"球状碳化物弥散分离"模型来解释 GBF 区域的形成过程，如图 2-25 所示。最初许多微裂纹在夹杂物附近形核，如图 2-25（a）所示；接着在循环加载过程中，微裂纹通过碳化物不断扩展与结合，从而形成 GBF 面，如图 2-25（b）所示；最后裂纹快速扩展，形成"鱼眼"（fish-eye），如图 2-25（c）所示，直至最后发生断裂破坏。

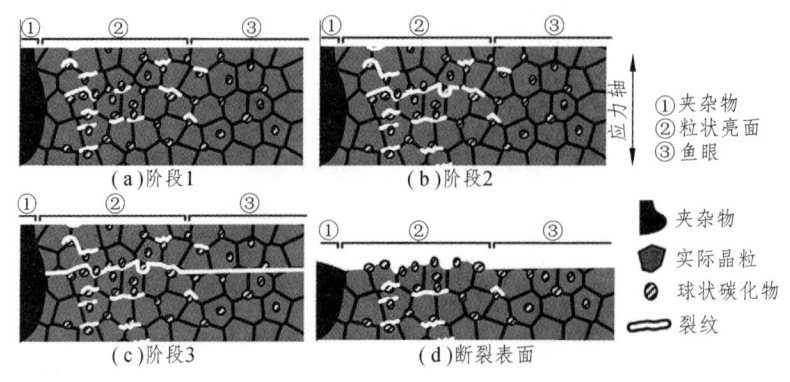

图 2-25 高强钢 GBF 区的形成模型[60]

另外，Chai 等[67]在解释马氏体-奥氏体双相钢的裂纹萌生特征时认为，在超长寿命区间，软相组织局部高应变而引起的应力集中，次表面非缺陷处会诱发裂纹。于洋[68]提出了夹杂物敏感性高低影响材料超高周疲劳寿命的概念，证实了微观组织类型与夹杂物水平的"竞争控制"机理，两者之一会决定裂纹的形核位置及材料的超高周疲劳性能。Murakami[69]建立了高强钢材料的"夹杂物等效投影面积"模型，详细研究了在旋转弯曲和拉压疲劳条件下，钢基体的维氏硬度、非金属夹杂物的位置和尺寸对疲劳性能的影响关系，具体的量化关系见式（2-1）。

$$\sigma_w = \frac{C(\mathrm{HV}+120)}{(\sqrt{A})^{1/6}} \qquad (2\text{-}1)$$

式中：σ_w 为疲劳强度，MPa；C 为疲劳强度系数，对于表面缺陷，C 取 1.43，对于亚表面缺陷，C 取 1.41，对于内部夹杂物，C 取 1.56；HV 为基体的维氏硬度，10 kN/mm^2；将缺陷或夹杂物假想为圆盘状裂纹，A 定义为裂纹在垂直于最大主应力平面上的投影面积，μm^2。

2.2.4 超高周疲劳裂纹的扩展

对于疲劳失效的过程，可分为三个阶段，即疲劳裂纹萌生阶段、裂纹扩展阶段以及断裂失效阶段。但是实际这三个阶段并不是分明的，是连续的不可分割的过程，但是定量分析就比较困难了，工程上一般认为当裂纹尺寸达到可以用检测手段检测到，即认为裂纹进入扩展阶段，一般为 0.5 mm[70,71,25]。疲劳断裂的三个过程分别对应疲劳断口的三个区域：疲劳源、疲劳区、瞬断区。疲劳源一般在产生严重应力集中的地方，包括严重冶金缺陷、夹杂、白点、偏析，一般该区域比较光亮平滑，是由于该区域裂纹扩展的速度很缓慢。疲劳区是裂纹稳定扩展的主要区域，典型的宏观特征是分布有贝纹线，它的产生是由于载荷出现变动，比如机器的开动和停歇造成的。瞬断区域随着裂纹扩展，裂纹尺寸不断增加，当增加到临界断裂韧度时，裂纹会失稳扩展，导致断裂。

在真空中，初期疲劳裂纹扩展的平均速率为 $10^{-11} \sim 10^{-12}$ m/cycle，每一循环周次下的扩展距离远远小于晶格尺度，这可以间接解释在超高周疲劳过程中内部裂纹萌生时的裂纹扩展情况。相比裂纹扩展的平均速率，初期的裂纹扩展速率要小很多，所以，并不是在每一个循环周次下裂纹都发生扩展。在此基础上，研究者们认为有两种可能的疲劳机制：一是裂纹萌生占整个疲劳寿命的绝大部分；二是疲劳寿命主要分布在疲劳裂纹缓慢并带有间歇的扩展过程中。王清远等[72]开展了大量疲劳裂纹萌生与扩展试验，并对疲劳断口进行定量分析，最终反推出裂纹的扩展寿命，得出结论：裂纹萌生寿命可占到超高周疲劳总寿命的 90%以上。

Murakami 等[59]对 ODA 与鱼眼边沿处的应力强度因子进行了研究，发现 ODA 边沿处的应力强度因子与该材料的门槛值相近。因此，认为 ODA 是裂纹萌生和裂纹进入稳定扩展的分界点。在 ODA 范围外，由于氢的作用对疲劳裂纹的扩展没有影响，从而可用公式描述 ODA 扩展到鱼眼的过程。经计算，裂纹 ODA 从扩展到鱼眼部分的寿命占总寿命的很小部分。在超高周疲劳阶段，裂纹的萌生和 ODA 区域内的裂纹扩展占据了绝大部分疲劳寿命。ODA 的大小随着应力幅的降低反而增大。

Miller 等人[73]认为应该发展微观断裂力学和新的位错理论，用来研究裂纹萌生转为裂纹扩展的过程，对 ODA 取得了进一步的认识。裂纹尺寸的增加会使应力强度因子增加，当内部裂纹发展到一定大小时，会使断裂强度因子超过疲劳裂纹门槛值，裂纹将会在短时间内扩展至整个截面而致使试样发生断裂。在此阶段，裂纹扩展与 Paris 公式所描述的特征相吻合。在应力强度因子增大到门槛值之前，裂纹扩展主要是在鱼眼的内部进行的[74]。根据断口特征可以把区域分为内部的裂纹扩展与外部的裂纹扩展。利用当前的技术观测，还不能十分清楚地了解鱼眼在内部裂纹起源、裂纹扩展特征以及微观机理和扩展速率等参量，还需要进一步研究。所以，对鱼眼内部裂纹扩展的研究将会帮助我们进一步了解超高周疲劳的机理[75]。

2.3　超高周疲劳的影响因素

在试验中，有很多因素都影响金属材料超高周疲劳行为，包括频率[76]、加载方式[75]、试验环境[77,78]、试样尺寸[79]、微观组织[80]、表面处理[81]、残余应力[82,83]、载荷特征以及温度等。同时，各种因素之间也会产生交互作用。

用超声疲劳设备测试材料的超高周疲劳性能，试验的频率为 20 kHz，远高于传统高周疲劳试验机的几十到几百赫兹的频率，频率的改变对试验结果的影响成为超声疲劳研究的热点问题，且目前没有统一的结论[32]。文献[84]对 Ti-6Al-4V 钛合金分别采用 60 Hz 的常规疲劳和 20 kHz 的超声疲劳试验进行了 $10^5 \sim 10^9$ 循环周次的对比疲劳性能研究，试验结果表明，超声载荷下的疲劳性能和常规载荷下一致，超声载荷对疲劳性能没有明显的影响。而有研究者[51]通过几种钢的超声疲劳试验，发现频率高时会使疲劳寿命增加，同时提高疲劳强度，因此，要用"超声频率修正系数"对试验结果进行修正后才能与常规试验结果吻合。

超声疲劳试验存在频率效应，高频率下的应力应变响应之间存在差异，最终会导致疲劳寿命增加[76]。通常情况下，超声试验频率远高于工程中的实际应用频率，因此加载频率的影响就成为一个不得不考虑的问题。Furuya 等人[85]认为，缺口试样不受频率的影响，而光滑试样由于频率的影响会产生较大的疲劳强度。

加载方式和残余应力可改变应力分布[75,82]，直接影响缺陷周围的应力集中情况，从而影响裂纹萌生行为。现在，超高周疲劳试验主要有两种加载方式：轴向循环加载和旋转弯曲加载。在轴向循环加载中，试样每个截面均承受相同的载荷；而在旋转弯曲加载中，只有在近表面部分材料承受最大的载荷，试样从表面到中心受力呈线性递减[86]。文献[75]通过高强度钢的旋转弯曲试验发现，断口上会出现粗糙表面区域（Rough Surface Area，RSA），且其面积随着疲劳寿命的增加而变大。文献[87]进行了旋转弯曲疲劳试验，他们发现疲劳裂纹起始于断口中心的居多，且夹杂物以硫化物为主。

材料的微观组织也会影响裂纹萌生机制，例如，文献[80]发现材料中局部位置会出现永久滑移带，文献[88]则给出了容易萌生内部裂纹的位置。对影响因素的研究，最终都应归结到对内部疲劳破坏机制的影响上，尤其是复杂条件下裂纹萌生模式的转变机制问题。目前，对超高周疲劳影响因素的研究还不完善，需要逐步深入。对于旋转弯曲加载，温度对裂纹萌生模式转变的影响还缺乏认识；温度因素引入后，势必影响材料的强度，改变基体/夹杂物的性能匹配，并涉及材料氧化问题，至今未有充分试验数据说明材料软化和表面氧化层的出现对超高周疲劳性能的影响；环境对超高周疲劳性能影响的研究还较少，而环境与频率交互作用对超高周疲劳行为的影响研究还少见报道。

频率效应的本质就是由应变率变化所引发的，与时间有关的环境因素相互作用，同时在高应力水平时的作用更加明显[89,90]。一些研究者提出：与低周疲劳和高周疲劳相比，频率效应对超高周疲劳中的影响作用有降低的趋势。文献[91]认为，应使用常规频率范围来研究超高周疲劳行为，来减小因频率产生的温度所带来的误差；文献[66]则认为，当循环周次达到10^7时，塑性应变将会变得很小，可以忽略温度上升所带来的影响。王清远等[92]发现了温度是与载荷以及R相关，而且随着时间的变化而变化，当疲劳周次达到10^6时温度达到最大值（小于100 °C），然后温度基本不再变化。薛红前等[93]对比了20 Hz疲劳试验机下材料的温度和20 kHz下材料的温度，认为材料内部的温度升高将加快疲劳裂纹的萌生和扩展。文献[94]的研究结果表明，在惰性气体中，裂纹扩展过程中试验频率并不起主要作用。可是，经过试验分析采用超声频率试验的方法可能使裂纹扩展速率降低，以使疲劳寿命得到增加，提高了疲劳强度。总之，频率对疲劳寿命的影响还需要大量的研究工作。

表面残余应力对内部裂纹成核具有较大的影响作用，采用表面淬火、喷丸硬化、表面化学热处理等表面处理的办法，能够在试样表面产生压应力，抑制裂纹在表面萌生，只能在内部萌生裂纹，使材料能够获得更高的疲劳寿命。同样，利用电解抛光的方法可以降低或是消除表面残余应力的效果[94]。

Shiozawa K 等[95]进行了在试样表面喷丸影响超高周疲劳性能的试验。由于喷丸能给试样表面造成残余压应力，裂纹更趋向于在试样内部萌生。然而在低载荷超高周疲劳的阶段，试样的疲劳寿命基本不受喷丸处理的影响。Tokaji K 等[96]分别在干燥空气、空气以及蒸馏水中进行了超高周疲劳试验，研究湿度对高强度钢超高周疲劳性能的影响。研究结果显示，湿度对表面裂纹的扩展有加速作用，而对试样内部裂纹的萌生没有明显影响。

Itoga H 等[97]采用不同的抛光工艺，获得四种表面粗糙度不同的试样并进行疲劳试验。分析表明：表面产生裂纹时，表面粗糙度越低，疲劳寿命则越高。内部产生裂纹时，表面粗糙度对疲劳寿命没有影响。文献[82]通过切割和打磨的方式制造出表面残余压应力不同的试样进行疲劳试验，研究结果显示，这两种处理方式都获得了阶梯状的曲线，与其相对应的是三种类型的失效模式，并且三种失效模式是由应力幅度决定的。Mayer H 等[46]针对贝氏体高碳铬钢进行了研究。对其表面进行研磨处理，使试样产生表面压缩应力，同时增加了表面粗糙度。试验结果发现：大概 1/3 的试件在内部夹杂（Al_2O_3、TiN）处萌生裂纹，剩余的大约 2/3 的裂纹则在表面刮痕或空穴处萌生。

介质环境下材料的超高周疲劳涉及腐蚀疲劳的问题。腐蚀疲劳是指材料在介质环境中受到交变载荷作用时，通过裂纹萌生，裂纹扩展并最终破坏的一种失效形式。Nakajima M 等[98]对钢在常规频率下进行旋转弯曲疲劳测试，试验结果如图 2-26 所示。可见，干燥空气条件下的曲线平台应力要比湿度较大环境下高 200 MPa。在蒸馏水的环境下，$S\text{-}N$ 曲线表现为连续下降的趋势，高周与超高周阶段的疲劳强度要明显低于空气中的疲劳强度；认为蒸馏水能够使试样表面活化，致使在 $S\text{-}N$ 曲线的整个范围内，裂纹均从试样表面萌生。

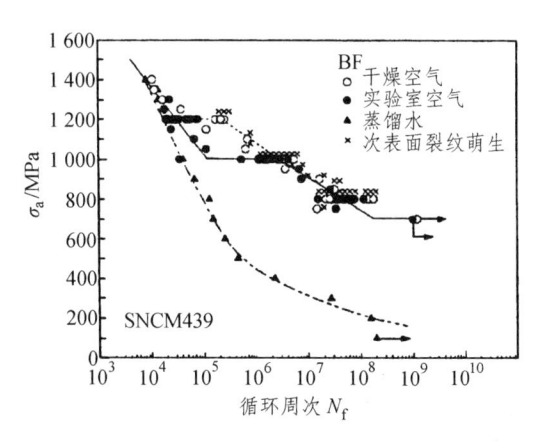

图 2-26　SNCM439 钢在不同疲劳环境下的 S-N 曲线[98]

Petit J 等[77]对材料在空气和真空中的裂纹扩展速率分别做出分析，如图 2-27 所示。在空气与真空中分别测试了 Ti-6Al-4V 合金的疲劳裂纹扩展速率。试验结果显示：材料在空气与真空中的应力强度因子门槛值并没发生明显的变化，但是材料在空气中的裂纹扩展速率要比真空中裂纹扩展速率高出两到三个量级。而且强调了介质中氢对疲劳裂纹扩展具有促进作用。这也解释了为什么内部萌生裂纹时疲劳寿命要更长于表面萌生裂纹时的疲劳寿命。

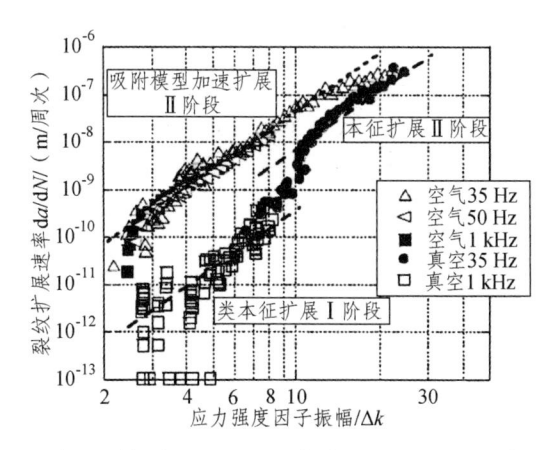

图 2-27　试验环境对 Ti-6Al-4V 合金疲劳裂纹扩展速率的影响

Palin-Luc 等[99]分别研究了金属材料在预腐蚀条件下的疲劳行为与在模拟海水流动条件下的疲劳行为。试验结果显示，在循环周次达到 10^8 周次时，模拟海水流动条件下试样的疲劳强度相当于没有经过处理试样的疲劳强度的 26%，仅为预腐蚀试样疲劳强度的 29%，疲劳裂纹往往萌生在预腐蚀导致的腐蚀坑处或者实时腐蚀造成的腐蚀坑处；在海水流动条件下，腐蚀过程是控制疲劳寿命的主要因素。Ebara R[89]对 12Cr 不锈钢在 5%~40%的不同浓度 NaOH 水溶液中进行了超声腐蚀疲劳试验，试验结果显示，疲劳强度伴随 NaOH 浓度的增大而降低。钱桂安[100]对 40Cr 钢进行了常规频率的旋转弯曲试验，试验分别在空气、水和 3.5%氯化钠水溶液中进行，如图 2-28 所示。试验结果显示：在水和 3.5%氯化钠水溶液中，疲劳强度远比空气中的小；循环周次在 10^7 时，水中试验的疲劳强度为空气中的 34%，3.5%氯化钠水溶液中的疲劳强度为空气中的 10%；循环周次在 10^8 时，水中试验的结果仅相当于空气中的 21%，3.5%氯化钠水溶液中的结果仅相当于空气中的 5.8%。在水和 3.5%氯化钠水液中，疲劳裂纹源在多处萌生；表面开裂与亚表面微孔汇合导致了裂纹的初始扩展；裂纹沿晶界扩展并伴有广泛的沿晶二次裂纹，认为腐蚀疲劳的机理是氢致开裂。

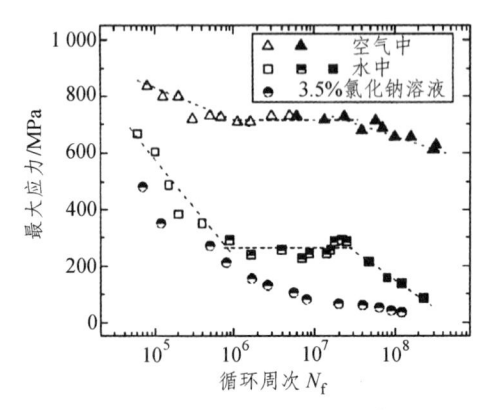

图 2-28 40Cr 钢在 3 种试验环境下的 S-N 曲线

Sakai T 等[101]研究了应力比和加载方式对材料超高周疲劳性能的影响。作者同时分析了旋转弯曲加载和轴向拉拉加载对疲劳性能产生的影响。对于旋转弯曲加载时，试样表面承受的载荷最大，而且试样截面载荷呈现梯度分布，所以裂纹更倾向于在材料的表面或亚表面层处萌生。而在轴向拉拉加载时，试样整个截面受拉力，致使应力均匀分布，所以裂纹可能在试样很深的内部萌生。这和 Murakami Y[102]提出的控制体积（control valume）的概念是一致的。控制体积是指在试样试验段中含有潜在的断裂起源体积。对于拉压疲劳，整个试样的试验段的任何位置都有可能产生断裂源并发生断裂；对于旋转弯曲疲劳，只有在试样试验段才有可能产生断裂。由于试样的形状、试样缺陷的分布特点以及应力梯度的变化都会影响试验结果的变化。所以，不同加载方式得到的数据存在很大的不同，使得试验结果没有对比性。目前，一些研究者利用纯弯曲疲劳试验结果来验证拉压型和旋转型二者所得疲劳试验结果的可比性。同时，一些研究者正在研究三点弯曲疲劳和复合型的疲劳试验。

参考文献

[1] 方洪渊. 焊接结构学[M]. 北京：机械工业出版社，2013.

[2] 何柏林. 列车转向架构架焊接接头表面超声冲击强化及疲劳性能改善技术[M]. 成都：西南交通大学出版社，2020.

[3] 周益春. 材料的宏微观力学性能[M]. 北京：机械工业出版社，2010.

[4] 束德林. 工程材料力学性能[M]. 2版. 北京：机械工业出版社，2007.

[5] SMITH R A. The Versailles railway accident of 1842 and the first research into metal fatigue[J]. Fatigue, 1999, 90（4）：2033-2041.

[6] SURESH S. Fatigue of Materials[M]. Cambridge University Press, 1998.

[7] 周瑾, 祁文军, 薛强. 浅析应力集中对焊接接头疲劳强度的影响[J]. 机械工程与自动化，2010（2）：212-213+216

[8] 田锡唐. 焊接结构[M]. 北京：机械工业出版社，1982.

[9] 钟群鹏, 赵子华. 断口学[M]. 北京：高等教育出版社，2006.

[10] 何柏林, 张枝森, 谢学涛, 封亚明. 加载环境对合金超高周疲劳行为的影响[J]. 华东交通大学学报，2016，33（5）：51-57.

[11] CHAPETTI M F, TAGAWA T, MIYATA T. Ultra-long cycle fatigue of

high-strength carbon steels part I: Review and analysis of the mechanism of failure[J]. Materials Science and Engineering A, 2003, 356（1-2）: 227-235.

[12] LV Z M, HE B L. Essential characteristics and frequency effect for very high cycle fatigue behavior of steels[J]. Key Engineering Materials, 2016, 664: 168-174.

[13] 何柏林, 叶斌, 邓海鹏, 等. 转向架用SMA490BW钢焊接接头超高周疲劳性能[J]. 焊接学报, 2019, 40（2）: 31-37.

[14] YU Y X, HE B L, LV Z M, et al. Influential factors for very high cycle fatigue behavior of metallic materials[J]. Key Engineering Materials, 2016, 664: 150-155.

[15] 李伟, 李强, 鲁连涛, 王平. GCr15钢超长寿命疲劳破坏的机理[J]. 机械工程材料, 2009, 33（5）: 37-40.

[16] HE B L, WEI K. Research Progress of very high cycle fatigue for high strength steels[C]. 6th International Conference on VHCF, Chengdu, China, 2014: 1-10.

[17] 王清远, 刘永杰. 结构金属材料超高周疲劳破坏性能[J]. 固体力学学报, 2010, 13（5）: 496-503.

[18] YU Y X, HE B L, LV Z M, et al. Influential factors for very high cycle fatigue behavior of metallic materials[J]. Key Engineering Materials, 2016, 664: 150-155.

[19] MARINES I, BIN X, BATHIAS C. An understanding of very high cycle fatigue of metals[J]. International Journal of Fatigue, 2003, 25: 1101-1107.

[20] 何柏林, 于影霞, 史建平, 等. 超声冲击对转向架用16MnR钢焊接接头疲劳性能的影响[J]. 中国铁道科学, 2011, 32（5）: 96-99.

[21] HONG Y S, ZHAO A G, QIAN G A, et al. Fatigue strength and crack initiation mechanism of very-high-cycle fatigue for low alloy steels[J]. Metallurgical and Materials Transactions A, 2012, 43（8）: 2753-2762.

[22] SAKAI T, SATO Y, OGUMA N. Characteristic S-N properties of high

carbon chromium bearing steel under axial loading in long-life fatigue[J]. Fatigue and Fracture of Engineering Material and Structures, 2002, 25（8-9）: 765-773.

[23] 洪友士，赵爱国，钱桂安. 合金材料超高周疲劳行为的基本特征和影响因素[J]. 金属学报，2009，45（7）: 769-780.

[24] 鲁连涛，张卫华. 金属材料超高周疲劳研究综述[J]. 机械强度，2005，27（3）: 388-394.

[25] 周承恩，谢季佳，洪友士. 超高周疲劳研究现状与展望[J]. 机械强度，2004，26（5）: 526-533.

[26] MASUDA C, ISII A, NISHIJIAMA S, et al. Heat-to-heat variation in fatigue strength of SCr420 carburized steels[J]. Trans. JSME, Part A. 1985, 51（464）: 847-852.

[27] EMURA H, ASAMI K. Fatigue strength characteristics of high strength steel[J]. Trans. JSME, Part A, 1989, 55（509）: 45-50.

[28] 张继明，杨振国，李守新，等. 汽车用高强度钢 54SiCrV6 和 54SiCrV6 的超高周疲劳行为[J]. 金属学报，2006，42（3）: 259-264.

[29] 王弘，高庆. 40Cr 钢和 50 车轴钢超高周疲劳性能研究及疲劳断裂机理探讨[D]. 成都：西南交通大学，2006.

[30] WANG Q Y, KHAN M K. The most Influence Articles in Very High Cycle Fatigue[J]. Key Engineering Materials, 2016（664）: 3-11.

[31] MARINES G I, PARIS P C, TADA H, et al. Fatigue crack growth from small to large cracks on very high cycle fatigue with fish-eye failures[J]. Engineering Fracture Mechanics, 2008, 75（6）: 1657-1665.

[32] 顾玉丽，陶春虎，何玉怀，等. 金属材料超高周疲劳失效的基本特征[J]. 失效分析与预防，2011，6（3）: 193-198.

[33] 张枝森. 超声冲击改善 SMA490BW 钢焊接接头超高周疲劳性能的机理探究[D]. 南昌：华东交通大学，2017.

[34] 胡燕慧，钟群鹏，张峥，等. 超声振动载荷下 S06 钢的长寿命疲劳性能[J]. 北京航空航天大学学报，2010，32（4）: 464-468.

[35] MAYER H. Ultrasonic Torsion and Tension-compression Fatigue

Testing: Measuring Principles and Investigations on 2024-T351 Aluminum Alloy[J]. International Journal of Fatigue, 2006, 28（11）：1446-1455.

[36] MORRISSEY R J, NICHOLAS T. Staircase Testing of A Titanium Alloy in The Gigacycle Regime[J]. International Journal of Fatigue, 2006, 28（11）：1577-1582.

[37] MORRISSEY R J, GOLDEN P J. Fatigue Strength of a Single Crystal in the Gigacycle Regime[J]. International Journal of Fatigue, 2007, 29（9-11）：2079-2084.

[38] ZHANG J M, LI S X, YANG Z G, et al. Influence of Inclusion Size on Fatigue Behavior of High Strength Steels in The Gigacycle Fatigue Regime[J]. International Journal of Fatigue, 2007, 29（4）：765-771.

[39] MURAKAMI Y, NOMOTO T, UEDA T, et al. Analysis of the Mechanism of Super-long fatigue failure by Optical Microscope and SEM/ATM Observations[J]. Journal if the Society of Materials Science, 1999, 48: 1112-1117.

[40] TANAKA K, AKINIWA Y. Fatigue crack propagation behavior derived from S-N data in very high cycle regime[J]. Fatigue and Fracture of Engineering Material and Structures, 2002, 25（8-9）：775-784.

[41] 李伟，李强，鲁连涛，等. 不同加载频率下 GCr15 钢超高周疲劳行为的研究[J]. 材料热处理学报，2008, 29（6）：53-57.

[42] 刘春秀. 5A06 铝合金焊接接头超高周疲劳性能研究[D]. 天津：天津大学，2012.

[43] 贾义庚. 超长寿命区间超声冲击处理焊接接头的疲劳行为[D]. 天津：天津大学，2009.

[44] 吴良晨，王东坡，邓彩艳，等. 超长寿命区间 16Mn 钢焊接接头疲劳性能[J]. 焊接学报，2008, 29（3）：117-120.

[45] 魏康. 超声冲击对 SMA490BW 钢对接接头超高周疲劳性能的影响研究[D]. 南昌：华东交通大学，2016.

[46] MAYER H, HAYDN W, SCHULLER R, et al. Very high cycle fatigue properties of bainitic high carbon-chromium steel[J]. International

Journal of Fatigue, 2009, 31（2）: 242-249.

[47] TERENT'EV V F. Endurance limit of metals and alloys[J]. Metal Science and Heat Treatment, 2008, 50（1-2）: 88-96.

[48] CHAPETTI M F, TAGAWA T, MIYATA T. Ultra-long cycle fatigue of high-strength carbon steels part I: Review and analysis of the mechanism of failure[J]. Materials Science and Engineering A, 2003, 356（1-2）: 227-235.

[49] MUGHRABI H. Special features and mechanisms of fatigue in the ultrahigh-cycle regime[J]. International Journal of Fatigue, 2006, 28（11）: 1501-1508.

[50] BAYRAKTAR E, GARCIAS I M, CLAUDE B. Failure Mechanisms of Automotive Metallic Alloys in Very High Cycle Fatigue Range[J]. International Journal of Fatigue, 2006, 28（11）: 1590-1602.

[51] BATHIAS C, PARIS P C. Gigacycle Fatigue of Metallic Aircraft Components[J]. International Journal of Fatigue, 2010, 32（6）: 894-897.

[52] MIAO J, POLLOCK T M, JONES W J. Crystallographic Fatigue Crack Initiation in Nickel-based Superalloy Rene'88DT at Elevated Temperature[J]. Acta Materialia, 2009, 57（20）: 5964-5974.

[53] HE B L, DENG H P, JIANG M M, er al. Effect of ultrasonic impact treatment on the ultra high cycle fatigue properties of SMA490BW steel welded joints[J]. The International Journal of Advanced Manufacturing Technology, 2017, 62（6）: 1-7.

[54] YU Y X, HE B L, LIU J, et al. Surface Plastic Deformation and Nanocrystallization Mechanism of Welded Joint of 16MnR Steel Treated by Ultrasonic Impact[J]. MATERIALS SCIENCE, 2015, 21（4）: 612-615.

[55] 王东坡，周达. 超声冲击法提高焊接接头疲劳强度的机理分析[J]. 天津大学学报，2007，40（5）: 623-628.

[56] 张玉凤，柳锦铭，霍立兴，等. 超声冲击方法提高焊接接头疲劳强度[J]. 天津大学学报，2005，38（8）: 749-752.

[57] 邓彩艳，刘夕，王东坡. 高温超声冲击处理 Q345 钢焊接接头的疲劳性能[J]. 焊接学报，2014，35（11）：47-50.

[58] ZHANG H, WANG D P, LI Q X, et al. Effects of ultrasonic impact treatment on pre-fatigue loaded high-strength steel welded joints[J]. International Journal of Fatigue, 2015, 80: 278-287.

[59] MURAKAMI Y, YOKOYAMAN N, NAGATA J. Mechanism of fatigue failure in ultra long life region[J]. Fatigue & Fracture of Engineering Materials & Structures, 2002, 25（8/9）：735-746.

[60] SHIOZAWA K, MORII Y, NISHINO S, et al. Subsurface crack initiation and propagation mechanism in high-strength steel in a very high cycle fatigue regime[J]. International Journal of Fatigue, 2006, 28（11）：1521-1532.

[61] SHIOZAWA K, LU L T, ISHIHARA S. S-N curve characteristics and subsurface crack initiation behavior in ultra long life fatigue of a high carbon-chromium bearing steel[J]. Fatigue & Fracture of Engineering Materials & Structures, 2001, 24（12）：781-790.

[62] 刘龙隆，轩福贞，朱明亮. 25Cr2Ni2MoV 钢焊接接头的超高周疲劳特性[J]. 机械工程学报，2014，50（4）：25-31.

[63] 邓彩艳，王红，龚宝明，等. 加载频率及焊接缺陷对 5A06 铝合金 TIG 焊接头超高周疲劳性能的影响[J]. 焊接学报，2015，36（12）：61-64.

[64] 何超，田仁慧，王清远. 钛合金焊接接头超长寿命疲劳特性研究[J]. 中国测试，2012，38（3）：20-22.

[65] MARINES G I, PARIS P C, TADA H, et al. Fatigue crack growth from small to large cracks on very high cycle fatigue with fish-eye failures[J]. Engineering Fracture Mechanics, 2008, 75（6）：1657-1665.

[66] BATHIAS C. There is no infinite fatigue life in metallic materials[J]. Fatigue and Fracture of Engineering Material and Structures, 1999, 22（7）：559-565.

[67] CHAI G. The formation of subsurface non-defect fatigue crack

origins[J]. International Journal of Fatigue, 2006, 28（11）: 1533-1539.

[68] 于洋. Mn-Si-Cr 系贝/马复相高强钢超高周疲劳行为及机理研究[D]. 北京：清华大学，2010.

[69] MURAKAMI Y. Metal fatigue-effects of small defects and nonmetallic inclusions[M]. Elsevier, 2006.

[70] HOLTZ J. High Speed Drive System with Ultrasonic MOSFET PWM Inverter and Simple Chip Microprocessor Control[J]. IEEE, 1987, IA-16（4）: 1010-1015.

[71] EDWARDY Y H. Effect of Gate Drive Circuits on GTO Thyristor Characteristics[J]. IEEE, 1986, IE-33（3）: 325-331.

[72] 王清远. 超高强度钢十亿周疲劳研究[J]. 机械强度，2002，24（1）: 81-84.

[73] MILLER K J, O'DONNELL W J. The fatigue limit and its elimination [J]. Fatigue & Fracture of Engineering Materials & Structures, 1999, 22: 545-557.

[74] SURESH S. Fatigue of materials[M]. Cambridge: Cambridge University Press, 1991.

[75] OCHI Y, MATSUMURA T, MASAKI K, et al. High-cycle rotating bending fatigue properties in very long-life regime of high- strength steels[J]. Fatigue & Fracture of Engineering Materials & Structures, 2002, 25: 823-830.

[76] MILLER K J. A historical perspective of the important parameters of metal fatigue and problems for the next century[C]. Proceedings of the 7th International Fatigue Congress. Beijing: High Education Press(China) and Emas(UK), 1999:15-39.

[77] PETIT J, SARRAZIN B C. An overview on the influence of the atmosphere environment on ultra-high-cycle fatigue and ultra-slow fatigue crack propagation[J]. International Journal of Fatigue. 2006, 28（11）: 1471-1478.

[78] KOBAYASHI H, TODOROKI A, OOMURA T, et al. Ultra-high-cycle

fatigue properties and fracture mechanism of modified 2. 25Cr-1Mo steel at elevated temperatures[J]. International Journal of Fatigue. 2006, 28（11）: 1633-1639.

[79] FURUYA Y. Size effects in gigacycle fatigue of high-strength steel under ultrasonic fatigue testing[J]. Procedia Engineering, 2010, 2（1）: 485-490.

[80] HUANG J, SPOWART J E, JONES J W. The role of microstructural variability on the very high-cycle fatigue behavior of discontinuously-reinforced aluminum metal matrix composites using ultrasonic fatigue[J]. International Journal of Fatigue. 2010, 32（8）: 1243-1254.

[81] ZHANG J W, LU L T, SHIOZAWA K, et al. Fatigue properties of oxynitrocarburized medium carbon railway axle steel in very high cycle regime[J]. International Journal of Fatigue, 2010, 32（11）: 1805-1811.

[82] SHIMATANI Y, SHIOZAWA K, NAKADA T, et al. The effect of the residual stresses generated by surface finishing methods on the very high cycle fatigue behavior of matrix HSS[J]. International Journal of Fatigue. 2011, 33（2）: 122-131.

[83] 吕宗敏，何柏林，于影霞，等. 超声冲击调整焊接接头残余应力的试验研究[J]. 兵器材料科学与工程，2016，39（3）: 99-102.

[84] MORRISSEY R J, NICHOLAS T. Staircase Testing of A Titanium Alloy in The Gigacycle Regime[J]. International Journal of Fatigue, 2006, 28（11）: 1577-1582.

[85] FURUYA Y, TORIZUKA Y, TAKEUCHI E. Ultrasonic fatigue testing on notched and smooth specimens of ultrafine-grained steel[J]. Materials and Design, 2010, 37: 515-520.

[86] SAKAI T, TAKEDA M, SHIOZAWA K, et at. Experimental reconfirmation of characteristic S-N property for high carbon chromium bearing steel in wide life region in rotating bending[J]. Journal if the Society of Materials Science, 2000, 49: 779-785.

[87] XUE H Q, BATHIAS C. Crack path in torsion loading in very high

cycle fatigue regime[J]. Engineering Fracture Mechanics, 2010, 77: 1866-1873.

[88] MILLER K J, O'DONNEL W J. The fatigue limit and its elimination. Fatigue & Fracture of Engineering Materials & Structures, 1999, 22 (8): 545-557.

[89] EBARA R. The present situation and future problems in ultrasonic fatigue testing mainly reviewed on environmental effects and materials' screening[J]. International Journal of Fatigue, 2006, 28: 1465-1470.

[90] HOLPER B, MAYER H, VASUDEMAN A K, et al. Near threshold fatigue crack growth at positive load ratio in aluminium alloys at low and ultrasonic frequency: influence of strain rate, slip behaviour and air humidity[J]. International Journal of Fatigue, 2004, 26: 27-38.

[91] SAKAI T, TAKEDA M, SHIOZAWA K, et al. Experimental evidence of duplex S-N characteristic's in wide life region for high strength steels[C]. Proceedings of the 7th International Fatigue Congress. Beijing: High Education Press(China) and Emas(UK), 1999:573-578.

[92] WANG Q Y, BERARD J Y, DUBARRE A, et al. Gigacycle fatigue of ferrous alloys[J]. Fatigue & Fracture of Engineering Materials & Structures, 1999, 22 (8): 667-672.

[93] XUE H Q, BAYRAKTAR E, BATHIAS C. Damage mechanism of a nodular cast iron under the very high cycle fatigue regime[J]. Journal of Materials processing Technology, 2008:216-223.

[94] 张彭一. 不同介质环境下马氏体不锈钢 2Cr13 钢的超高周疲劳研究[D]. 兰州: 兰州理工大学, 2014.

[95] SHIOZAWA K, LU L. Very high-cycle fatigue behaviour of shot-peened high-carbon-chromium bearing steel[J]. Fatigue & Fracture of Engineering Materials& Structures, 2002, 25: 813-822.

[96] TOKAJI K, KO H N, NAKAJIMA M, et al. Effects of humidity on crack initiation mechanism and associated S-N characteristics in very high strength steel[J]. Materials Science and Engineering A, 2003,

345:197-206.

[97] ITOGA H, TOKAJI K,NAKAJIMA M. Effect of surface roughness on step-wise S-N characteristics in high strength steel[J]. International Journal of Fatigue,2003, 25:379-385.

[98] NAKAJIMA M, TOKAJI K, ITOGA H. Morphology of step-wise S-N curves depending on work hardened layer and humidity in a high-strength steel[J]. Fatigue & Fracture of Engineering Materials & Structures, 2003, 26: 1113-1118.

[99] THIERRY P L, RUBÉN P M, CLAUDE B, et al. Fatigue crack initiation and growth on a steel in the very high cycle regime with sea water corrosion[J]. Engineering Fracture Mechanics, 2010, 77: 1953-1962.

[100] 钱桂安，洪友士. 环境介质对40Cr结构钢高周和超高周疲劳行为的影响[J]. 金属学报，2009，45（11）：1356-1363.

[101] SAKAI T, SATO Y, NAGANO Y, et al. Effect of stress ratio on long life fatigue behavior of high carbon chromium bearing steel under axial loading[J]. International Journal of Fatigue, 2006,28:1547-1554.

[102] MURAKAMI Y, TAKADA M, TORIYAMA T. Super-long life tension-compression fatigue properties of quenched and tempered 0.46% carbon steel[J]. International Journal of Fatigue, 1998, 16: 661-667.

第 3 章

超声疲劳试验方法

近年来,随着航空航天、机车车辆等行业的迅速发展,一些高强度钢工程构件(如气涡轮盘、火车轮轴、发动机等)承受的疲劳循环已达 10^{10} 周次甚至更高[1-3]。为了保证高强钢构件的可靠性和安全性,有必要研究钢的超高周疲劳性能。

3.1 超高周疲劳研究的试验方法及所用设备

对材料及焊接接头超高周疲劳的研究主要采用两种设备进行:一种是传统疲劳试验机(频率为 0.5～300 Hz),另一种是目前受到广泛应用的超声疲劳试验机(频率为 20 kHz 左右)。1950 年,Manson[4]采用压电和电磁共振技术,将 20 kHz 的电信号转换为相同频率的机械振动,开辟了高能超声谐振技术在断裂与疲劳试验研究的新阵地。该技术具有省时省力、快速获取材料的超高周疲劳性能的特点,在 20 kHz 的加载频率下,完成 10^8 周次的超高周疲劳试验仅需 1 h,10^9 周次的超高周疲劳试验仅需 14 h,相比传统疲劳试验机来说大大缩短了试验时间。国外的实验室对超声疲劳试验系统的开发和利用做了大量的工作,促使超声波技术在研究超高周疲劳行为中得到推广与应用[5-9]。目前,超声疲劳试验尚无统一的试验准则,因为在疲劳行为研究中大多是利用自主研发的超声疲劳试验系统，如法国的实验室、奥地利的实验室、日本的实验室和我国西南交通大学以及天津大学的超高周疲劳实验室。

超声疲劳试验机与传统疲劳试验机相比的优势是省时省力，能够提高试验效率。可是，超声疲劳试验机对试验本身也有一定的影响，如高频振动在试验过程中会使试样发热，高频振动也可能使金属材料的疲劳性能发生变化。所以，对于超声试验数据的高可靠度，还需要大量的工作验证，如不与常规疲劳试验结果进行大量且详细的比较，很难对疲劳性能进行定量研究。采用常规疲劳试验机获得的试验数据没有受到加载频率的影响，可信度高，可以进行超高周疲劳的定量研究。日本学者一般都采用传统的常规疲劳试验机，并且在一台试验机上安装多根试样的方式，通过多个研究机构合作研究的方式来研究周次的应力疲劳研究。目前，一些学者使用传统疲劳试验方法进行了大量的超高周疲劳研究，积累了很多有价值的数据[10]。另外，日本研究所主要研究与日本钢铁汽车行业相关的钢材，而欧洲研究者除了研究钢铁类材料外，大部分的研究涉及航空航天材料。

Bathias 等较早开发了用于压电试验机的数字化控制软件，并应用于金属材料超高周疲劳及其断裂机理的研究中。20 世纪 80 年代以后，高频振动疲劳研究领域内的试验技术迅速发展，一些新型的超高周疲劳试验系统和装置不断涌现。图 3-1 为日本岛津 USF-2000 型超声疲劳试验机，其加载频率高达 20 kHz，具有结构简单、省时耗能低、效率高的特点。

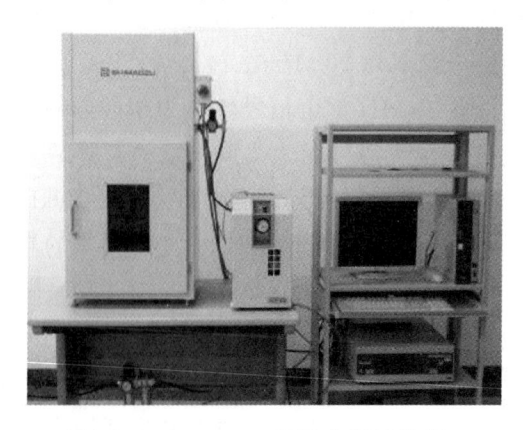

图 3-1　USF-2000 超声疲劳试验机

其操作系统主要由以下几部分组成[11]:

(1)超声波频率发生器,也称为激振电源。它的作用是将 50 Hz 的低频交流电压转化为 20 kHz 的超声波高频电信号,调压器可用来控制振幅大小。

(2)压电陶瓷换能器。将高频电信号转换为同频率的机械振动。

(3)振幅放大器,也叫锥体。它的作用是调节换能器输出的机械振幅大小,从而满足不同疲劳加载应力的需求。

(4)试样。其几何形状以及尺寸需经过严格的解析计算,从而满足试验系统 20 kHz 的谐振频率要求。

(5)光纤传感器。实时测量振动周次、谐振频率和振幅大小。

(6)附加装置。如空气冷却系统,保证试样不受发热问题的影响。

目前,超声疲劳试验机广泛应用于高强钢、铝合金、钛合金、镍合金以及其他金属基复合材料的超高周疲劳寿命和裂纹萌生、扩展机理研究。与传统疲劳试验方法相比,超声疲劳试验技术具有以下特点[12-15]:

(1)试验时间短,节约能源。试验间歇比为 1∶1 的情况下,用 20 kHz 的超声疲劳试验机完成 10^8 循环周次的试验只需要 2.8 h,而用 200 Hz 的电磁谐振疲劳试验机大约需要 6 天时间。超声疲劳试验机可以大大缩短试验时间,提高效率,对研究材料的超长寿命行为和低速裂纹扩展行为提供了有利条件。此外,由于加载方式为谐振,试验所需能量也大幅降低,从而有效节约能源。

(2)加载方法。通过计算机调节机械振动来实现应力幅的加载,可实现自动化控制和监测,从而确保试验数据的准确性。

(3)试样固定。常规的疲劳试验机需要通过夹具固定试样,试样受强迫振动。超声疲劳试验以超声波的形式加载试样,在应力比 R 为-1 的情况下,只需通过外螺纹固定试样一端。

3.2 超声疲劳试样设计

与传统的机械疲劳试验机相比,超声波疲劳振动系统大为简化,主要由超声波频率发生器、压电换能器、振幅放大器、试样、光纤传感器组成，如图 3-2 所示。图 3-2 同时给出了超声疲劳振动加载系统沿轴向的位移、应力场分布。试验过程中，换能器将激振电源产生的高频电信号转换为同频率的机械振动，然后经振幅放大器放大。试样一端与放大器相连（图中 3 点，采用螺纹连接），另一端自由（5 点），产生的谐振波加载于试样，使试样轴向形成拉-压对称循环荷载。从图 3-2 中可以发现，1、3、5 为应力驻点，即对应的截面应力幅为零；2、4 为位移驻点，即对应的位移幅为零。其中，3 为试样振动输入截面，4 为对称截面，5 为自由无约束端面。在试验过程中，试样的两端的位移最大，应力为零，而中间截面应力最大，位移为零。所以实际上超声疲劳试验主要测试试样中间部分的疲劳性能[16,17]。

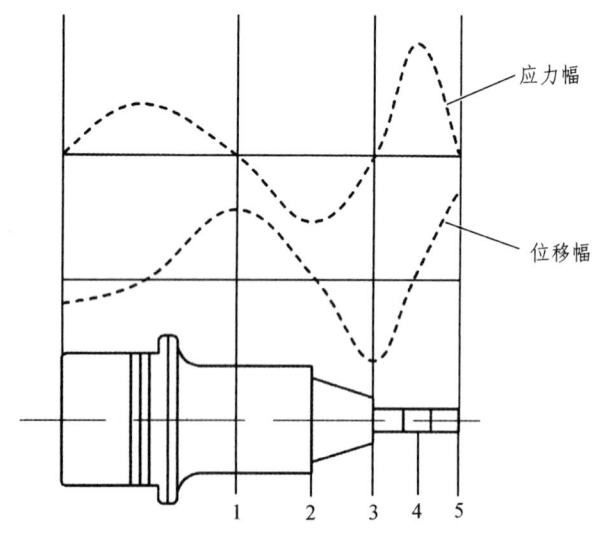

图 3-2 超声疲劳振动系统及位移、应力曲线

　　超声疲劳试验中，等截面圆柱状、变截面圆柱状、矩形薄板状试样得到广泛的应用。为了加速试验进程，实际使用的超声疲劳试样通常为变截面圆柱状，即所谓的狗骨形，这样可以使试样获得很大的应力放大系数，并且使试样中部产生最大应力[18]。另外，适当减小试样的长度，如小于 100 mm，有利于开展试验。传统疲劳试验机加载频率通常与试样固有频率是不一致的，也就是试样受强迫振动。超声疲劳试验中，超声频

的载荷是通过谐振方式加载到试样上的，因此试样的尺寸形状必须满足超声频谐振条件，不同材料和形状的试样尺寸需要通过解析计算得到[19]。本章简述了等截面圆柱状、变截面圆柱状、薄板状三种超声疲劳试样的设计计算方法，并对不同形状试样进行对比分析，探讨了影响试样振动特性的因素，最后以转向架用 SMA490BW 钢为例，进行了超声疲劳试样设计。

超声疲劳试样的尺寸必须满足试样与变幅杆能够发生谐振的要求，而试样的外形一般设计成圆柱状、薄板状等[20,21]。

3.2.1 等截面圆柱状试样的设计

等截面圆柱状试样及位移、应变分布如图 3-3 所示。从图 3-3 中可以看出，试样两端位移幅最大，应变（应力）为零；试样中部应变（应力）最大，位移幅为零。

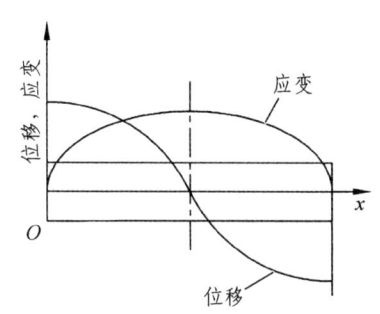

图 3-3 等截面圆柱状试样位移与应变示意图[13]

取试样轴向为 x 轴，纵波从左端开始传播后，试样沿 x 方向一紧一松来回振动。假设试样满足理想弹性体的条件，根据弹性波理论，等截面试样纵向振动的一维动力学微分方程为

$$\frac{\partial^2 u}{\partial t^2} = \frac{E}{\rho} \times \frac{\partial^2 u}{\partial x^2} \quad (3\text{-}1)$$

式中：E 为材料的弹性模量；ρ 为材料密度；$u(x,t)$ 为坐标 x 处的截面在 t 时刻的纵向位移。

式（3-1）的通解为

$$u = \sum_{n=1}^{\infty} u_n(x,t) \tag{3-2}$$

其中

$$u_n(x,t) = \left(A_{n-1}\cos\frac{n\pi ct}{l} + B_{n-1}\sin\frac{n\pi ct}{l}\right)\cos\frac{n\pi x}{l} \tag{3-3}$$

式中：$c = \sqrt{\dfrac{E}{\rho}}$ 为纵波波速；A_{n-1}、B_{n-1} 为常数。

超声疲劳试验要求试样两端位移取最大，但应变为零，即边界条件为

$$\varepsilon = \left(\frac{\partial u}{\partial x}\right)_{x=0,l} = 0 \tag{3-4}$$

于是，可以从式（3-3）得到满足条件的第一阶振动模态为

$$u(x,t) = A_0\cos(kx)\sin(wt) \tag{3-5}$$

式中：$k = \dfrac{\pi}{l}$；$w = \dfrac{\pi c}{l}$；A_0 为试样两端最大振幅值。

由式（3-5）可得试样各截面的应变 ε 为

$$\varepsilon = \frac{\partial u}{\partial x} = -kA_0\sin(kx)\sin(wt) \tag{3-6}$$

应变速率为

$$\frac{\partial \varepsilon}{\partial t} = -kwA_0\sin(kx)\cos(wt) \tag{3-7}$$

在试样中部可得位移 $u = 0$，应变（应力）最大，应变 $\varepsilon_{max} = -kA_0$，应力 $\sigma_{max} = -EkA_0$。

由 $c = \sqrt{\dfrac{E}{\rho}}$、$w = \dfrac{\pi c}{l}$ 和 $f = \dfrac{w}{2\pi}$，可知满足频率为 f 的试样长度为

$$l = \frac{1}{2f}\sqrt{\frac{E}{\rho}} \tag{3-8}$$

式中：f 为试样与超声疲劳试验系统共振的谐振频率；l 称为等截面圆柱状试样的谐振长度。

式（3-8）表明长度与谐振频率成反比。对于普通的钢试样来说，$E = 200\ \text{GPa}$，$\rho = 7.8\ \text{g/cm}^3$，因此对于 20 kHz 的谐振频率，$l$ 约为 127 mm[22]。

3.2.2 变截面圆柱状试样的设计

为了使试样中部产生应力集中从而加速试验进程，实际采用的超声疲劳试样通常为变截面圆柱状，即狗骨形试样，这样可以保证试样获得很高的应力放大系数，并使其中间横截面产生最大应力。若试样中间部分为指数形式的曲线，则可以通过解析计算求出试样谐振长度。因此，当试样条件和材料发生变化时，超声疲劳试样只需在尺寸上做出调整。

图 3-4 为中间过渡段为弧形变截面圆柱状试样。对于轴对称的变截面试样，其一维纵向振动方程为

$$\rho S(x) \frac{\partial^2 u(x,t)}{\partial t^2} = \frac{\partial F(x,t)}{\partial x} \quad (3\text{-}9)$$

式中：$S(x)$ 是试样在 x 处的横切面积；$F(x,t)$ 表示作用在该截面上的力。

$$F(x,t) = ES(x) \frac{\partial u(x,t)}{\partial x} \quad (3\text{-}10)$$

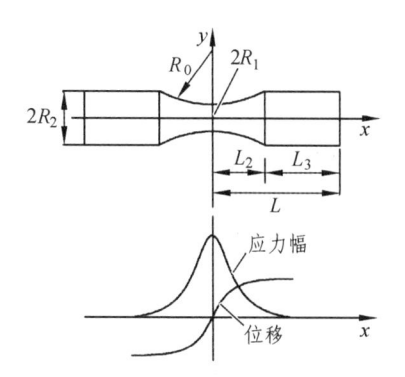

图 3-4 变截面试样及应力幅、位移分布图

将式（3-10）代入式（3-9）中，得出

$$\rho S(x) \frac{\partial^2 u(x,t)}{\partial t^2} - E\left[S'(x) \frac{\partial u(x,t)}{\partial x} + S(x) \frac{\partial^2 u(x,t)}{\partial x^2} \right] = 0 \quad (3\text{-}11)$$

将试样位移写成变量分离形式，即 $u(x,t) = U(x)\sin wt$，则从式（3-11）中可以得出位移幅微分方程：

$$U''(x) + p(x)U'(x) + k^2 U(x) = 0 \quad (3\text{-}12)$$

式中

$$p(x) = \frac{S'(x)}{S(x)}, \ k = \frac{w}{c}, \ c = \sqrt{\frac{E}{\rho}}, \ w = 2\pi f \quad (3\text{-}13)$$

对于图 3-4 所示的试样，假设试样中部喇叭形的曲线方程为

$$\begin{cases} y(x) = R_2 & L_2 < |x| < L \\ y(x) = R_1 \cosh(\alpha x) & |x| < L_2 \end{cases} \quad (3\text{-}14)$$

式中

$$\alpha = \frac{1}{L_2} \mathrm{arccos}\, h\left(\frac{R_2}{R_1}\right) \quad (3\text{-}15)$$

设试样端部位移为 A_0，已知超声疲劳试样载荷的边界条件为

$$\begin{cases} U|_{x=0} = 0 \\ U|_{x=L} = A_0 \\ U'|_{x=L} = 0 \end{cases} \quad (3\text{-}16)$$

由边界条件求解式（3-12），可得振动位移幅函数 $U(x)$ 为

$$\begin{cases} U(x) = A_0 \cos[k(L-x)] & L_2 < |x| < L \\ U(x) = A_0 \varphi(L_2, L_3) \dfrac{\sinh(\beta x)}{\cosh(\alpha x)} & |x| < L_2 \end{cases} \quad (3\text{-}17)$$

式中

$$\begin{cases} \beta = \sqrt{\alpha^2 - k^2} \\ \varphi(L_2, L_3) = \dfrac{\cos(kL_3)\cosh(\alpha L_2)}{\sinh(\beta L_2)} \end{cases} \quad (3\text{-}18)$$

$$L_3 = \frac{1}{k}\arctan\left\{\frac{1}{k}\left[\frac{\beta}{\tanh(\beta L_2)} - \alpha \tanh(\alpha L_2)\right]\right\} \quad (3\text{-}19)$$

根据试验材料和给定条件进行试样尺寸设计时，先给定几何尺寸 R_1、R_2、L_2，试样半长 $L=L_2+L_3$，L_3 与固有谐振频率有关，称为该变截面圆柱状试样的谐振长度。

对位移函数求导，可获得试样各横截面沿轴向的应变及应力分布：

$$\begin{cases} \varepsilon(x) = \dfrac{\mathrm{d}U(x)}{\mathrm{d}x} \\ \sigma = E\varepsilon(x) \end{cases} \qquad (3\text{-}20)$$

超高周疲劳研究的疲劳寿命在 10^4 周次以上，对应的应力幅值远低于材料的屈服强度，因此认为应力与应变满足线性关系。图 3-4 中给出了试样振动位移幅和轴向应力幅沿 x 轴的分布规律，由此可知在试样中部截面 $x=0$ 处，应变（应力）幅最大：

$$\begin{cases} \varepsilon_{\max} = \beta\varphi(L_2, L_3)A_0 \\ \sigma_{\max} = \beta E\varphi(L_2, L_3)A_0 \end{cases} \qquad (3\text{-}21)$$

由式（3-21）可见，在系统谐振频率、试样材料及几何形状尺寸确定后，$\sigma_{\max}$ 与试样端部位移幅 A_0 成正比例关系。超声疲劳试验中，通过控制端部位移，进而达到应变（应力）控制疲劳试验的目的。由式（3-21）可得变截面试样的位移应力系数：

$$C_s = \beta E\varphi(L_2, L_3) \qquad (3\text{-}22)$$

变截面试样与等截面试样的最大应力幅比值被称为应力放大系数 M，其为

$$M = \dfrac{\beta\varphi(L_2, L_3)}{k} \qquad (3\text{-}23)$$

采用上述分析方法，可得图 3-5 所示中部含等截面圆柱状试样的振动位移方程和谐振长度计算公式。

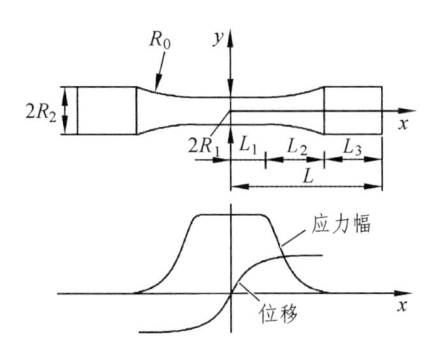

图 3-5 中间含等截面试样及应力幅、位移分布图

$$\begin{cases} U(x) = A_0\beta\phi\sin(kx) \\ U(x) = A_0\phi\dfrac{\beta\sin(kL_1)\cosh[\beta(x-L_1)] + k\cos(kL_1)\sinh[\beta(x-L_1)]}{\cosh[\alpha(x-L_1)]} \\ U(x) = A_0\cos[k(L-x)] \end{cases} \quad (3\text{-}24)$$

其中

$$\begin{cases} k = \dfrac{w}{c}, c = \sqrt{\dfrac{E}{\rho}}, w = 2\pi f, \beta = \sqrt{\alpha^2 - k^2} \\ \phi = \dfrac{\cos(kL_3)\cosh(\alpha L_2)}{\beta\sin(kL_1)\cosh(\beta L_2) + k\cos(kL_1)\sinh(\beta L_2)} \\ \alpha = \dfrac{1}{L_2}\operatorname{arccos}h\left(\dfrac{R_2}{R_1}\right) \end{cases} \quad (3\text{-}25)$$

满足特定谐振频率的试样谐振长度 L_3 为

$$L_3 = \dfrac{1}{k}\arctan\left\{\dfrac{1}{k}\left[\beta\dfrac{k\cos(kL_1)\cosh(\beta L_2) + \beta\sin(kL_1)\sinh(\beta L_2)}{k\cos(kL_1)\sinh(\beta L_2) + \beta\sin(kL_1)\cosh(\beta L_2)} - \alpha\dfrac{\sinh(\alpha L_2)}{\cosh(\alpha L_2)}\right]\right\} \quad (3\text{-}26)$$

根据试验材料和情况，预先给定试样的几何尺寸 R_1、R_2、L_1、L_2。图 3-5 显示了试样轴向应力幅与纵向位移幅沿 x 轴的变化规律，中部等截面段的应力幅分布几乎相同，最大应力（应变）幅出现在 $x=0$ 的横截面上：

$$\sigma_{\max} = E\beta k\phi A_0 \quad (3\text{-}27)$$

位移应力系数为

$$C_s = E\beta k\phi \quad (3\text{-}28)$$

应力放大系数为

$$M = \beta\phi \quad (3\text{-}29)$$

3.2.3 薄板状试样的设计

薄板状疲劳试样的几何形状和尺寸如图 3-6 所示。薄板试样振动位移幅微分方程仍用公式（3-12）表示，其横截面面积方程为

$$\begin{cases} S(x) = b_2 w & L_2 < |x| < L \\ S(x) = b_1 w \exp(2\alpha_1 x) & |x| < L_2 \end{cases} \quad (3\text{-}30)$$

其中

$$\alpha_1 = \frac{1}{2L_2}\ln\frac{b_2}{b_1} \quad (3\text{-}31)$$

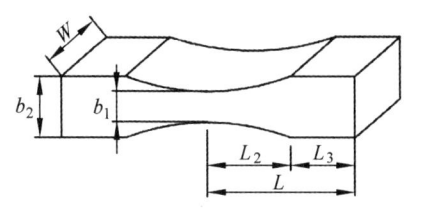

图 3-6 薄板状试样

对于中间变截面段，其位移幅微分方程为

$$U''(x) + 2\alpha_1 U'(x) + k^2 U(x) = 0 \quad (3\text{-}32)$$

引入函数：

$$W_1(x) = \exp(\alpha_1 x) U(x) \quad (3\text{-}33)$$

可得

$$W_1''(x) = \exp(\alpha_1 x)\left[U''(x) + 2\alpha_1 U'(x) + \alpha_1^2 U(x)\right] \quad (3\text{-}34)$$

由式（3-32）和式（3-34）推导可得

$$W_1''(x) - (\alpha_1^2 - k^2) W_1(x) = 0 \quad (3\text{-}35)$$

由式（3-33）、式（3-35）、试样边界条件和连续性条件求解得位移幅方程 $U(x)$ 为

$$\begin{cases} U(x) = A_0 \varphi_1(L_2, L_3)\sinh(\beta_1 x)\exp(-\alpha_1 x) & |x| < L_2 \\ U(x) = A_0 \cos[k(L-x)] & L_2 < |x| < L \end{cases} \quad (3\text{-}36)$$

其中

$$\begin{cases} \varphi_1(L_2, L_3) = \dfrac{\cos(kL_3)\exp(\alpha_1 L_2)}{\sinh(\beta_1 L_2)} \\ \beta_1 = \sqrt{\alpha_1^2 - k^2} \end{cases} \quad (3\text{-}37)$$

求得试样谐振长度 L_3 为

$$L_3 = \frac{1}{k}\arctan\left\{\frac{1}{k}\left[\frac{\beta_1}{\tanh(\beta_1 L_2)} - \alpha_1\right]\right\} \quad (3\text{-}38)$$

根据试验具体情况，预先给定试样几何尺寸 L_2、b_1、b_2，试样最大应力幅仍在中间截面（$x=0$）处，其为

$$\sigma_{\max} = E\beta_1\varphi_1(L_2, L_3)A_0 \quad (3\text{-}39)$$

位移应力系数为

$$C_s = E\beta_1\varphi_1(L_2, L_3) \quad (3\text{-}40)$$

对于图 3-6 所示的中部含等截面薄板试样，采用上述分析方法可得试样纵向的振动方程 $U(x)$ 为

$$\begin{cases} U(x) = C_1 \sin(kx) & |x| < L_1 \\ U(x) = C_2 \exp[(\beta_1 - \alpha_1)(x - L_1)] + C_3 \exp[-(\alpha_1 + \beta_1)(x - L_1)] & L_1 < |x| < L_1 + L_2 \\ U(x) = A_0 \cos[k(L - x)] & L_1 + L_2 < |x| < L \end{cases} \quad (3\text{-}41)$$

式中

$$\begin{cases} C_1 = A_0 \beta_1 \varphi(L_1, L_2, L_3) \\ C_2 = \dfrac{A_0}{2}\varphi(L_1, L_2, L_3)[\sin(kL_1)(\alpha_1 + \beta_1) + k\cos(kL_1)] \\ C_3 = \dfrac{A_0}{2}\varphi(L_1, L_2, L_3)[\sin(kL_1)(\beta_1 - \alpha_1) - k\cos(kL_1)] \end{cases} \quad (3\text{-}42)$$

其中

$$\begin{cases} \alpha_1 = \dfrac{1}{2L_2}\ln\left(\dfrac{b_2}{b_1}\right) \\ \varphi(L_1, L_2, L_3) = \dfrac{\cos(kL_3)\exp(\alpha_1 L_2)}{[\alpha_1 \sin(kL_1) + k\cos(kL_1)]\sinh(\beta_1 L_2) + \beta_1 \sin(kL_1)\cosh(\beta_1 L_2)} \end{cases} \quad (3\text{-}43)$$

试样谐振长度 L_3 为

$$L_3 = \frac{1}{k}\arctan\left\{\frac{\cos(kL_1)[\beta_1 \cosh(\beta_1 L_2) - \alpha_1 \sinh(\beta_1 L_2)] - k\sin(kL_1)\sinh(\beta_1 L_2)}{[\alpha_1 \sin(kL_1) + k\cos(kL_1)]\sinh(\beta_1 L_2) + \beta_1 \sin(kL_1)\cosh(\beta_1 L_2)}\right\} \quad (3\text{-}44)$$

薄板试样最大应力幅为

$$\sigma_{\max} = E\beta_1\varphi(L_1, L_2, L_3)kA_0 \tag{3-45}$$

位移应力系数为

$$C_s = E\beta_1\varphi(L_1, L_2, L_3)k \tag{3-46}$$

从上述薄板试样的解析计算过程中可以看出，试样的振动特性（包括位移、最大应力幅、谐振长度）与材料本身的性能常数，还与试样几何尺寸 b_1、b_2、L_1 有关，试样厚度 w 对试验没有影响。

对于图 3-7 所示的对称试样，中间截面处应力幅最大，试样端部位移幅最大。应力幅分布曲线会受到试样尺寸和形状的影响，对于图 3-4 所示的中间无等截面的狗骨形试样，应力沿试样轴向迅速降低；而对于具有较长中间等截面的试样（见图 3-5），应力在中部等截面处保持平稳变化。

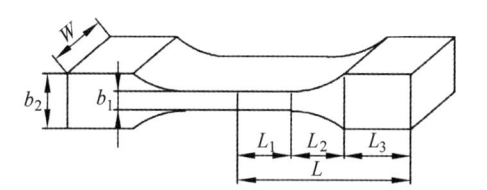

图 3-7　中间含等截面的薄板试样

3.2.4　SMA490BW 钢的超声疲劳试样设计

SMA490BW 钢是 CRH 某型号动车组转向架的构架材料，为典型的低合金高强度耐候钢。目前，动车转向架构架主要采用焊接结构。焊接接头由于加厚高的存在导致焊趾处有较大的应力集中。所以 SMA490BW 钢的焊接试样采用图 3-7 所示的中间具有较长等截面且焊缝位于中部的形状，这样可以使试样在应力最大的接头处疲劳断裂。

SMA490BW 钢的弹性模量 E=206 GPa，密度 ρ=7.85 g/cm³。给定试样的几何参数：b_1=3 mm，b_2=10 mm，L_1=12.5 mm，L_2=20 mm。超声疲

劳系统的谐振频率 $f=20$ kHz，采用上述计算公式，试样具体的解析计算过程如下：

$$\alpha_1 = \frac{1}{2L_2} \cdot \ln\left(\frac{b_2}{b_1}\right) = \frac{1}{40} \cdot \ln\left(\frac{10}{3}\right) = 0.0301$$

$$k = 2\pi f \div \sqrt{\frac{E}{\rho}} = \frac{2\pi \cdot 20}{\sqrt{\frac{206 \times 10^9}{7850}}} = 0.02453$$

$$\beta_1 = \sqrt{{\alpha_1}^2 - k^2} = \sqrt{0.0301^2 - 0.02453^2} = 0.01744$$

$$\cos(k \cdot L_1) = \cos(0.02453 \times 12.5) = 0.95336$$

$$\sin(k \cdot L_1) = \sin(0.02453 \times 12.5) = 0.30184$$

$$\cosh(\beta_1 \cdot L_2) = \cosh(0.01744 \times 20) = \cosh(0.3488) = 1.06145$$

$$\sinh(\beta_1 \cdot L_2) = \sinh(0.01744 \times 20) = \sinh(0.3488) = 0.35592$$

满足特定谐振频率的试件谐振长度为

$$L_3 = \frac{1}{k} \cdot \arctan\left\{\frac{\cos(kL_1)[\beta_1 \cosh(\beta_1 L_2) - \alpha_1 \sinh(\beta_1 L_2)] - k\sin(kL_1)\sinh(\beta_1 L_2)}{[\alpha_1 \sin(kL_1) + k\cos(kL_1)]\sinh(\beta_1 L_2) + \beta_1 \sin(kL_1)\cosh(\beta_1 L_2)}\right\}$$

$$= \frac{1}{0.02453} \arctan\left(\frac{0.0048}{0.01714}\right)$$

$$= 11.13 \text{ (mm)}$$

选定 $L_3=11.5$ mm。最终试样的尺寸为 $b_1=3$ mm，$b_2=10$ mm，$L_1=12.5$ mm，$L_2=20$ mm，$L_3=11.5$ mm，试样示意图如图 3-8 所示。

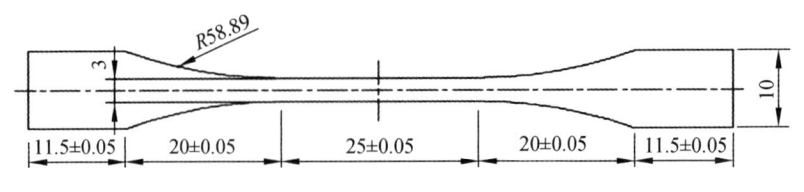

图 3-8　SMA490BW 钢试样示意图

采用上述试样设计方法，对 SMA490BW 钢其他四种不同形状试样进行设计。谐振长度和应力放大系数的计算结果如表 3-1 所示。试样 A、B、C、D、E 分别代表图 3-7 所示的试样。由表 3-1 可知，试样形状会影响试样总长度，当各试样的最小直径与最大直径分别保持相同尺寸时，试样 B（中间无等截面的狗骨形试样）具有最大应力放大系数；同为圆柱或板状试样，中间等截面尺寸的加长会降低应力放大系数。试样 B 和试样 D 相比，虽然中间均为无等截面，但圆柱形试样的应力放大系数大于板状试样。

中间圆弧过渡的狗骨形试样是最有效的获取较大应力放大系数的试样，其适用于无组织缺陷、晶粒均匀的金属母材，而薄板试样主要适用于板状材料及焊接接头的疲劳性能研究，以及疲劳裂纹的扩展研究。

表 3-1　SMA490BW 钢试样的几何尺寸

试样	R_0 /mm	$D_1(b_1)$ /mm	$D_2(b_2)$ /mm	L_1 /mm	L_2 /mm	L_3 /mm	L /mm	放大系数
A	—	10	—	—	—	—	128	1
B	59	3	10	—	20	9.83	59.66	4.02
C	59	3	10	5	20	4.78	59.56	2.8
D	59	3	10	—	20	29.72	99.44	2.72
E	59	3	10	12.5	20	11.5	88	1.79

3.2.5　影响试样振动特性的因素

试件的总长度与波的传播速度 c（$c=\sqrt{\dfrac{E}{\rho}}$）是有关联的，如图 3-9 所示，几种具体材料的超声谐振响应参数如表 3-2 所示。

由以往经验可知，试样固有频率和位移应力系数与材料的弹性模量有关，随弹性模量的增加而增大。同时，机加工会造成试样几何尺寸误差，从而导致实际几何尺寸与设计尺寸存在误差，这会引起试样谐振长度和所需应力值偏离理论值。因此，需准确测量材料的弹性模量和严格控制试样机加工的精度。

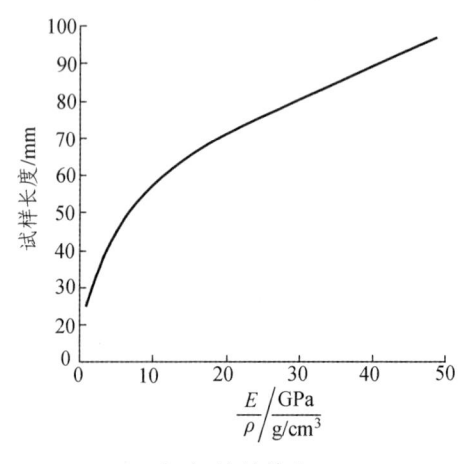

(a)材料性能

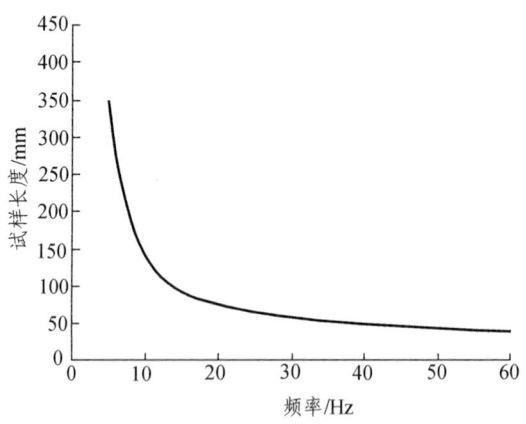

(b)谐振频率

图 3-9　影响试样长度的因素

表 3-2　几种金属材料的超声谐振响应参数

材　料	E/GPa	ρ/(g/cm^3)	c/(m/s)	E/ρ	R_1/mm	放大系数
Ti-6Al-4V	116	4.43	5 117	26.2	76.3	2.06
镍	119	8.9	4 729	22.4	72.6	1.94
铅	16	11.34	1 188	1.4	28.3	2.83
钢	210	7.8	5 064	25.6	75.8	2.05
Al 2024-T3	70.3	2.77	5 038	25.4	75.7	2.04

纵波在试样中的传播速度与试样材料的弹性模量 E 和密度 ρ 有关。波速越大，试样谐振长度越大，试样长度与材料性能之间的关系如图 3-9（a）所示。高强钢试样长度与谐振频率的关系如图 3-9（b）所示，两者是非线性的。从图中可以看出，当谐振频率低于 15 kHz 时，试样长度较大（10 kHz 时对应的试样长度为 140 mm，5 kHz 时对应的长度为 346 mm），同时应力放大系数会随着频率的减小而增大；当谐振频率超过 15 kHz 以后，试样长度变化速率趋于平缓[23]。图 3-10 显示有针对性进行试件外形尺寸的设计可调节应力放大系数。放大系数的最小值为 1（等截面试件）。

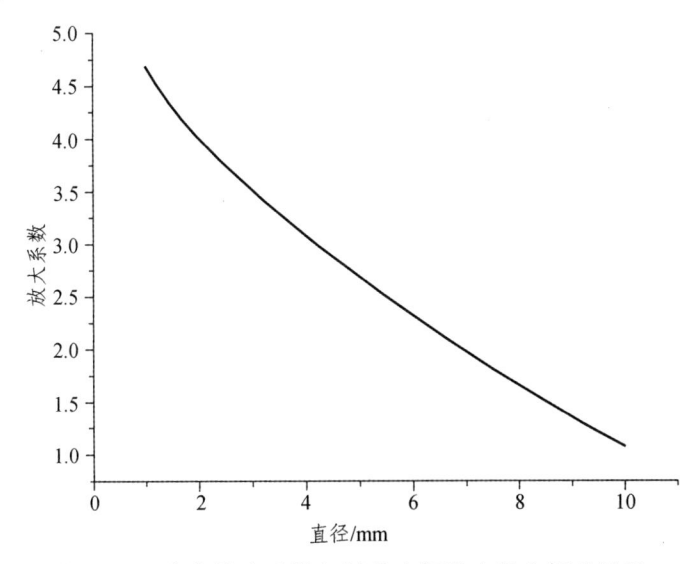

图 3-10 应力放大系数与试件中间段直径之间的关系

在实际机械加工试样的时候一定要严格按照尺寸，保持高精度，严格控制误差在允许的范围内。材料的弹性模量对系统的固有频率影响很大，因此对试验材料的弹性模量要认真测量，其误差应该控制在±2%以内；R_1 的加工误差应该控制在±0.02 mm 以内[24]。以上分析的是在应力比为-1 的时候的情况，实际结构件大部分在非对称载荷下，但由于试验手段的限制，目前非对称载荷试验的研究还很少。

3.3 超声疲劳试验系统

超声疲劳试验载荷频率范围为 15~35 kHz，典型的频率是 20 kHz 左右。通过长期实践经验得出 20 kHz 频率是综合试样特征尺寸、加工和测量工艺等各方面条件的最合适的频率，是目前超声疲劳试验常用的加载频率。一直到今天为止，研究常用的频率仍在 20 kHz 左右，随着超声疲劳试验技术的不断发展和应用，超声疲劳试验装置目前已实现了计算机辅助控制，可以随机调控加载水平，实时测量、记录试验参数，试验准确性很高。超声疲劳加载形式已由最初的对称拉压加载方式（应力比 $R=-1$）拓展了其应用范围，实现超声疲劳非对称载荷加载形式，其应力比的变化为 $R=-1~0.7$ [25]。用超声疲劳试验可以大大提高效率，使常规疲劳试验方法难以完成的 10^7 周次以上的超高周疲劳试验成为可能。例如，完成一次 10^7 周次的疲劳循环试验，载荷频率为 100 Hz 的常规疲劳试验方法需要 30 h 以上的试验时间，而 20 kHz 超声疲劳试验仅需要 8 min。对更高的循环数，要完成一次 10^9 周次的疲劳试验，常规试验需要 116 天的时间。而超声疲劳试验仅需要 14 h。故超声疲劳试验作为一种加速疲劳试验方法，有效地缩短了疲劳试验的时间，节省了大量的人力和物力资源[26,27]。超声疲劳试验系统由多个单元组成，如图 3-11 所示。超声疲劳试验设备的主要部分如图 3-12 所示[28]。

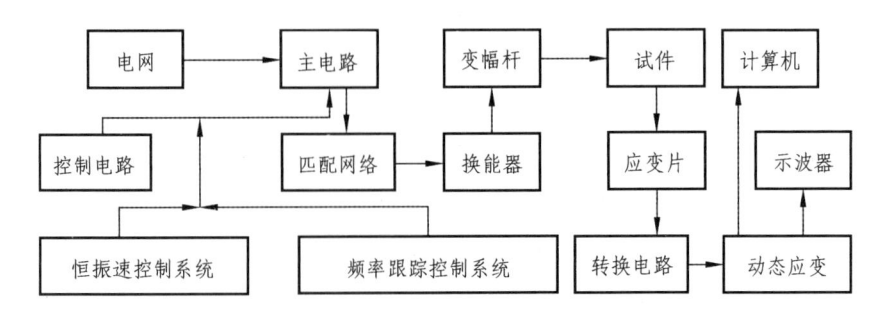

图 3-11 超声疲劳试验系统组成

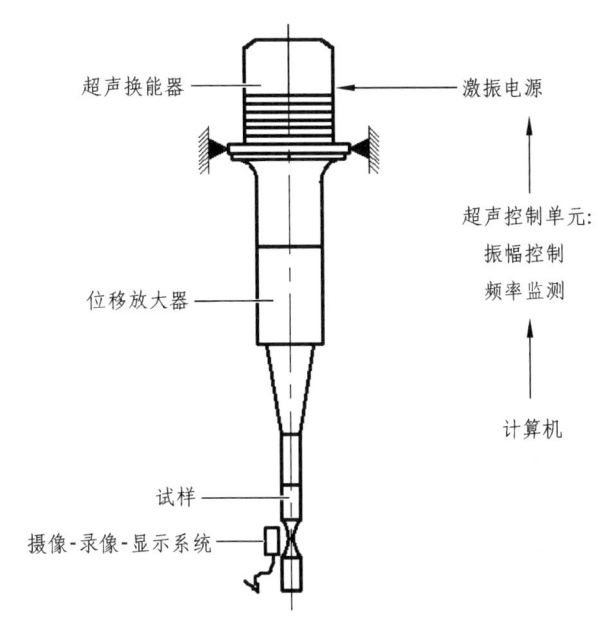

图 3-12 超声疲劳试验装置示意图

超声疲劳试验系统大致分为试验加载系统和数字控制系统两大部分：

（1）试验加载系统：包括超声波发生器、压电陶瓷换能器、变幅杆等。

① 超声波发生器：将 50 Hz 的电信号转变为 20 kHz 的超声正弦波电信号输出，可通过调整电压来改变正弦波的振幅。电网中的三向交流电经过整流转换成单向交流电，然后将单向交流电经过电容的滤波转换成直流，变成直流以后才能作为逆变电路中 IGBT 的电源，经过 IGBT 的交替通断将直流转换成高频方波，再经过电容的滤波变成直流电，然后通过逆变电路中两个 IGBT 将直流变成 20 kHz 的交流方波，最后经过变压器将方波变为正弦波，再由匹配电路输出给换能器。两次运用 IGBT 和电容进行交直流的变换，为了提高恒流控制的响应速度，并且能够实现电流的无极调整，满足变幅杆稳定工作的要求。

② 压电陶瓷换能器：将电源提供的电信号转化成机械振动；变幅杆具有放大或衰减来自换能器的振动振幅的作用。

为了获得一个方向上较大的振幅和较高的功率，通常采用的是分段式复合压电换能器。该换能器分为三部分，换能器前端使用的是钛合金金属棒，后端使用的是 45#钢，目的就是为了获得较大的前后振速比，前后振速比越大，换能器所发出的振幅越大，提供的功率越高。为了进一步提高换能器前后振速比，把换能器前端做成阶梯形，使得换能器最前端能够输出较高的振幅以供超声疲劳试验使用。

③变幅杆（位移放大器）：主要作用是放大来自压电陶瓷换能器的振动位移振幅，使试样获得所需的应变振幅，变幅杆与安装在卡具上的试件的"特征尺寸"都必须满足具有 20 kHz 振动频率的要求。

经过超声波发生器的电能转换成机械能之后，超声波电源输出几个微米的机械振动，由于在对零件进行超声疲劳试验时对振幅的要求要达到几十至几百微米，因此就需要超声变幅杆对振幅进行放大。超声变幅杆又称超声波振幅放大器，其主要作用就是可以放大机械振动中各个质点的速度和位移量，将超声波换能器输出的微小振幅放大至几十倍。

（2）数字控制系统：由数据采集和传输装置、测试软件、动态应变仪、示波器或计算机组成。用计算机辅助控制，可以随机调控加载水平，实时测量、记录试验参数。数字控制系统可以控制超声波发生器以及压电换能器，以保证在不同的超声振动疲劳试验中可以得到恒定的应变幅。当振动频率和振幅保持恒定时，数字控制系统便可以自动记录疲劳寿命（振动次数）。

由压电陶瓷换能器、变幅杆和试样组成的超声疲劳试验机构成了一个力学振动系统。试样的加载是由外加信号激励试样发生谐振，在试样中产生谐振波来实现的。在对称拉-压试验中，试样的一端固定在变幅杆末端，另一端自由。试样的自由端外力为零，为了满足共振条件要求试样中间截面的位移为零。而在非对称拉-压试验中，试样的两端固定在变幅杆两端。根据对称性条件，当试样满足共振条件时，试样的中间截面的位移为零，应力最大，试样两端应力为零，位移最大。

参考文献

[1] 王清远，刘永杰. 结构金属材料超高周疲劳破坏性能[J]. 固体力学学报，2010，13（5）：496-503.

[2] BATHIAS C. There is no infinite fatigue life in metallic materials[J]. Fatigue & Fracture of Engineering Materials & Structures, 1999, 22（6）: 559-565.

[3] HE B L, DENG H P, JIANG M M, et al. Effect of ultrasonic impact treatment on the ultra high cycle fatigue properties of SMA490BW steel welded joints[J]. The International Journal of Advanced Manufacturing Technology, 2017, 62（6）: 1-7.

[4] MASON W P. Piezoelectric Crystals and Their Application to Ultrasonics [M]. New York: Van Nostrand, 1950.

[5] STANZL T S. Fracture mechanisms and fracture mechanics at ultrasonic frequency[J]. Fatigue Fract. Enging. Mater. Struct., 1999（22）: 567-580.

[6] STANZL S E.Ultrasonic fatigue[C]. Fatigue´96, Proceeding of the Sixth International Fatigue Congress, Korea, 1996: 1887-1898.

[7] MAYER H. Fatigue crack growth and threshold measurements at very high frequencies[J]. International Materials Reviews, 1999, 44（1）: 1-34.

[8] 陶华. 超声疲劳研究综述[J]. 航天科学与技术，1997，6：23-25.

[9] 陶华. 超声疲劳研究[J]. 航空学报，1998，19（2）：228-230.

[10] 张彭一. 不同介质环境下马氏体不锈钢2Cr13钢的超高周疲劳研究[D]. 兰州：兰州理工大学，2014.

[11] 李守新，翁宇庆，惠卫军，等. 高强度钢超高周疲劳性能—非金属夹杂物的影响[M]. 北京：冶金工业出版社，2010.

[12] 王清远. 超声加速疲劳实验研究[J]. 四川大学学报：工程科学版，2002，34（3）：6-11.

[13] 王弘，高庆. 40Cr 钢超高周疲劳性能及疲劳断口分析[J]. 中国铁道科学，2003，24（6）：93-98.

[14] LV Z M, HE B L. Essential characteristics and frequency effect for very high cycle fatigue behavior of steels[J]. Key Engineering Materials, 2016, 664: 168-174.

[15] 魏康. 超声冲击对 SMA490BW 钢对接接头超高周疲劳性能的影响

研究[D]. 南昌：华东交通大学，2016.

[16] 何柏林，魏康. 高强度钢超高周疲劳试样设计[J]. 材料导报，2015，29（11）：135-140.

[17] BATHIAS C. A survey of the progress of the piezoelectric fatigue machines concept [C]. Proceedings of the Eighth International Fatigue Congress, Editor: A. F. Blom. Stockholm,Sweden: 2002: 2963-2970.

[18] FURUYA Y, MATSUOK S, ABE T. A novel inclusion inspection method employing 20 kHz fatigue testing[J]. Metallurgical and Materials Transaction, 2003, 34A: 2517-2526.

[19] 薛红前，陶华. 超声疲劳试样设计[J]. 航空学报，2004，25（4）：425-428.

[20] OHASHI H. Snubber Circuit for High-Power Gate Turn-Off Thyristor [J]. Industry Applications IEEE Transactions on, 1983, IA-19(4): 655-664.

[21] 谢学涛，何柏林，金辉，等. 超声冲击对P355NL1钢焊接接头超高周疲劳性能影响[J]. 钢铁，2017，52（11）：59-63.

[22] BATHIAS C, PARIS P C. Gigacycle Fatigue in Mechanical Practice[M]. New York: Marcel Dekker, 2005.

[23] MATIKAS T E. Specimen design for fatigue testing at very high frequencies[J]. Journal of Sound and Vibration, 2001, 247: 673-681.

[24] 林仲茂. 超声变幅杆的原理和设计[M]. 北京：科学出版社，1987.

[25] 田瑞莹. 超高周循环载荷作用下焊接接头疲劳行为实验研究[D]. 天津：天津大学，2007.

[26] 何柏林，魏康. 高强度钢超高周疲劳试样设计[J]. 材料导报B，研究篇，2015，29（11）：135-140.

[27] MARINES G, DOMINGUEZ G, BAUDRY G. Ultrasonic fatigue tests on bearing steel AISI-SAE 52100 at frequency of 20 and 30 kHz[J]. International Journal of Fatigue, 2003, 25: 1037-1046.

[28] STEFANIE S T. Very high cycle fatigue measuring techniques[J]. International Journal of Fatigue, 2014, 60: 2-17.

第 4 章

转向架焊接构架用钢及焊接接头的超高周疲劳性能

焊接是重要的机械制造技术之一，在工业生产和国民经济中起着十分重要的作用。在世界主要的工业国家，其焊接结构占钢产量的 50%~60%。疲劳失效是金属结构失效的主要形式之一，根据统计，由疲劳失效引起的金属结构失效占失效结构的 90%[1,2]。转向架主体结构主要由焊接钢结构组成。焊接钢结构的疲劳性能受焊接接头类型、载荷、材质、焊接残余应力等因素的综合影响。一般其疲劳断裂发生在焊趾、焊接缺陷（裂纹、未焊透、咬边、夹渣等）部位，因为这些部位会产生应力集中现象，容易引发疲劳裂纹的萌生。即使同类型的焊接接头，由于焊趾部位几何形状的不同，结构形状的连续性受到破坏，该部位的应力集中系数也不同，导致其疲劳强度也有差异[3]。列车转向架是焊接构件，对焊接接头疲劳失效机理的研究和如何提高焊接接头的疲劳寿命就显得十分重要。

4.1 P355NL1 钢及焊接接头的超高周疲劳性能

4.1.1 试验材料

试验材料为 P355NL1 钢，其为 EN10028-3 标准中的低合金钢，基本性能与国内的 16MnR 相当。其化学成分如表 4-1 所示，常规机械性能如表 4-2 所示。

表 4-1 P355NL1 钢的化学成分

合金元素	C	Mn	Si	S	P	Ni	Cr	Ti
质量分数	0.18%	1.1%~1.7%	0.50%	0.015%	0.025%	0.50%	0.30%	0.03%

表 4-2 P355NL1 钢常规机械性能表

E_d/MPa	σ_s/MPa	σ_b/MPa	δ/%	v	ψ/%
2.1×10^5	295~355	450~630	21~22	0.3	>40

图 4-1 为 P355NL1 钢母材金相组织，母材组织中金属晶粒大小分布比较均匀，主要是铁素体和珠光体。组织呈现明显的轧制特征[4]。热轧 P355NL1 钢具有良好的塑性，强度较高，拥有良好的焊接性能，易于机械加工。

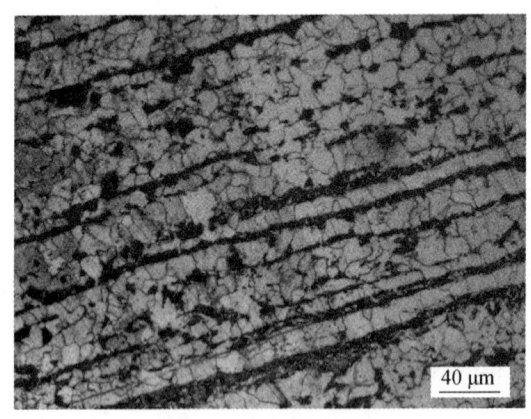

图 4-1 母材晶粒组织

4.1.2 焊接工艺

焊接方法采用手工电弧焊，根据等强度焊接原则，焊条选择为直径为 3.2 mm 的 J506。首先将 P355NL1 钢板切割成 300 mm×500 mm 的待焊板条，沿板条中心长度方向两面用刨边机加工出"V"形坡口。为保证焊接时变性较小，刨边时在厚度方向上中间留有 1 mm 未刨透。图 4-2 为焊接板实物图。

(a) 正面　　　　　　　　(b) 反面

图 4-2　焊接板实物图

4.1.3　焊接接头金相组织

焊接接头一般分成四个部分：焊缝金属、熔合区、热影响区和母材。在焊接过程中，由于温度场梯度大，所以焊接接头各部分的组织形貌有很大的差异[5]。

图 4-3 为焊缝金相组织，图 4-3（a）、（b）为焊缝上层组织，图 4-3（c）、（d）为焊缝下层组织。焊缝上层组织主要是典型的粗大铸造柱状晶组织，晶粒很粗大，熔池金属快速冷却和凝固形成晶粒粗大的柱状晶。白色柱状的先共析铁素体从奥氏体晶界析出，同时少量的板条状铁素体向晶体内部生长。晶内主要是铁素体和珠光体。焊缝下层组织主要是铁素体和珠光体，如图 4-3（c）、（d）所示，受到上层焊道的热处理影响，下层组织比较均匀。

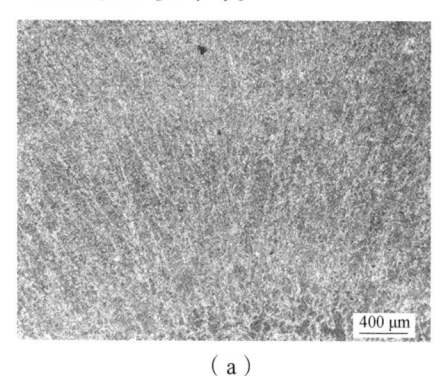

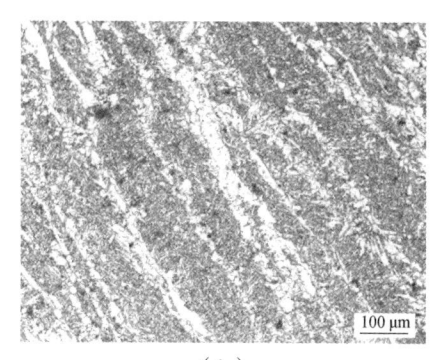

(a)　　　　　　　　(b)

（c）　　　　　　　　　　　　　　　（d）

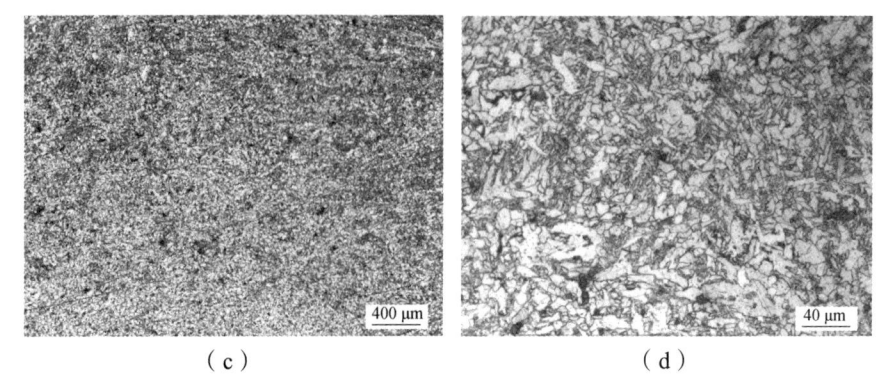

图 4-3　焊缝金属金相组织

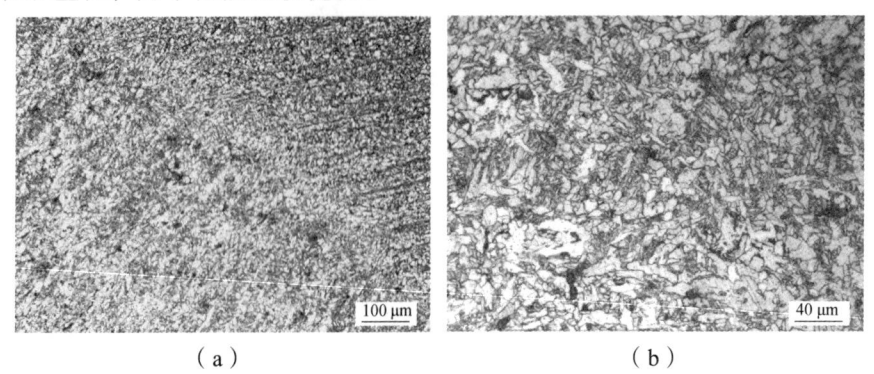

图 4-4 为焊接接头热影响区及熔合区金相组织。图 4-4（a）为熔合区金相组织形貌，有一条明显的分界线，左下方区域为焊缝金属上层区组织，右上方为过热区组织，白色条状的先共析铁素体在晶界处析出，而晶内则为珠光体。由于此处所受焊接输入热量的影响极大，高温度持续时间长，所以晶粒尺寸比较粗大，韧性低，极易萌生裂纹导致疲劳失效。图 4-4（b）为热影响区中的过热区组织，焊接过程中极高温度使得奥氏体晶粒异常长大，冷却凝固后晶粒组织尺寸较大，晶粒组织主要有魏氏组织铁素体和珠光体。与熔合区一样，此处晶粒比较粗大，韧性低，极易使得裂纹萌生。图 4-4（c）、（d）为热影响区正火区，此处拥有大量的珠光体和细小的铁素体，在此处原始晶粒经过焊接过程中高温热处理的影响，完全转化成了奥氏体，又由于距离熔池较远，所以经历高温时间短，奥氏体晶粒生长得不是很大且比较均匀。该区域组织有良好的韧性和塑性，力学性能比较优良。

（a）　　　　　　　　　　　　　　　（b）

(c)   (d)

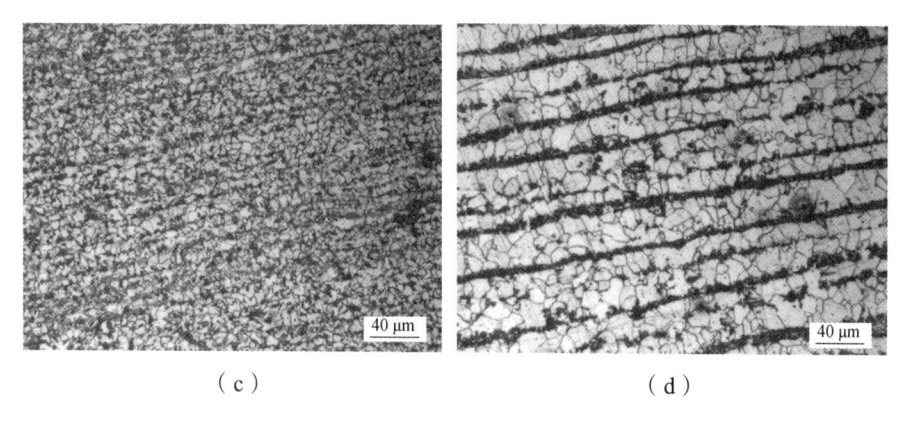

图 4-4 热影响区及熔合区金相组织

4.1.4 母材及焊接接头疲劳试验结果与分析

超声疲劳试验机如图 4-5 所示。该设备主要用于测试金属材料母材或是焊接接头试件高周或超高周疲劳性能。疲劳试验机主要分为两个部分：数字化超声波电源和基于压电陶瓷技术的执行装置。其主要特点：① 超声波电源体积小，但输出的功率大；② 执行装置设计简单；③ 主电路有过流自动保护机制；④ 换能器阻抗小，减少发热，可以长时间工作；⑤ 频率跟踪精确，速度快，范围广。

图 4-5 超声疲劳试验机

疲劳试验机的基本参数如表 4-3 所示。通过计算和测量，可以得到电流与试样振动端的执行变幅杆振幅存在线性关系：

$$A_0 = C \times I \quad (4\text{-}1)$$

式中：A_0 为振幅；C 为系数；I 为电流。C 在每组试样试验之前可用仪器测量出，I 为加载电流，所以疲劳试样机是以改变加载电流从而改变载荷。

表 4-3 疲劳试验机基本参数

电源	输出电流	工作频率	冷却方式	换能器类型	应力比
220 V，50 Hz	0~3 A	20 kHz	水冷	压电陶瓷	-1

根据国际焊接学会（IIW）钢结构循环加载疲劳文件的相关规定，采用下述统计方法对焊接接头疲劳试验数据结果进行处理[6]：

该统计方法的前提条件是疲劳试验数据结果呈对数正态分布，国际焊接学会规定的数据存活率为 95%，置信度标称值为 75%。

标称值通过下述方法进行计算：

（1）疲劳强度与循环次数之间的关系，即疲劳应力和循环次数的 S-N 曲线以指数形式表达为

$$S^m N = C \quad (4\text{-}2)$$

式中：S 代表疲劳强度，本书中用应力范围 $\Delta\sigma$ 表示。

（2）将疲劳试验数据结果的应力范围 $\Delta\sigma$ 和循环次数 N 换算成以 10 为底的对数值。

（3）采用幂指函数回归模型计算指数 m 和常数 $\lg C$ 的值：

$$m \lg \Delta\sigma + \lg N = \lg C \quad (4\text{-}3)$$

式中：m、C 为拟合常数。

（4）设 C_i 是试验数据的对数值，利用所获得的 m 值，计算 $\lg C$ 的平均值 C_m 和标准偏差 Stdv：

$$C_m = \frac{\sum C_i}{n} \quad (4\text{-}4)$$

$$\text{stdv} = \sqrt{\frac{\sum(C_m - C_i)^2}{n-1}} \quad (4\text{-}5)$$

（5）计算特征值 C_k：

$$C_{\mathrm{k}} = C_{\mathrm{m}} - K \cdot \mathrm{stdv} \tag{4-6}$$

1. P355NL1 钢板状母材超声疲劳试验结果及分析

文献[7]研究了 P355NL1 钢母材的疲劳性能，试验研究中所用的疲劳试样如图 4-6 所示，超声疲劳试验结果如表 4-4 所示。母材试样均断裂于圆弧过渡处中间位置，如图 4-7 所示，这是由于母材试样中间位置所受应力最大。

表 4-4　P355NL1 钢母材超声疲劳试验结果

编　号	载荷/MPa	寿命/周次	裂纹的位置
201	280	9.17×10^5	圆弧过渡处中间
202	275	1.34×10^6	圆弧过渡处中间
203	270	2.30×10^6	圆弧过渡处中间
204	265	2.73×10^6	圆弧过渡处中间
205	260	4.39×10^6	圆弧过渡处中间
206	255	6.94×10^6	圆弧过渡处中间
207	250	1.77×10^7	圆弧过渡处中间
208	245	7.20×10^7	圆弧过渡处中间
209	240	1.51×10^8	圆弧过渡处中间
210	235	4.16×10^8	圆弧过渡处中间
211	230	4.54×10^8	圆弧过渡处中间
212	220	1.00×10^9	未断

图 4-6　母材试样

图 4-7　板状母材试样疲劳断裂位置

将表 4-4 中的数据进行拟合处理,可得到如图 4-8 所示 S-N 曲线,图中箭头表示未断试样。从图 4-8 中可知,P355NL1 钢母材 S-N 曲线呈现连续下降的趋势,而且在超高周($N \geqslant 10^7$)疲劳寿命区间,试样还是会发生断裂,这说明不存在传统意义上的疲劳极限。经拟合处理得到的 S-N 曲线方程为

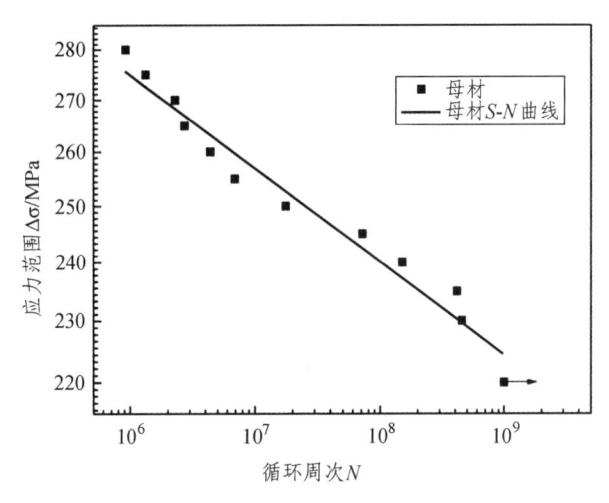

$$\lg N + 34.72 \lg \Delta\sigma = 90.65 \quad 4 \times 10^5 \leqslant N \leqslant 1.0 \times 10^9 \quad (4\text{-}7)$$

图 4-8　P355NL1 钢母材 S-N 曲线

2. P355NL1 钢圆柱状母材超声疲劳试验结果及分析

为了衡量试样形状对疲劳性能的影响,对圆柱状母材试样也进行了超声疲劳试验。圆柱状母材试样如图 4-9 所示。超声疲劳试验结果如表 4-5 所示。结果表明,圆柱状母材试样均断裂在试样中间部位,如图 4-10 所示,这是由于中间部位面积小,所受应力最大。

图 4-9　P355NL1 钢圆柱状母材试样

图 4-10 圆柱状母材试样疲劳断裂位置

表 4-5 圆柱状母材超声疲劳试验结果

编 号	载荷/MPa	寿命/周次	裂纹位置
501	388	4.73×10^6	试样中间
502	371	9.36×10^6	试样中间
503	348	7.66×10^6	试样中间
504	332	2.92×10^7	试样中间
505	314	2.87×10^7	试样中间
506	292	1.13×10^8	试样中间
507	280	6.81×10^8	试样中间
508	263	3.09×10^8	试样中间
509	263	1.00×10^9	未断

将表 4-5 中的试验数据进行拟合处理，可得如图 4-11 所示的 S-N 曲线，图中箭头表示未断试样。从图 4-11 中可知，P355NL1 钢圆柱状母材 S-N 曲线呈现连续下降的趋势，而且在超高周（$N \geqslant 10^7$）疲劳寿命区间，试样还是会发生断裂，也证明了不存在传统意义上的疲劳极限。经拟合处理得到的 S-N 曲线方程为

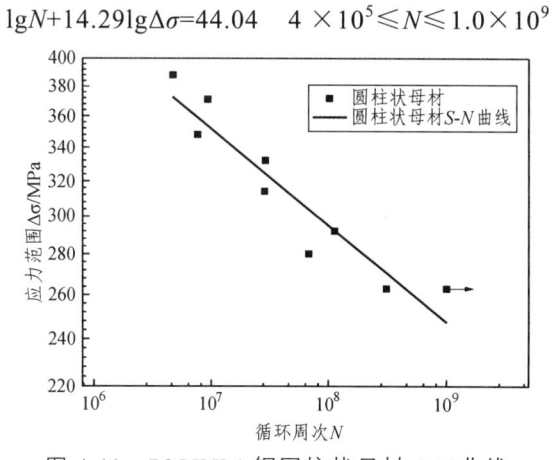

$$\lg N + 14.29 \lg \Delta\sigma = 44.04 \quad 4 \times 10^5 \leqslant N \leqslant 1.0 \times 10^9 \quad (4-8)$$

图 4-11 P355NL1 钢圆柱状母材 S-N 曲线

3. P355NL1 钢板状焊接接头超声疲劳试验结果及分析

图 4-12 为 P355NL1 钢板状焊接接头试样，超声疲劳试验结果如表 4-6 所示。试验结果表明，试样断裂处位于焊根部位，如图 4-13 所示。

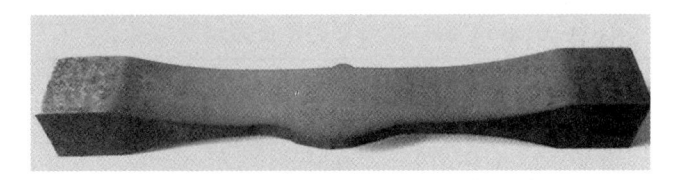

图 4-12　P355NL1 钢板状焊接接头试样

图 4-13　板状焊接接头试样断裂位置

表 4-6　板状焊接接头超声疲劳试验结果

编号	载荷/MPa	寿命/周次	裂纹的位置
101	225	8.00×10^5	焊根
102	215	3.50×10^6	焊根
103	205	2.69×10^6	焊根
104	195	4.88×10^6	焊根
105	185	1.63×10^7	焊根
106	175	5.83×10^6	焊根
107	165	1.80×10^7	焊根
108	155	2.25×10^7	焊根
109	145	3.12×10^7	焊根
110	140	6.12×10^7	焊根
111	135	1.59×10^8	焊根
112	130	4.40×10^8	焊根
113	120	1.00×10^9	未断

将表 4-6 中的数据进行拟合处理，可得如图 4-14 所示的 S-N 曲线，

图中箭头表示未断试样。从图 4-14 中可知，P355NL1 钢板状焊接接头 S-N 曲线呈现连续下降的趋势，而且在超高周（$N \geqslant 10^7$）疲劳寿命区间，试样还是会发生断裂，这说明不存在传统意义上的疲劳极限。S-N 曲线方程为

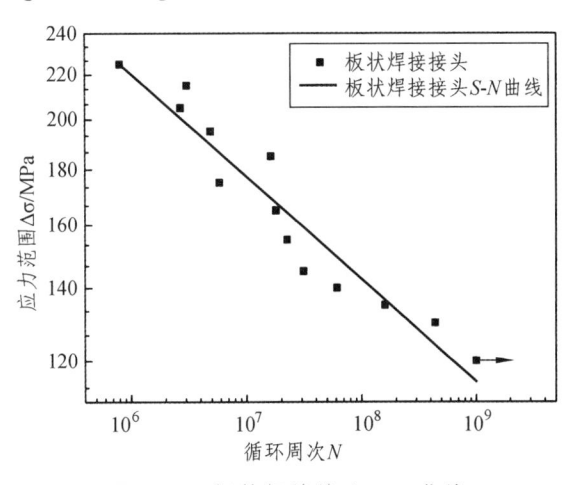

$$\lg N + 10.64\lg\Delta\sigma = 30.95 \quad 4\times10^5 \leqslant N \leqslant 1.0\times10^9 \quad (4\text{-}9)$$

图 4-14　板状焊接接头 S-N 曲线

4. P355NL1 钢圆柱状焊接接头超声疲劳试验结果及分析

P355NL1 钢圆柱状焊接接头试样如图 4-15 所示。超声疲劳试验结果如表 4-7。试验结果表明，圆柱状焊接接头试样均断裂在试样中间部位，如图 4-16 所示，这是由于中间部位面积小，所受应力最大。

图 4-15　圆柱状焊接接头试样

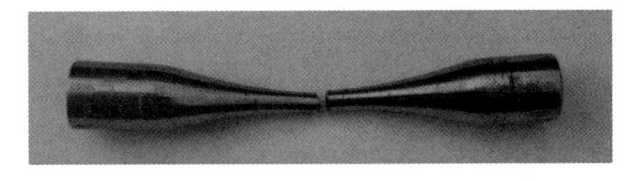

图 4-16　圆柱状焊接接头试样疲劳断裂位置

表 4-7 圆柱状焊接接头超声疲劳试验结果

编 号	载荷/MPa	寿命/周次	裂纹位置
401	371	3.33×10^6	试样中间
402	360	7.80×10^6	试样中间
403	348	7.14×10^6	试样中间
404	342	1.62×10^7	试样中间
405	332	3.30×10^7	试样中间
406	292	1.17×10^7	试样中间
407	292	3.73×10^7	试样中间
408	280	5.26×10^7	试样中间
409	263	5.79×10^8	试样中间
410	246	1.00×10^9	未断

将表 4-7 中的数据进行拟合处理，可得如图 4-17 所示的 S-N 曲线，图中箭头表示未断试样。从图 4-17 中可知，P355NL1 钢圆柱状焊接接头 S-N 曲线呈现连续下降的趋势，而且在超高周（$N \geq 10^7$）疲劳寿命区间，试样还是会发生断裂，这说明不存在传统意义上的疲劳极限。S-N 曲线方程为

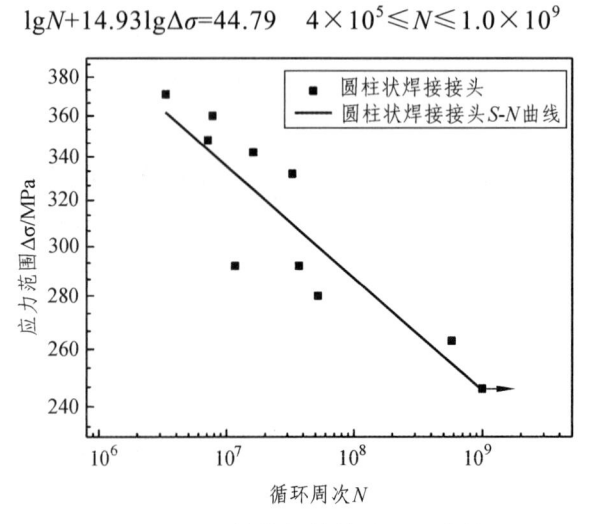

$$\lg N + 14.93 \lg \Delta\sigma = 44.79 \quad 4 \times 10^5 \leq N \leq 1.0 \times 10^9 \quad (4\text{-}10)$$

图 4-17 圆柱状焊接接头 S-N 曲线

4.2 SMA490BW 钢及焊接接头的超高周疲劳性能

4.2.1 试验材料

试验所用材料为 SMA490BW 钢,它属于低合金高强度热轧耐候钢,其性能与国内的 16MnR 基本相当。该钢的碳含量较低,具有良好的焊接工艺性能,是各类动车组转向架焊接构架的常用材料,其化学成分和力学性能分别如表 4-8 和表 4-9 所示。

表 4-8 SMA490BW 钢的化学成分

C	Si	Mn	P	S	Cu	Ni	Cr
≤0.18%	0.15%~0.65%	≤1.40%	≤0.035%	≤0.006%	0.30%~0.50%	0.05%~0.30%	0.45%~0.70%

表 4-9 SMA490BW 钢的力学性能

弹性模量/MPa	屈服强度/MPa	抗拉强度/MPa	伸长率/%	弯曲 180°	A_{KV}/J(−40 ℃)
206 000	≥365	490~610	≥19	合格	≥27

图 4-18 为 SMA490BW 钢母材金相组织。从图 4-18 中可以看出,母材晶粒较为细小且分布均匀,组织为沿轧制方向形成的带状铁素体和珠光体。

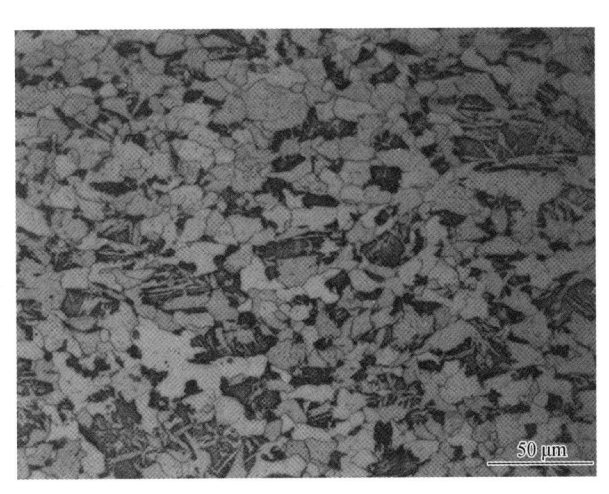

图 4-18 SMA490BW 钢母材金相组织

4.2.2 焊接工艺

焊接材料采用符合 GB/T 8810—2020 的牌号为 TH550-NQ-Ⅱ的焊丝，焊接方式为 tMAG/135，即熔化极活性气体保护电弧焊，采用的混合保护气体为 80%Ar+20%CO_2，焊丝的化学成分和力学性能分别如表 4-10 和表 4-11 所示。

表 4-10　TH550-NQ-Ⅱ焊丝的化学成分

C	Si	Mn	P	S	Cu	Ni	Cr
≤0.10%	≤0.60%	1.20%~1.60%	≤0.025%	≤0.020%	0.20%~0.50%	0.20%~0.60%	0.30%~0.90%

表 4-11　TH550-NQ-Ⅱ焊丝的力学性能

屈服强度/MPa	抗拉强度/MPa	伸长率/%	弯曲180°	A_{KV}/J（-40 ℃）
≥450	≥550	≥22	合格	≥60

图 4-19（a）为 12 mm 厚度的对接钢板焊接工艺图。焊缝选择开角度为 60°左右的 V 形坡口，组装间隙为 2~3 mm，从而保证电弧深入根部使根部完全焊透。为了保证焊接接头的力学性能，焊缝采用多层焊接，表 4-12 为各层焊道的焊接工艺参数。焊接后的试验钢板如图 4-19（b）所示。对接钢板的长度为 350 mm，宽度为 300 mm，厚度为 12 mm。通过线切割机切出满足谐振条件的焊态超声疲劳对接接头试样。

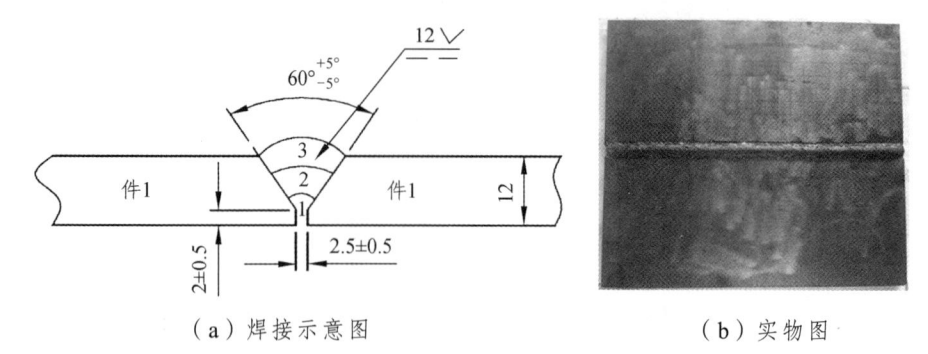

（a）焊接示意图　　　　（b）实物图

图 4-19　SMA490BW 钢板焊接示意及实物图

表 4-12 焊道焊接工艺参数表

焊道	焊材规格	电流强度/A	电弧电压/V	电流种类/极性	气体流量/（L/min）
1	$\phi 1.2$	110~140	16~19	直流/正极性	18~22
2	$\phi 1.2$	240~280	25~30	直流/正极性	18~22
3	$\phi 1.2$	240~280	25~30	直流/正极性	18~22

除了加工对接接头外，采用同样的焊接方法，还焊接加工了一批十字接头，如图 4-20 所示。将焊接后的十字接头板材用慢走丝线切割机切割成超声疲劳试样，加工后超声疲劳试样为等截面的板状试样。试样形状及实物如图 4-21 所示。

图 4-20 十字接头试板

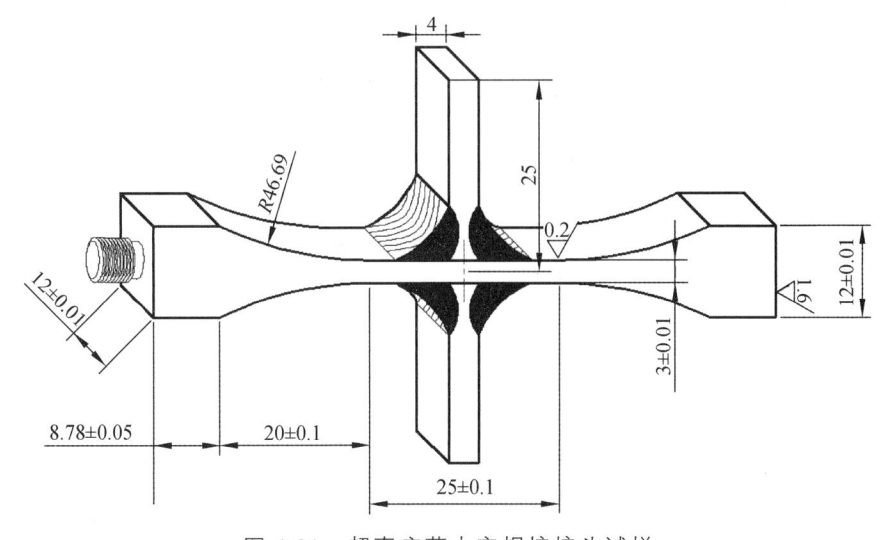

图 4-21 超声疲劳十字焊接接头试样

4.2.3 焊接接头金相组织

SMA490BW 钢焊接接头焊缝上层为典型的粗大铸造柱状晶组织，如图 4-22（a）所示。焊丝与部分母材经过熔化、冷却、凝固（结晶）等过程形成柱状晶，它是沿垂直于等温线方向结晶长大的。显微组织主要是从奥氏体晶界析出的先共析铁素体；同时还存在一部分向晶内成长的侧板条铁素体。晶内为少量针状铁素体和珠光体，取向自由的针状铁素体对焊缝金属的韧性具有强化作用。焊缝下层的组织形态主要为铁素体和珠光体，如图 4-22（b）所示。由于下层焊道的晶粒组织受到上层焊道的热处理作用，柱状晶转化为分布均匀的较细晶粒。

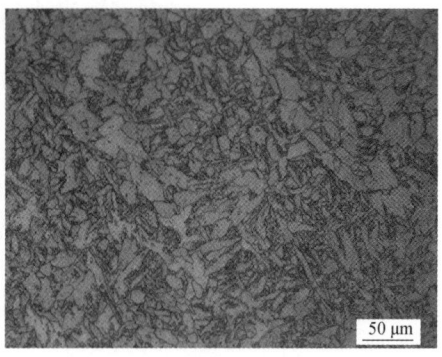

（a）焊缝上层组织 　　　　　（b）焊缝下层组织

图 4-22　SMA490BW 钢焊缝组织形态

焊接热影响区（HAZ）的组织形态如图 4-23 所示。图 4-23（a）为熔合线区，该区温度处于固液相线之间，左半部分为下层焊缝组织，右半部分为过热区组织，两者之间有明显的界线，晶界处析出细条状的先共析铁素体，晶内为少量的珠光体。该区为粗大且性能极不均匀的晶粒组织，容易萌生裂纹且造成脆性破坏。图 4-23（b）为过热区，即粗晶区，奥氏体晶粒发生严重的长大现象，得到粗大的铁素体和珠光体组成的魏氏组织，粒状贝氏体也会出现在晶粒内部。该区的韧性很差，对于刚度较大的焊接构件，易产生脆化或裂纹。过热区和熔合区均是焊接接头的薄弱部位。图 4-23（c）、（d）为正火-不完全正火区。正火区也称为细晶区或相变重结晶区，焊接过程中母材金属发生完全的重结晶过程（即铁

(a)熔合线区

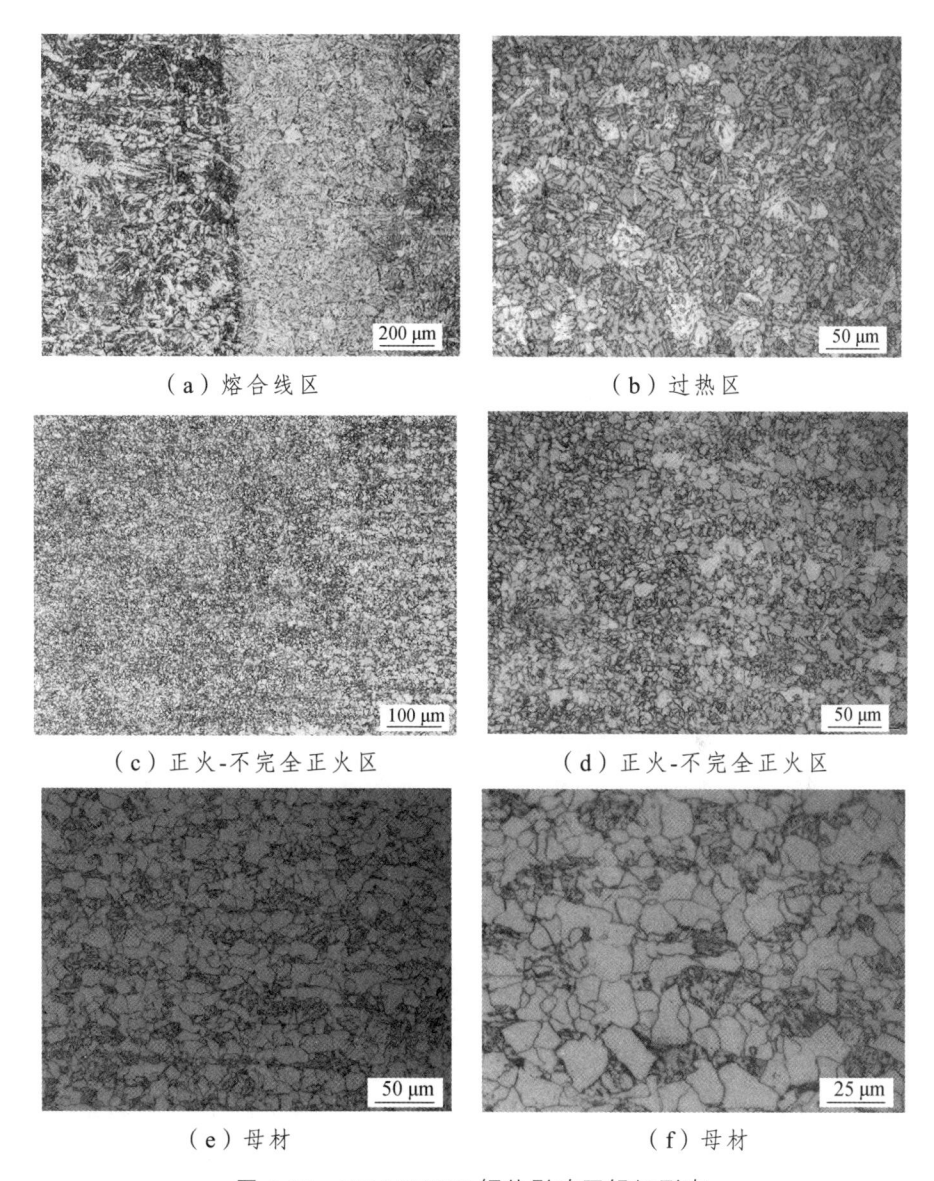

(b)过热区

(c)正火-不完全正火区

(d)正火-不完全正火区

(e)母材

(f)母材

图 4-23　SMA490BW 钢热影响区组织形态

素体和珠光体全部转变为奥氏体），然后经空冷得到均匀而细小的珠光体和铁素体组织，如图 4-23（c）所示，该区晶粒组织具有较好的塑性和韧性。图 4-23（d）右半部分为不完全正火区，即不完全重结晶区，从图中可以明显看出，除了有晶粒细小的铁素体和珠光体，还存在较粗大的铁素体，该区的晶粒组织大小及其力学性能都不均匀。图 4-23（e）、（f）为组织处于平衡稳定状态的母材区，由于该区不受任何热循环影响，基体晶粒为均匀细小的块状铁素体和珠光体。

焊接十字接头微观金相组织如图 4-24 所示，由图可见，焊缝区域主要是沿焊缝中心呈对称分布的柱状晶，A 区域为熔合线区，熔合线的右

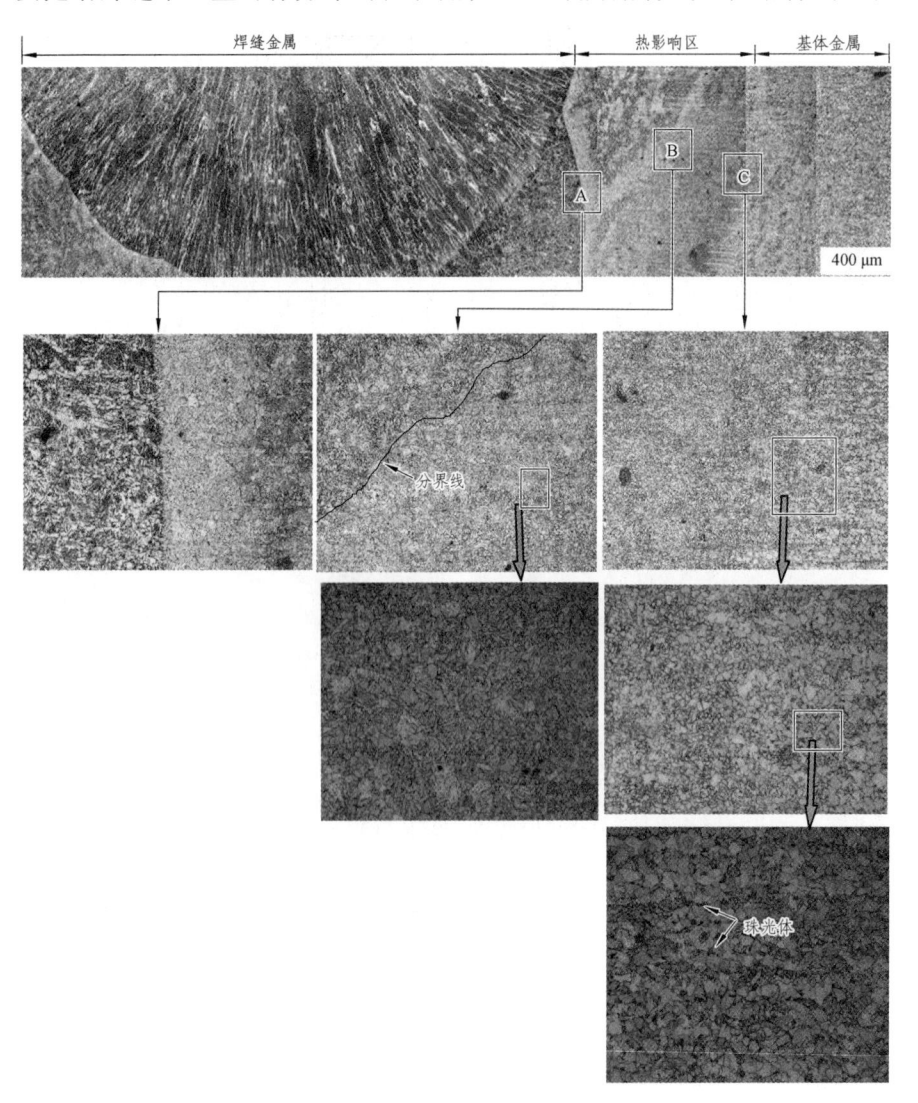

图 4-24　十字焊接接头的金相组织

端为粗大晶粒区域；从热影响区 B 的放大图中可以很明显地看到粗晶与细晶的分界线，细晶的尺寸约为 10 μm；C 区域为热影响区与基体金属的交界处，从 C 区域放大图可以看出，达到基体金属区域时，晶粒明显增大，晶粒的平均尺寸约为 18 μm。母材的组织主要由细小的带状和粒状的珠光体及铁素体组成，这种微观组织决定了这种钢材具有良好的综合力学性能，如良好的塑性、抗冲击性能、强度、切削和冲压等性能。

4.2.4　母材及焊接接头疲劳试验结果与分析

SMA490BW 钢母材及焊接接头的超高周疲劳试验均在 USF-2000 超声疲劳试验机上进行（见图 4-25），加载频率为 20 kHz，应力比 R 为-1，即试样承受轴向对称拉压循环载荷，试验在室温（25 ℃）下进行，试样发生断裂时试验系统会自动停止，并记录下相应的数据。同时，为了避免高频谐振导致试样急剧升温而影响试验结果，采用压缩空气冷却试样，试验间歇比为 200∶600，即共振时间为 200 ms，间歇时间为 600 ms。若试样加载循环数达到 10^9 周次仍未断裂，试样也将自动停止。此外，由于试样表面微观加工缺陷引起的应力集中会干扰疲劳寿命数据，超高周疲劳试验对试样表面粗糙度有严格的要求，试验前采用金相砂纸对超声疲劳试样中间圆弧过渡部位沿纵向机械抛光处理，从而消除表面机械加工刀痕的影响。母材及焊接接头试样与超声疲劳系统共振的示意图如图 4-26 所示。

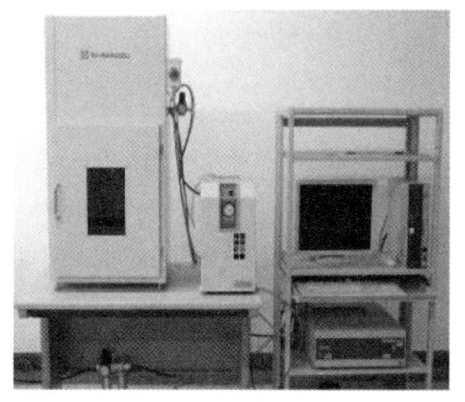

图 4-25　USF-2000 超声疲劳试验机

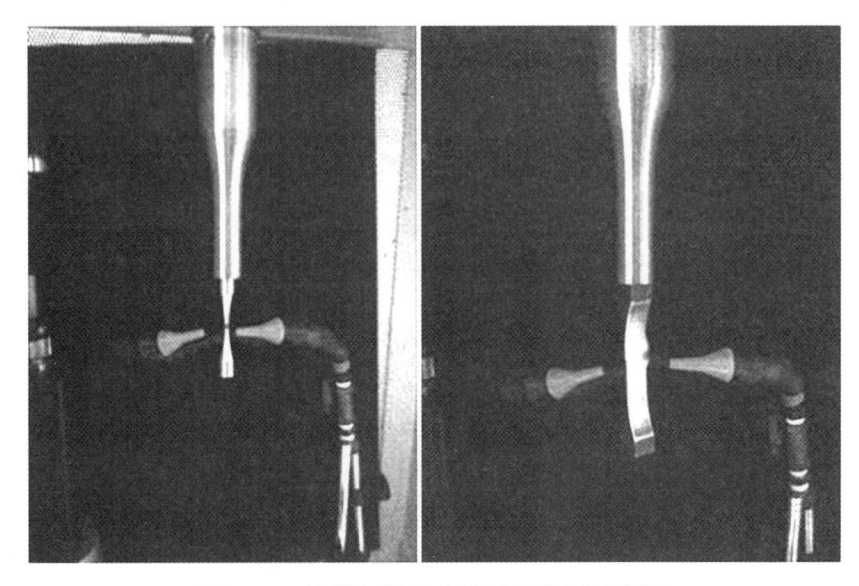

图 4-26　试样与超声疲劳系统共振示意图

采用国际焊接学会（IIW）制定的统计标准对得到的疲劳数据结果进行处理分析。该标准假定试验数据呈对数分布，疲劳载荷的应力范围 $\Delta\sigma$ 和疲劳寿命循环周次 N 的关系可表示为

$$\lg N + m\lg\Delta\sigma = \lg C \tag{4-11}$$

式中：C、m 为拟合曲线的常数。基于最小二乘法原理，采用 Origin 软件拟合疲劳数据，得到 3 组试样（母材、焊态接头、超声冲击态接头）数据存活率 95%、置信度 75% 的 S-N 曲线表达式，应力范围 $\Delta\sigma$ 和疲劳寿命 N 值均表示为以 10 为底的对数形式，从而定量比较分析试样在特定循环周次下的疲劳强度或特定应力条件下的疲劳寿命。

1. 板状母材超声疲劳试验结果及分析

SMA490BW 钢板状母材所用试样按照文献[8]确定，具体试样尺寸和实物如图 4-27 所示。所示。试样形状尺寸按照图 4-27（a）经过线切割获得，之后对试样两侧依次用 800#、1 000#、1 500#，2 000# 的砂纸打磨，尽量消除机械加工的残留刀痕以及其他表面缺陷。试样断裂位置如图 4-28 所示。

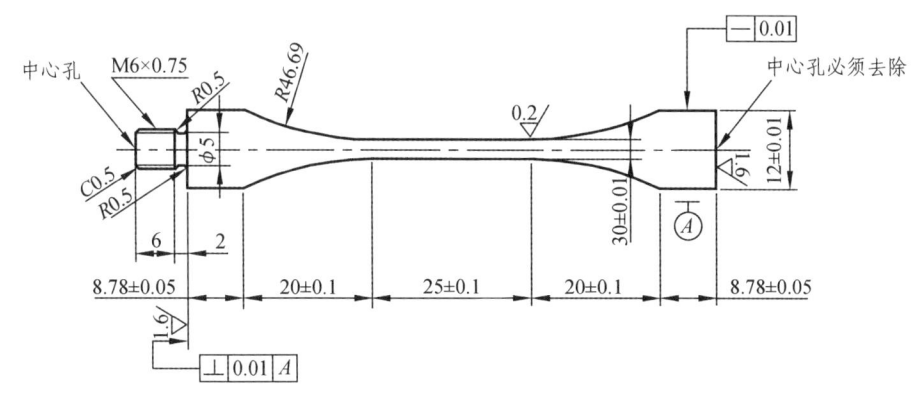

（a）试样尺寸

（b）试样实物

图 4-27 SMA490BW 钢板状母材试样形状及尺寸

图 4-28 SMA490BW 钢板状母材试样断裂试样

在超声疲劳试验机上进行疲劳试验，获得超高周范围内的疲劳试验数据（见表 4-13），再根据表 4-13 中的试验数据用 Origin 软件绘出疲劳 S-N 曲线，如图 4-29 所示。根据试验数据拟合出板状母材超声疲劳试验的 S-N 曲线方程为

$$\lg N = 131.23 - 51.87 \lg \Delta\sigma \qquad (4-12)$$

从图 4-29 中可以看出，板状母材的 S-N 曲线在 $N=10^5 \sim 10^9$ 时为一条连续下降型的曲线，不存在传统意义上的疲劳极限。

表 4-13　SMA490BW 钢板状母材超声疲劳试验数据

试样编号	应力幅值/MPa	应力循环次数	最终状态	裂纹源位置
1	270	2.40×10^5	断裂	表面
2	270	2.93×10^5	断裂	表面
3	265	4.10×10^5	断裂	表面
4	260	9.24×10^5	断裂	表面
5	255	6.27×10^5	断裂	表面
6	250	3.98×10^6	断裂	表面
7	245	2.40×10^7	断裂	表面
8	240	8.90×10^7	断裂	表面
9	235	1.56×10^8	断裂	表面
10	230	5.42×10^8	断裂	表面
11	230	1.00×10^9	未断	—
12	225	1.00×10^9	未断	—

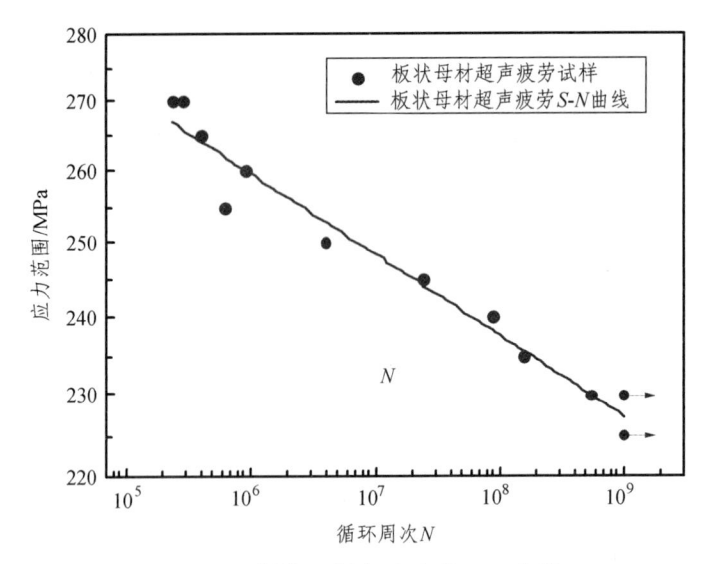

图 4-29　板状母材超声疲劳 S-N 曲线

2. 圆柱状母材超声疲劳试验结果及分析

变截面圆柱状试样适用于晶粒均匀、无明显组织缺陷的金属母材超高周疲劳性能研究，该试样可有效获得理想的应力放大系数，且设计方法简便。通过给定相关的初始尺寸，采用文献[9]中的计算公式可得出 SMA490BW 钢母材圆柱状试样的谐振长度，试样具体尺寸及其实物如图 4-30 所示。

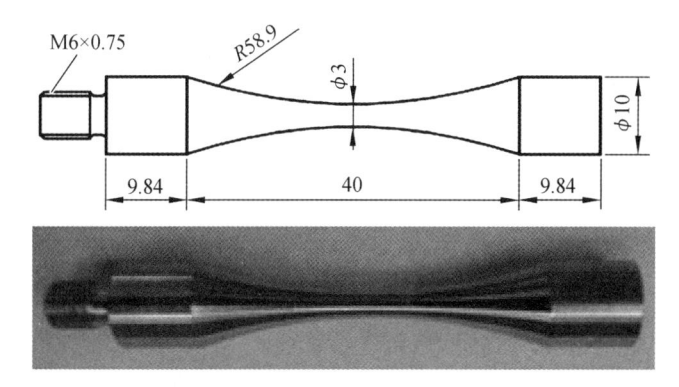

图 4-30　圆柱状母材试样形状尺寸及实物图

SMA490BW 钢圆柱状母材试样均断裂于圆弧过渡正中间，这是由于试样中部应力最大，如图 4-31 所示。

图 4-31　圆柱状母材试样断裂于圆弧过渡中央

试样的超高周疲劳试验结果数据如表 4-14 所示。

表 4-14　SMA490BW 钢圆柱状母材试样疲劳试验数据

试样编号	应力范围 $\Delta\sigma$ /MPa	疲劳寿命 N/周次	断裂位置
1	360	1.44×10^5	圆弧过渡区
2	360	2.51×10^5	圆弧过渡区
3	350	5.79×10^5	圆弧过渡区
4	350	6.33×10^5	圆弧过渡区

续表

试样编号	应力范围 $\Delta\sigma$/MPa	疲劳寿命 N/周次	断裂位置
5	340	5.10×10^5	圆弧过渡区
6	340	1.45×10^6	圆弧过渡区
7	335	1.20×10^6	圆弧过渡区
8	330	1.50×10^7	圆弧过渡区
9	325	5.21×10^7	圆弧过渡区
10	320	1.52×10^8	圆弧过渡区
11	310	4.85×10^8	圆弧过渡区
12	310	1.00×10^9	未断
13	305	1.00×10^9	未断

采用 Origin 软件拟合表 4-14 中的数据，得出 SMA490BW 钢圆柱状母材试样的 S-N 曲线，如图 4-32 所示，箭头标注的是超过 10^9 循环周次仍未断裂的试样。根据表 4-14 中的试验数据拟合圆柱状母材超声疲劳试验的 S-N 曲线方程为

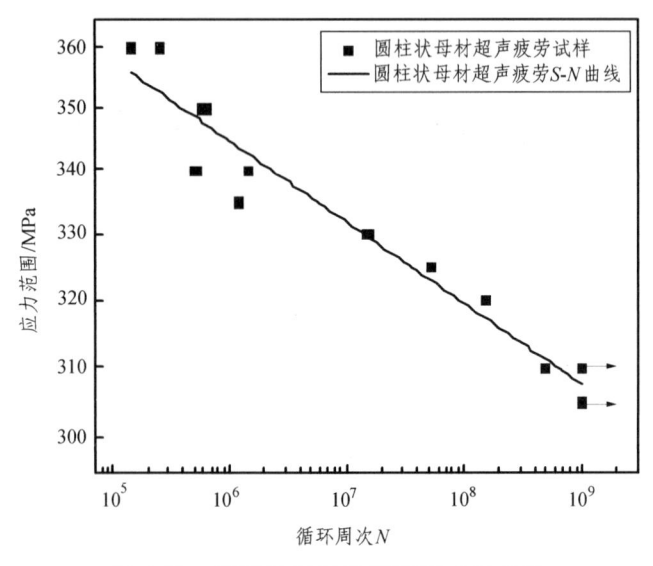

$$\lg N + 60.386\lg\Delta\sigma = 159.226 \qquad 10^5 \leqslant N \leqslant 4.85\times10^8 \qquad (4\text{-}13)$$

图 4-32　圆柱状母材超声疲劳 S-N 曲线

从图 4-32 中可以看出，圆柱状母材的 S-N 曲线在 $N=10^5 \sim 10^9$ 时为一条连续下降型的曲线，不存在传统意义上的疲劳极限。

3. 板状对接接头超声疲劳试验结果及分析

图 4-33 为 SMA490BW 钢板状焊接接头试样，超声疲劳试验结果如表 4-15 所示。试验结果表明，试样断裂处位于焊趾部位，如图 4-34 所示。

图 4-33　SMA490BW 钢板状焊接接头试样

图 4-34　SMA490BW 钢板状焊接接头试样断裂位置

表 4-15　SMA490BW 钢板状接头疲劳试验数据

试样编号	应力范围 $\Delta\sigma$ /MPa	疲劳寿命 N/周次	断裂位置
1	250	1.26×10^5	焊趾
2	230	3.20×10^5	焊趾
3	210	6.93×10^5	焊趾
4	200	1.08×10^6	焊趾
5	190	1.02×10^6	焊趾
6	180	1.05×10^6	焊趾
7	170	1.50×10^6	焊趾
8	160	3.79×10^6	焊趾
9	150	6.45×10^6	焊趾
10	145	3.80×10^7	焊趾
11	140	6.21×10^7	焊趾
12	135	7.86×10^8	焊趾
13	135	1.00×10^9	未断
14	130	1.00×10^9	未断

将表 4-15 中的数据进行拟合处理，可得如图 4-35 所示的 S-N 曲线，图中箭头表示未断试样。从图 4-35 中可知，SMA490BW 钢板状焊接接头 S-N 曲线存在两个明显的阶段，高周阶段 S-N 曲线下降迅速，超高周阶段下降较为缓慢；此外，焊态接头曲线的两个阶段交点在 6.45×10^6 周次位置。焊接接头试样在超长寿命区间（超过 10^7 循环周次）仍会发生疲劳失效，进一步证明了材料不存在传统意义上的疲劳极限和无限寿命。对于服役寿命超过 10^7 循环周次的焊接构件，仍采用传统疲劳极限准则来设计是相当危险的。S-N 曲线方程为

$$\begin{cases} \lg N + 7.250\lg\Delta\sigma = 22.543 & 10^5 \leqslant N \leqslant 6.45\times10^6 \\ \lg N + 45.025\lg\Delta\sigma = 104.729 & 6.45\times10^6 \leqslant N \leqslant 7.86\times10^8 \end{cases} \quad (4\text{-}14)$$

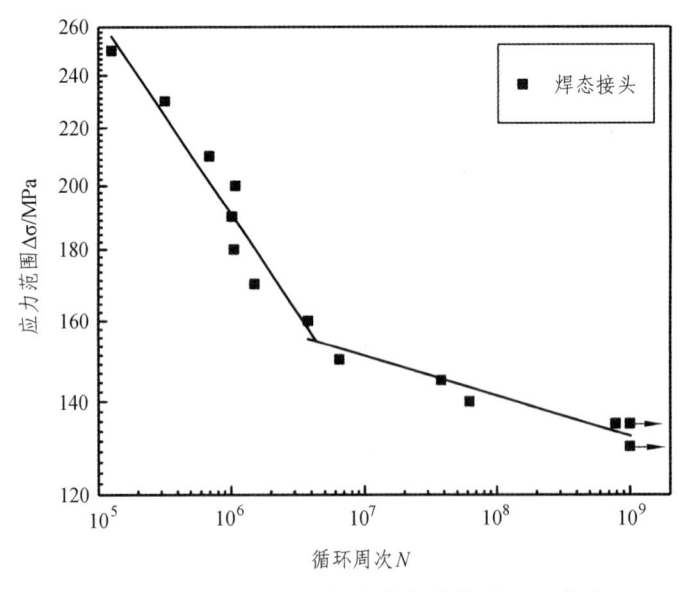

图 4-35　SMA490BW 钢板状焊接接头 S-N 曲线

4. 圆柱状对接接头超声疲劳试验结果及分析

圆柱状对接接头疲劳试样仍然在超高周疲劳试样机上进行疲劳试验，试样初始加载为 350 MPa，然后根据试验数据情况按适当载荷（5～10 MPa）的降载，超声疲劳试验结果如表 4-16 所示。将表 4-16 中的数据进行拟合处理，可得如图 4-36 所示的 S-N 曲线，S-N 曲线图中箭头表示未断试样。

表 4-16　SMA490BW 钢圆柱状对接接头超声疲劳试验数据

试样编号	应力幅值 σ_a/MPa	应力循环次数	最终状态
1	350	7.64×10^5	断裂
2	340	3.64×10^5	断裂
3	340	1.05×10^6	断裂
4	330	6.65×10^6	断裂
5	320	1.18×10^5	断裂
6	320	1.98×10^7	断裂
7	315	3.08×10^7	断裂
8	310	7.38×10^7	断裂
9	310	1.00×10^9	未断
10	300	1.00×10^9	未断
11	300	1.00×10^9	未断

如图 4-36 所示，SMA490BW 钢圆柱状对接接头在 $10^5 \sim 10^9$ 循环周次内的疲劳 S-N 曲线和母材试样的疲劳 S-N 曲线一样，也呈连续下降型。没有出现传统意义上的疲劳极限，只有一定循环周次下对应的条件疲劳极限。根据试验数据拟合出圆柱状对接接头试样的 S-N 曲线方程为

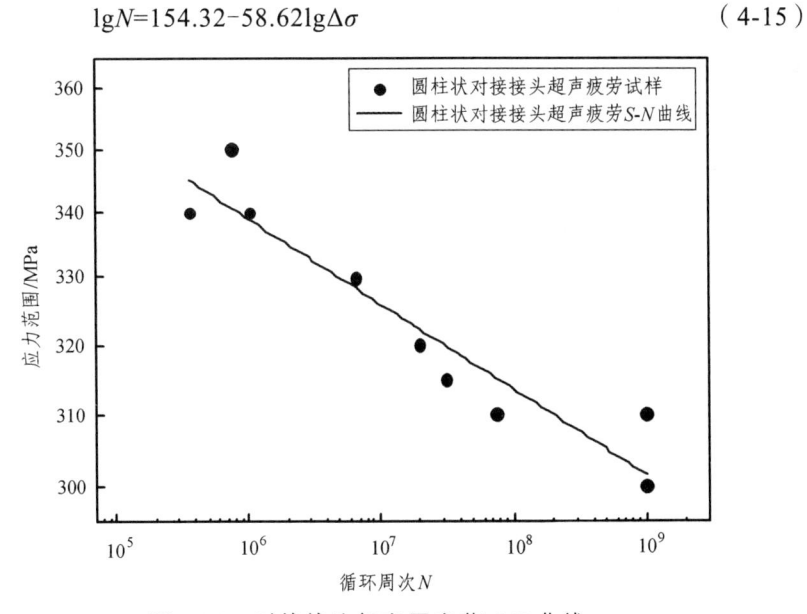

$$\lg N = 154.32 - 58.62 \lg \Delta\sigma \tag{4-15}$$

图 4-36　对接接头超高周疲劳 S-N 曲线

在 10^7 循环周次下对应的条件疲劳极限为 325 MPa，在 10^9 循环周次下对应的条件疲劳极限大概为 302 MPa。且无论是母材还是对接接头，在 10^9 循环周次对应的条件疲劳极限都要低于 10^7 循环周次对应的疲劳极限。用 10^7 循环周次下对应的疲劳极限作为 SMA490BW 钢对接接头 10^7 以上超高周范围内的疲劳判据是危险的。

利用 Origin 软件绘出 SMA490BW 钢圆柱状母材与焊态对接接头的名义应力 S-N 曲线，如图 4-37 所示，S-N 曲线图中，箭头表示未断试样的点。通过图可以观察到，在整体水平上，焊态试样的疲劳寿命在相同的应力水平下要低于母材试样；同样，母材的疲劳强度在相同的循环周次下也要高于焊态试样。对比表 4-17 可知，母材和对接接头在 10^7 循环周次下对应的条件疲劳极限分别为 332 MPa 和 326 MPa，在 10^9 循环周次下对应的条件疲劳极限分别为 308 MPa 和 302 MPa。从图 4-37 所示的 S-N 曲线对比可知，焊接接头的疲劳强度相比于母材有一定的降低，且几乎为等比例降低。根据文献[10]所述，焊接对 SMA490BW 钢的疲劳性能的

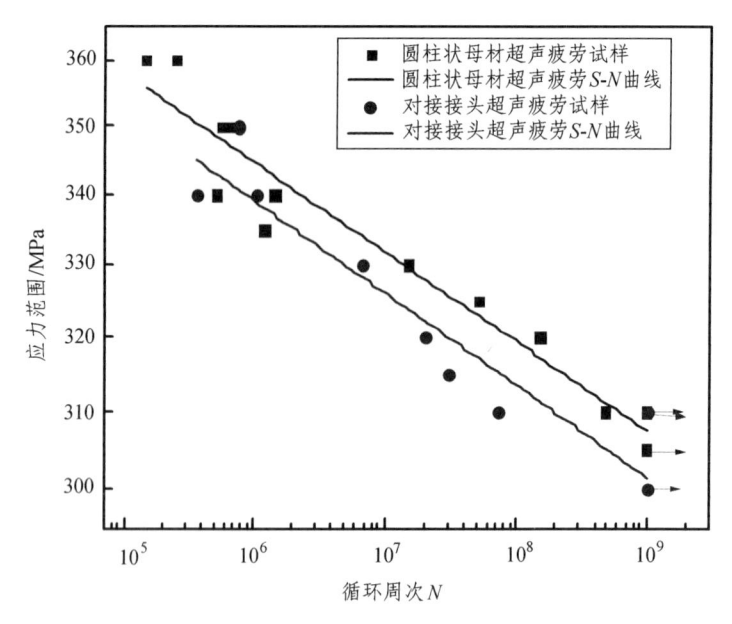

图 4-37　母材与对接接头的疲劳试验的 S-N 曲线对比

影响主要体现在焊接接头焊趾处的应力集中，焊缝组织变化，焊接残余拉伸应力。由于圆柱状焊接接头与母材一样，不存在应力集中问题，且试样中段尺寸很小（直径 3 mm），残余应力也很小，故焊接对 SMA490BW 钢的疲劳性能的影响主要体现在焊缝组织变化。本试验中在焊缝组织内部发现了少量夹杂和气孔缺陷，且大多圆柱状焊接接头断裂萌生于焊缝内部的夹杂或气孔处，如图 4-38 所示。

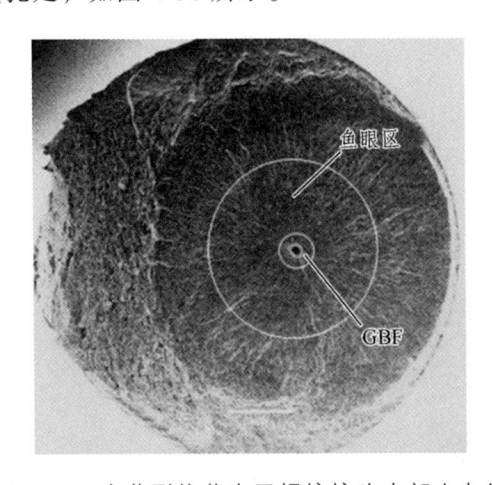

图 4-38 疲劳裂纹萌生于焊接接头内部夹杂处

表 4-17 SMA490BW 钢圆柱状母材与对接接头的疲劳寿命对比

状 态	Σ_{max}/MPa	N_1	Σ_{max}/MPa	N_2
母 材	332	10^7	308	10^9
对接接头	326	10^7	302	10^9

5. 焊接十字接头超声疲劳试验结果及分析

图 4-39 为 SMA490BW 钢焊接十字接头试样形状及尺寸[11]。采用超声疲劳试验方法测定试样的疲劳寿命，疲劳试验结果如表 4-18 所示。疲劳试验后，试样发生失效断裂均是发生在焊趾处，图 4-40 是十字焊接接头断裂前后的宏观形貌。

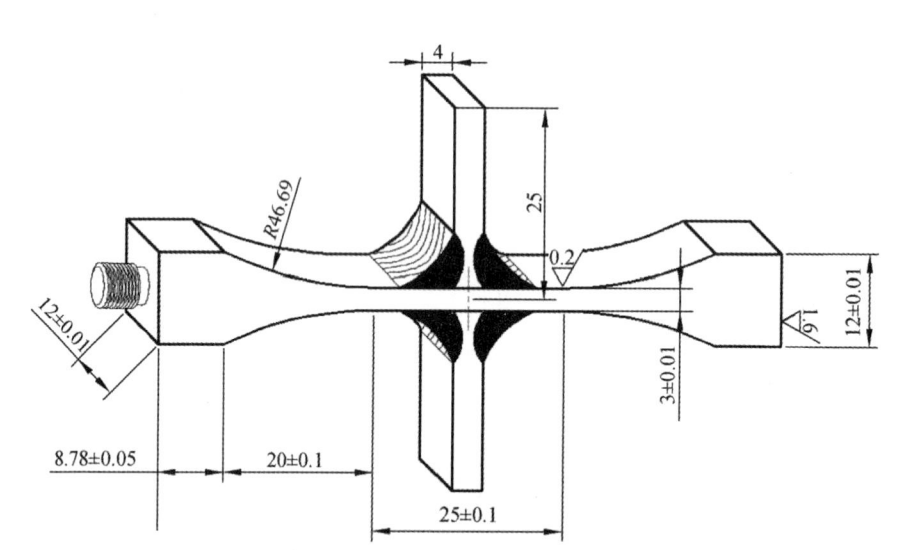

图 4-39　超声疲劳焊接十字接头试样形状及尺寸

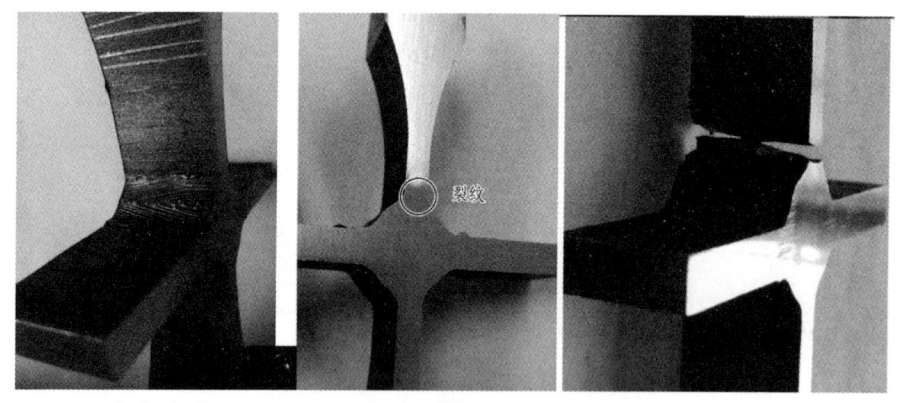

（a）宏观　　　　　（b）裂纹　　　　　（c）断裂

图 4-40　焊接接头断裂前后的照片

表 4-18　十字接头超声疲劳试验结果

试样编号	应力幅值 σ_a/MPa	应力循环次数	最终状态	断裂位置
1	230	4.11×10^5	断裂	焊趾处
2	220	4.23×10^5	断裂	焊趾处
3	210	6.23×10^5	断裂	焊趾处
4	200	1.47×10^6	断裂	双侧焊趾处
6	180	1.48×10^6	断裂	焊趾处
7	170	1.83×10^6	断裂	焊趾处

续表

试样编号	应力幅值 σ_a/MPa	应力循环次数	最终状态	断裂位置
8	160	3.67×10^6	断裂	焊趾处
9	150	2.50×10^6	断裂	焊趾处
10	100	7.82×10^6	断裂	焊趾处
11	135	4.11×10^6	断裂	焊趾处
12	125	4.23×10^6	断裂	单侧焊趾处+
14	115	5.07×10^6	断裂	焊趾处
15	110	5.65×10^6	断裂	焊趾处
16	108	1.00×10^9	未断	—
17	105	1.00×10^9	未断	—
18	100	1.00×10^9	未断	—

SMA490BW 钢焊接十字试样在交变循环载荷下 $10^5 \sim 10^9$ 周次范围内的 S-N 曲线见图 4-41，试样在 10^7 循环周次范围以下的高应力幅区呈现连续下降趋势，在 10^7 周次以上的超高周疲劳范畴的低应力幅区试样不再发生断裂，即 S-N 曲线出现水平阶段，水平平台对应的应力幅值为 100 MPa。SMA490BW 钢十字焊接试样的 S-N 曲线在 $10^7 \sim 10^9$ 循环周次范围内出现与常规疲劳（$N<10^7$）相类似的水平平台，出现了传统意义上的疲劳极限。

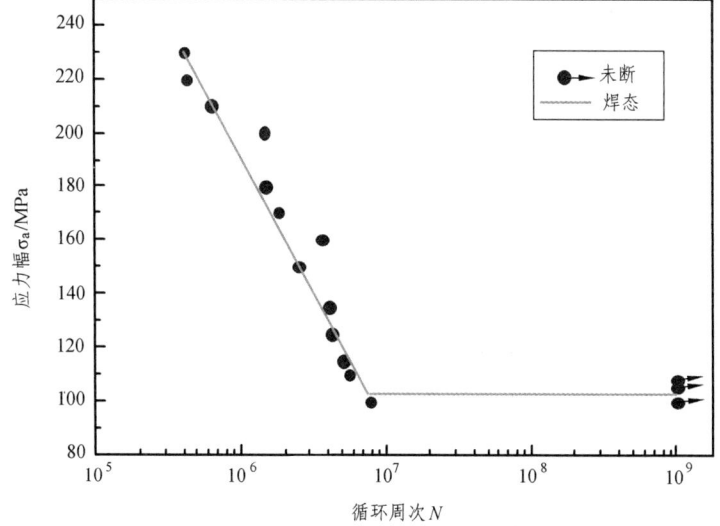

图 4-41 焊接十字接头试样 S-N 曲线

4.3　16Mn 钢及焊接接头的超高周疲劳性能

4.3.1　16Mn 钢母材超高周疲劳性能

文献[12]采用如图 4-5 所示的超声疲劳试验机进行超高周疲劳性能试验。超声疲劳试验中，试件所用的材质为 16Mn，其弹性模量 E=206 GPa，密度 ρ=7.8 g/cm³，试件的几何外形如图 4-42 所示，试件设计为中间无等截面的圆柱狗骨形。16Mn 试件具体几何尺寸为 $2R_1$=3.2 mm，$2R_2$=10 mm，$2L$=60 mm，L_1=20 mm，L_2=10 mm。

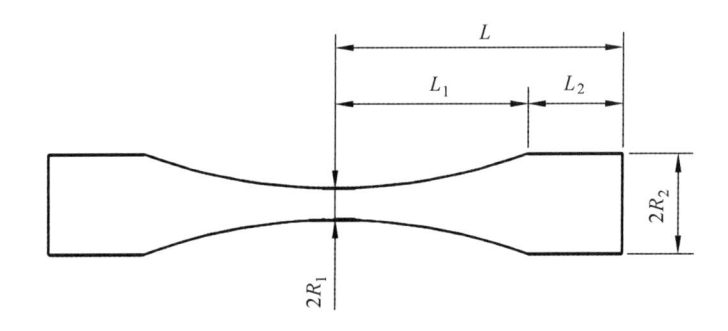

图 4-42　16Mn 母材试件形状

超声疲劳试验系统测定 16Mn 母材试件的 S-N 曲线，疲劳循环周次为 $10^6 \sim 10^{10}$。超声疲劳试验施加载荷为轴向拉-压对称循环载荷，应力比 R=-1，系统的谐振频率为 20 kHz。试验结果如表 4-19 所示。试验在室温下进行。试样共振时，由于吸收超声振动能量和内部的摩擦，会产生升温现象，试验中采用水冷方式，使试样表面温度与室温相当。

表 4-19　16Mn 钢圆柱状母材超声疲劳试验数据

试样编号	应力幅值 σ_a/MPa	应力循环次数	最终状态
1	569	3.75×10⁶	断裂
2	525	5.01×10⁶	断裂

续表

试样编号	应力幅值 σ_a/MPa	应力循环次数	最终状态
3	500	8.32×10^6	断裂
4	469	1.18×10^7	断裂
5	437	8.04×10^7	断裂
6	432	2.72×10^7	断裂
7	412	9.88×10^7	断裂
8	401	2.40×10^7	断裂
9	394	1.49×10^8	断裂
10	368	2.10×10^8	断裂
11	334	2.73×10^8	断裂
12	304	1.02×10^9	断裂
13	290	1.68×10^9	未断
14	250	2.18×10^9	断裂

将表4-19中试验数据进行处理，即可得到16Mn母材的应力幅值-循环周次的疲劳曲线，即S-N曲线，如图4-43所示。从图4-43所示的16Mn圆柱状母材试件的超声疲劳S-N曲线图看出，16Mn母材试件超声疲劳（f=20 kHz，R=-1）S-N曲线为一条连续下降的曲线，在$10^6 \sim 10^7$循环周次内，不存在传统疲劳概念上的水平平台，曲线下降趋势也没有发生显著变化。载荷循环周次超过10^7后，16Mn母材圆柱试件依然发生疲劳断裂，不存在传统疲劳概念上的"疲劳极限"和无限寿命。超声疲劳试验结果显示：在$10^6 \sim 10^9$循环周次内，16Mn母材圆柱试件对应的抗疲劳强度值降幅很大，达到200 MPa。从数据可以看出在超高周次（10^9及以上），试件在应力幅值大幅下降的情况下，不仅没有出现疲劳极限，而且依然能够断裂。因此用10^7循环周次下的条件疲劳极限去设计服役寿命在10^9循环周次以上的结构件是很危险的。

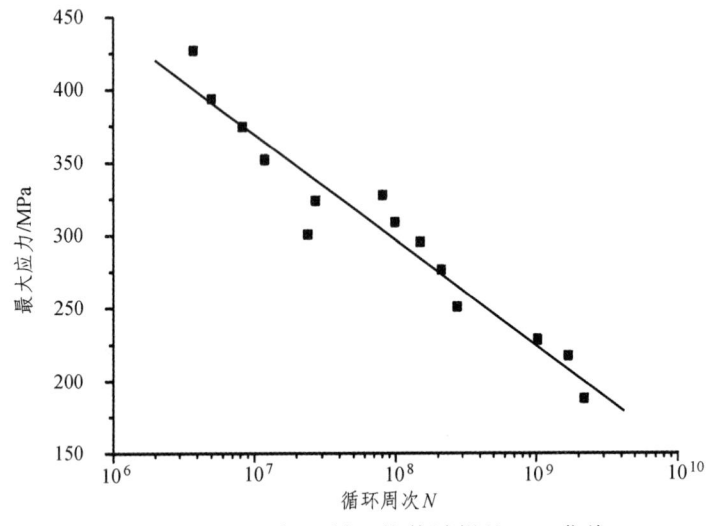

图 4-43 16Mn 钢母材圆柱状试样的 S-N 曲线

4.3.2 16Mn 钢焊接接头试样超高周疲劳性能

1. 16Mn 钢圆柱状焊接接头试样超高周疲劳性能

16Mn 钢圆柱状焊接接头试样的几何外形如图 4-44 所示。试样具体几何尺寸为 $2R_1$=4.9 mm，$2R_2$=16 mm，$2L$=65 mm，L_1=10 mm，L_2=20 mm，L_3=2.5 mm。超声疲劳试验系统测定 16Mn 母材试件的 S-N 曲线，疲劳循环周次为 $10^6 \sim 10^{10}$。超声疲劳试验施加载荷为轴向拉-压对称循环载荷，应力比 R=-1，系统的谐振频率为 20 kHz。试验在室温下进行。试样共振时，由于吸收超声振动能量和内部的摩擦，会产生升温现象，试验中采用水冷方式，使试样表面温度与室温相当。

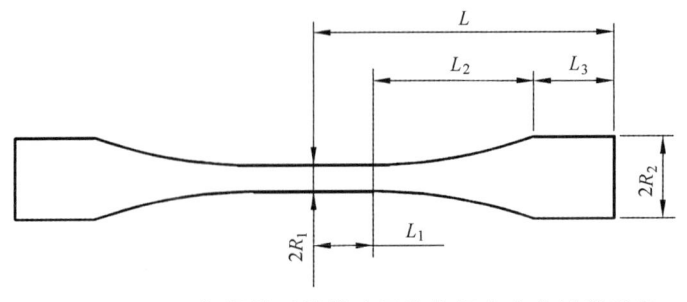

图 4-44 16Mn 钢焊接对接接头圆柱状超声疲劳试样形状

试验结果如表 4-20 所示。试验在室温下进行。试样共振时，由于吸收超声振动能量和内部的摩擦，会产生升温现象，试验中同样采用水冷方式，使试样表面温度与室温相当。

表 4-20　16Mn 钢焊接对接接头圆柱状试样超声疲劳试验结果

试样编号	应力幅值 σ_a/MPa	应力循环次数	最终状态
1	182	1.28×10^6	断裂
2	176	2.46×10^6	断裂
3	154	1.04×10^6	断裂
4	140	1.59×10^7	断裂
5	136	8.40×10^6	断裂
6	110	4.33×10^7	断裂
7	100	4.81×10^7	断裂
8	92	1.64×10^7	断裂
9	89	7.69×10^6	断裂
10	79	7.02×10^7	断裂
11	77	2.29×10^7	断裂
12	72	1.38×10^7	断裂
13	53	5.10×10^8	断裂
14	42	1.35×10^9	断裂
15	37	3.18×10^9	断裂

将表 4-20 中的试验数据进行处理，即可得到 16Mn 钢焊接对接接头圆柱状试样的应力幅值-循环周次的疲劳曲线，即 S-N 曲线，如图 4-45 所示。从图 4-45 中可看出，16Mn 钢焊接对接接头圆柱状试样超声疲劳（f=20 kHz，R=-1）S-N 曲线也是一条连续下降的曲线，在 $10^6 \sim 10^7$ 循环周次范围内，不存在传统疲劳概念上的水平平台，载荷循环周次超过 10^7 甚至 10^9 以后，16Mn 焊接对接接头试件依然发生疲劳断裂，没有疲劳极限出现。超声疲劳试验结果显示：从 10^6 到 10^9 循环周次，16Mn 焊接对接接头试件对应的抗疲劳强度值降幅为 100 MPa 左右。

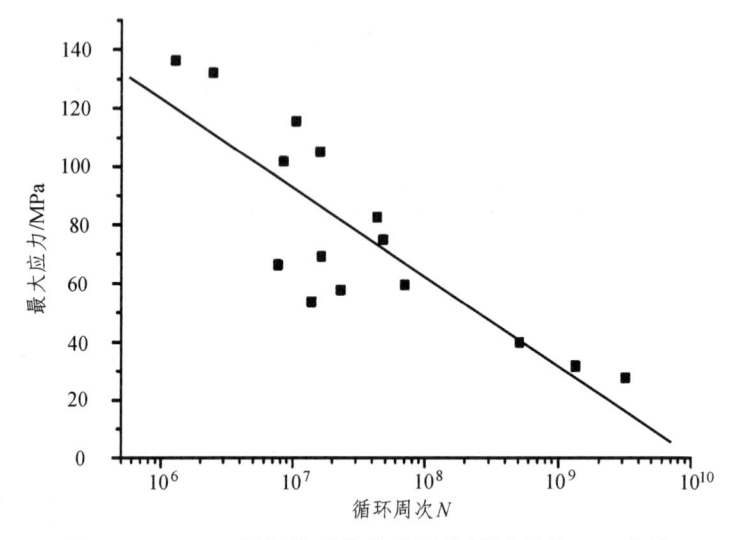

图 4-45　16Mn 钢焊接对接接头圆柱状试样的 S-N 曲线

由于 16Mn 钢焊接对接接头圆柱状试样并没有去掉焊缝，因此其断裂位置基本上都在焊趾过渡处，如图 4-46 所示。

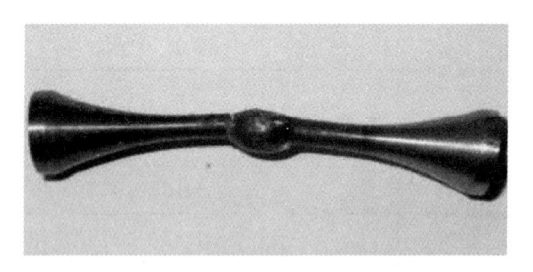

图 4-46　16Mn 钢焊接对接接头圆柱状试样断裂位置

2. 16Mn 钢焊接十字接头试样超高周疲劳性能

16Mn 钢焊接十字接头超声疲劳试样的几何外形如图 4-47 所示。试件设计为有等截面的薄板状狗骨形。试件几何尺寸为 b_1=3 mm，b_2=10 mm，$2L$=85 mm，L_1=12.5 mm，L_2=20 mm，L_3=12.5 mm。

超声疲劳试验系统测定 16Mn 母材试件的 S-N 曲线，疲劳循环周次为 $10^6 \sim 10^{10}$。超声疲劳试验施加载荷为轴向拉-压对称循环载荷，应力比 R=-1，系统的谐振频率为 20 kHz。试验结果如表 4-21 所示。试验在室温下进行。试样共振时，由于吸收超声振动能量和内部的摩擦，会产生升温现象，试验中同样采用水冷方式，使试样表面温度与室温相当。

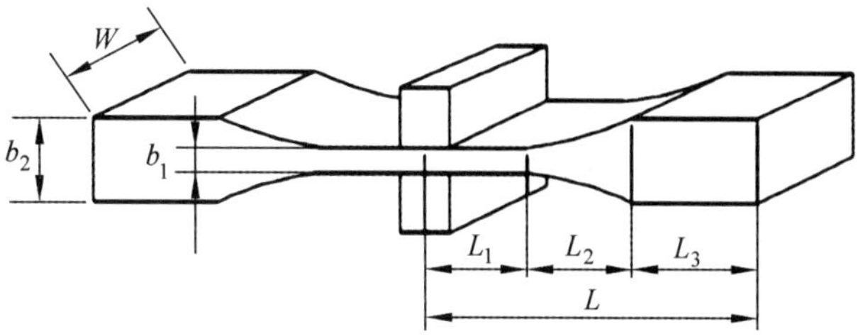

图 4-47 16Mn 钢焊接十字接头超声疲劳试样形状

表 4-21 16Mn 钢焊接十字接头试样超声疲劳试验结果

试样编号	应力幅值 σ_a/MPa	应力循环次数	最终状态
1	181	3.18×10^6	断裂
2	157	6.91×10^6	断裂
3	153	5.86×10^6	断裂
4	152	6.59×10^6	断裂
5	145	1.20×10^7	断裂
6	142	1.47×10^6	断裂
7	137	1.11×10^7	断裂
8	125	6.28×10^7	断裂
9	124	4.41×10^7	断裂
10	116	3.34×10^8	断裂
11	94	1.68×10^8	断裂
12	77	9.26×10^8	断裂
13	69	6.94×10^8	未断
14	58	2.76×10^9	断裂

将表 4-21 中试验数据进行处理，可得到 16Mn 钢焊接十字接头试样的应力幅值-循环周次的疲劳曲线，即 S-N 曲线，如图 4-48 所示。从图 4-48 中可看出，16Mn 钢焊接对接接头试样的超声疲劳（f=20 kHz，R=-1）S-N 曲线也是一条连续下降的曲线，在 $10^6\sim10^7$ 循环周次内，不存在传统疲劳概念上的水平平台，载荷循环周次超过 10^7 甚至 10^9 以后，16Mn 钢焊接对接接头试样依然会发生疲劳断裂，没有传统疲劳极限的出现。超声疲劳试验结果显示，在 $10^6\sim10^9$ 循环周次内，16Mn 钢焊接对接接头

试样对应的抗疲劳强度值降幅大于 100 MPa。

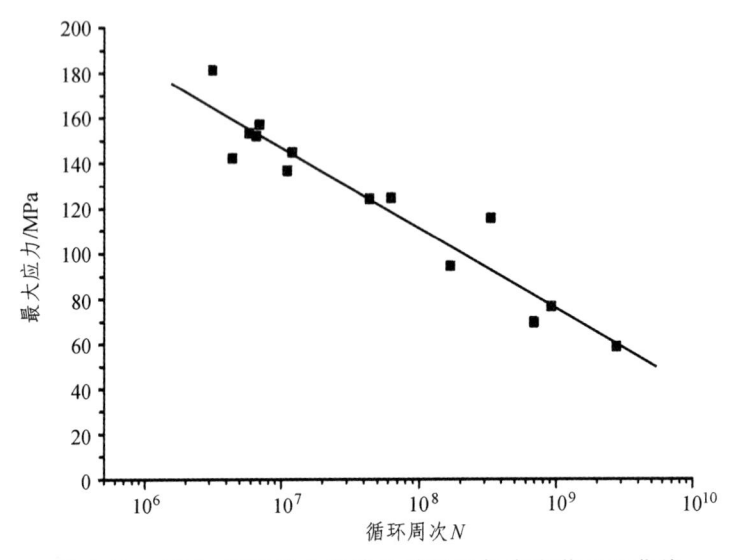

图 4-48　16Mn 钢焊接十字接头试样的超声疲劳 S-N 曲线

从 4-1 节、4-2 节和 4-3 节可以看出，无论是 P355NL1 钢、SMA490BW 钢还是 16Mn 钢，也不论何种焊接接头形式，三种材料母材试样的超高周疲劳性能均高于相对应材料焊接接头的超高周疲劳性能。也就是说，焊接接头的疲劳性能相比母材有较大幅度的降低，这与文献[13-18]的研究结果相同。在影响焊接接头疲劳性能的诸多因素中，焊接接头焊趾处的应力集中占据绝对主导地位。增大焊趾过渡圆弧半径能有效降低焊趾处应力集中，从而提高接头的疲劳性能。许多学者通过其他方法如采用高能喷丸、超声冲击、TIG 熔修等工艺方法对焊接接头进行了表面处理，验证了上述论点。王东坡等[19]对超声冲击改善 16Mn 钢焊接接头应力集中开展研究，结果表明：焊趾区的过渡圆弧半径 r 从焊态试样的 0.2 ~ 0.4 mm 变为超声冲击处理后的 1.6 ~ 2.0 mm，十字接头有效应力集中系数降低了 25%。何柏林等[20]研究超声冲击对转向架用 16MnR 钢十字接头疲劳性能的影响。结果表明：经超声冲击处理后，接头焊趾部位变成平滑过渡，有效降低了接头承载时的应力集中程度，冲击态十字接头的条件疲劳极限比焊态试样提高了 49% 左右，接头的疲劳寿命延长了 45 ~ 52 倍。焊接接头焊趾处的应力集中对接头超高周疲劳性能的影响也得到了许多研究证实[21-25]。除此之外，不论母材还是焊接接头，在疲劳试验过程中所使用的试样形状不同，试样的应力集中程度也不尽相同，同样会导致其超高周疲劳强度和疲劳寿命不同。

参考文献

[1] 霍立兴. 焊接结构的断裂行为及评定[M]. 北京：机械工业出版社，2000.

[2] 田锡唐. 焊接结构[M]. 北京：机械工业出版社，1981.

[3] HE B L, WEI K, YU Y X, et al. Fatigue Life Analysis of Ultrasonic fatigue Welded Butt Joint for Train Bogie Based on ABAQUS/FE-SAFE[J]. China Welding, 2016, 25（4）: 1-7.

[4] 孙佳，倪宝成，何柏林. 超声波冲击法对转向架用 P355NL1 钢对接接头性能的影响[J]. 焊接技术，2017，46（8）: 29-31.

[5] 王文先，王东坡，齐芳娟. 焊接结构[M]. 北京: 化学工业出版社，2012.

[6] HOBBACHER A. XⅢ-1539-96/XV-845-96. Recommendations on Fatigue Design of Welded Joints and Components[C]. Paris: International Institute of Welding, 2002.

[7] 谢学涛. 超声冲击对 P355NL1 钢焊接接头超高周疲劳性能的影响[D]. 南昌：华东交通大学，2017.

[8] 何柏林，魏康. 高强度钢超高周疲劳试样设计[J]. 材料导报，2015，29（11）: 135-140.

[9] 魏康. 超声冲击对 SMA490BW 钢对接接头超高周疲劳性能的影响研究[D]. 南昌：华东交通大学，2016.

[10] 何柏林. 列车转向架构架焊接接头表面超声冲击强化及疲劳性能改善技术[M]. 成都：西南交通大学出版社，2020.

[11] 吕宗敏. 超声冲击对转向架焊接十字接头表层组织及超高周疲劳性能的影响[D]. 南昌：华东交通大学，2016.

[12] 芦平. 超高周范围 16Mn 母材及焊接接头疲劳性能研究[D]. 天津：天津大学，2007.

[13] 何柏林，吕宗敏，吴剑. 钢的超高周疲劳性能研究现状及发展趋势[J]. 热加工工艺，2015，44（16）：7-11.

[14] HE B L, WEI K. Research Progress of very high cycle fatigue for high strength steels[C]. 6th International Conference on VHCF, Chengdu, China, 2014: 1-10.

[15] HE B L, DENG H P, JIANG M M，et al. Effect of ultrasonic impact treatment on the ultra high cycle fatigue properties of SMA490BW steel welded joints[J]. The International Journal of Advanced Manufacturing Technology, 2017, 62（6）: 1-7.

[16] 何柏林，邓海鹏，魏康. 超声冲击对 SMA490BW 钢焊接接头超高周疲劳性能的影响[J]. 中国表面工程，2017，30（4）：64-70.

[17] 何柏林，叶斌，邓海鹏，等. 转向架用 SMA490BW 钢焊接接头超高周疲劳性能[J]. 焊接学报，2019，40（2）：31-37.

[18] 于影霞，丁江灏，谢学涛，等. 转向架用 SMA490BW 钢焊接接头超高周疲劳性能的影响因素[J]. 中国铁道科学，2018，39（1）：100-107.

[19] 王东坡，霍立兴，荆洪阳，等. 改善焊接接头疲劳强度超声冲击装置的研制及应用[J]. 机械强度，2000，22（4）：249-252.

[20] 何柏林，于影霞，余皇皇，等. 超声冲击对转向架焊接十字接头表层组织及疲劳性能的影响[J]. 焊接学报，2013，34（8）：51-54.

[21] HE B L, WEI K, YU Y X, et al. Fatigue Life Analysis of Welded Butt Joint for Train Bogie Based on ABAQUS/FE-SAFE[J]. China welding，2016, 25（4）: 1-8.

[22] 何柏林，张枝森，谢学涛，等. 超声冲击和机械打磨提高 SMA490BW 钢焊接接头超高周疲劳性能[J]. 中国铁道科学，2017,38（5）: 107-113.

[23] 张枝森. 超声冲击改善 SMA490BW 钢焊接接头超高周疲劳性能的机理探究[D]. 南昌：华东交通大学，2016.

[24] 谢学涛，何柏林，金辉，等. 超声冲击对 P355NL1 钢焊接接头超高周疲劳性能影响[J]. 钢铁，2017，52（11）：59-63.

[25] 何柏林，魏康. 转向架用 SMA490BW 钢对接接头应力集中系数有限元分析[J]. 表面技术，2015，44（10）：74-78.

第 5 章
超声冲击对转向架焊接构架焊接接头超高周疲劳性能的影响

焊接结构是焊接技术应用于工程实际产品的主要表现形式。据统计，世界主要工业国家生产的焊接结构占钢总用量的 50%～60%。但是，焊接结构在服役期间受到交变载荷的作用，容易在接头应力集中处发生疲劳失效。疲劳断裂是金属结构的一种主要形式，尤其是焊接结构，大量统计数据显示，疲劳失效是金属结构失效断裂的主导因素，所占比例约为 90%。采用合适焊接后处理工艺以改善钢焊接接头的疲劳性能，必能产生显著的经济价值。超声冲击处理是一种全新的焊后处理技术，即采用大功率冲击头以 20 kHz 的频率冲击焊接接头焊缝及其附近区域的表面金属，使金属表层产生较大的压缩塑性变形。它能够有效降低焊接接头焊趾处的应力集中系数，消除焊接残余拉伸应力，甚至在焊缝及其附近区域引入残余压应力，并使焊接接头表层组织得到明显细化[1-5]，对提高焊接件的疲劳寿命具有重要作用。超声冲击对转向架焊接构架常规疲劳性能的影响在文献[6]中已有叙述，本章主要就超声冲击对转向架焊接构架用钢焊接接头的超高周疲劳性能展开论述。

现代工业的快速发展，在桥梁、海洋工程、铁路、船舶等典型的焊接结构中，焊接接头承受低载荷高循环周次的作用，其循环次数通常超过 10^7 循环周次，这些构件的疲劳失效特征发生了变化，裂纹萌生位置也可能发生一定的变化，可能位于试样表面，也可能转移到试样的内部。

超高周疲劳是指疲劳破坏循环数大于 10^7 周次的疲劳，又称超长寿命疲劳[7-11]。近年来，随着高速列车的快速发展，一些重要构件在其服役期经常面临着高频低幅载荷，承受高达 $10^8\sim10^9$ 次重复载荷（应力循环）。如日本新干线高速列车在 10 年服役期内大约要经历 10^9 次应力循环，即 10 亿次以上的疲劳。传统疲劳研究认为，钢铁材料一般在 10^7 循环周次附近存在疲劳极限，加载应力幅低于该疲劳极限，材料将不发生疲劳破坏，即材料有无限寿命。目前的长寿命疲劳设计大多是基于 10^7 次应力循环的试验数据进行的。然而，最近的研究结果表明，许多金属材料在超高周疲劳寿命区不存在传统的疲劳极限[12-16]，材料在 10^7 以上超长寿命区内仍然会发生疲劳断裂，这意味着目前长寿命疲劳设计方法不能满足机械和结构在超长寿命区的安全设计要求。前面讲述了超声冲击在高周范围能够有效地提高试样的疲劳性能，原因就是超声冲击导致在焊趾的几何形貌及表层微观组织结构发生变化，并引入残余压应力。但是残余压应力的深度和硬化层的深度都比较小，当主要裂纹源不再像高周疲劳那样出现在试样表面时，超声冲击引入的这些有益的部分还是否有利于提高疲劳性能？国内外一些研究者就超声冲击对列车转向架焊接接头超高周疲劳性能进行了一些研究，下面以具体的试验内容进行分析讨论。

5.1　超声冲击对 P355NL1 钢焊接接头超高周疲劳性能的影响

文献[17]研究了超声冲击对 P355NL1 钢焊接接头超高周疲劳性能的影响，试验中所用的超声冲击态焊接接头试样如图 5-1 所示。超声疲劳试验在图 4-5 所示的超高周疲劳试验机上进行，试验结果如表 5-1 所示。试验结果表明，超声冲击态试样断裂于焊根，如图 5-2 所示。

将表 5-1 中的数据进行处理，可拟合如图 5-3 所示 S-N 曲线，图中箭头表示未断试样。从图 5-3 中可知，P355NL1 钢超声冲击态焊接接头 S-N 曲线呈现连续下降的趋势，但是分成两段寿命区间，在高周疲劳寿命区间，应力随着寿命的增加而迅速下降，而且在超高周（$N \geqslant 10^7$）疲劳寿命区间，应力随着寿命的增加而下降得比较缓慢。试样还是会发生断裂，这说明不存在传统意义上的疲劳极限。

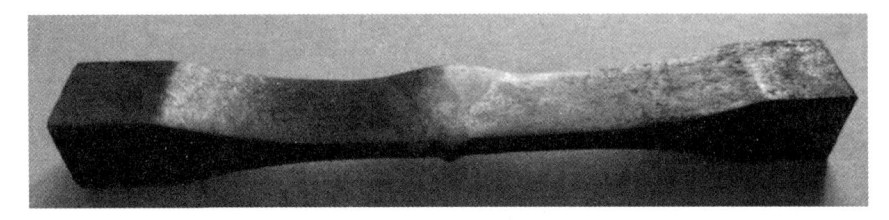

图 5-1　P355NL1 钢超声冲击态焊接接头试样

图 5-2　P355NL1 钢超声冲击态焊接接头试样断裂位置

表 5-1　P355NL1 钢超声冲击态焊接接头试样超高周疲劳结果

试样编号	应力范围/MPa	循环周次	断裂位置
301	280	1.17×10^6	焊根
302	270	2.44×10^6	焊根
303	260	6.34×10^6	焊根
304	255	8.13×10^6	焊根
305	250	9.50×10^6	焊根
306	240	1.23×10^7	焊根
307	230	1.34×10^7	焊根
308	225	1.96×10^7	焊根
309	220	4.30×10^7	焊根
310	215	5.42×10^8	焊根
311	210	1.00×10^9	未断

经拟合后的 S-N 曲线方程为

$$\lg N+13.55\lg\Delta\sigma=39.34 \quad 4\times10^5\leqslant N\leqslant4.30\times10^7 \quad (5\text{-}1)$$

$$\lg N+76.22\lg\Delta\sigma=186.22 \quad 4.30\times10^7\leqslant N\leqslant1.0\times10^9 \quad (5\text{-}2)$$

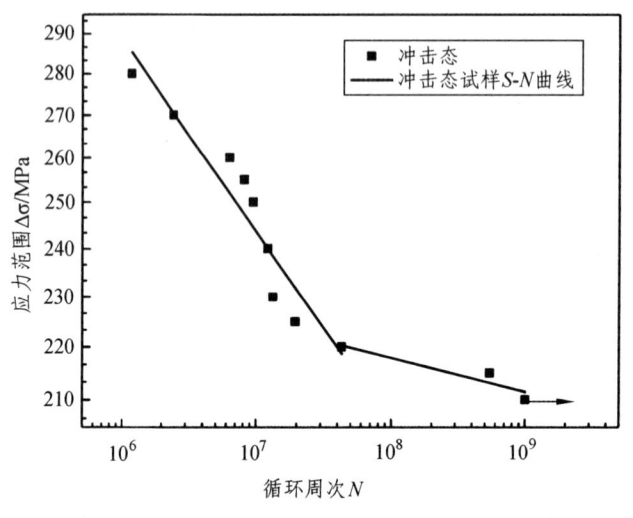

图 5-3　超声冲击态焊接接头 S-N 曲线

为了更直观地观察比较超声冲击对焊接接头试样超高周疲劳性能的影响，将母材、原始焊态接头和超声冲击焊接接头 3 组试样的 S-N 曲线汇集到一起，如图 5-4 所示。从图 5-4 中可以发现，超声冲击试样的超高周疲劳性能远高于焊态试样，这说明经过超声冲击处理，焊接接头的超高周疲劳性能能够得到很大的提升，有的甚至能够接近母材。

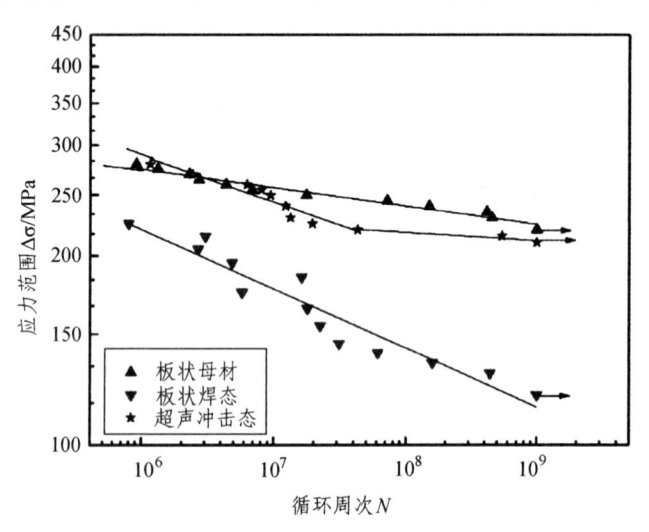

图 5-4　超声冲击对 P355NL1 钢焊接接头 S-N 曲线的影响

由 Origin 拟合出如图 5-4 所示 S-N 曲线，同时得出原始焊态与超声冲击态焊接接头试样的 S-N 曲线方程，如表 5-2 所示。

表 5-2 两组试样 S-N 曲线方程

试样	S-N 曲线方程	
原始焊态	$\lg N + 10.64\lg\Delta\sigma = 30.95$	$4.00\times10^5 \leqslant N \leqslant 1.00\times10^9$
超声冲击态	$\lg N + 13.55\lg\Delta\sigma = 39.34$	$4.00\times10^5 \leqslant N \leqslant 4.30\times10^7$
	$\lg N + 76.22\lg\Delta\sigma = 186.22$	$4.30\times10^7 \leqslant N \leqslant 1.00\times10^9$

根据表 5-2 中的曲线方程，可以计算当疲劳寿命为 1.0×10^6 周次和 1.0×10^8 周次时，两组试样相应的疲劳强度对比，如表 5-3 所示。由表 5-3 和图 5-4 可知，在同等疲劳寿命情况下，例如在 1.0×10^6 周次疲劳寿命下，板状焊态试样的疲劳强度为 221 MPa，超声冲击试样的疲劳强度为 288 MPa，超声冲击态与板状焊态试样相比较，疲劳强度提升了 30.32%。在 1.0×10^8 周次疲劳寿命下，超声冲击试样的疲劳强度为 217 MPa，而板状焊态试样则是 143 MPa，超声冲击试样相比焊态接头的疲劳强度提升了 51.75%。一些焊接接头经过超声冲击处理，其疲劳性能甚至接近母材试样。在 1.0×10^7 周次疲劳寿命下，超声冲击态试样的疲劳强度为 288 MPa，高于原始焊态接头试样的 174 MPa。在传统的认知中，材料的疲劳寿命达到 1.0×10^7 周次，则所对应的疲劳强度称之为疲劳极限，材料承受疲劳极限以下的应力载荷，拥有无限寿命。而在试验中可以发现，试样在超高周寿命区间（$\geqslant 10^7$ 周次），随着加载应力的降低，焊接接头试样还是会发生疲劳断裂失效，所以不存在传统意义上的疲劳极限和无限寿命。

表 5-3 超声冲击态与焊态试样疲劳强度比较

试样	疲劳强度/MPa	
	1.0×10^6	1.0×10^8
原始焊态	221	143
超声冲击态	288	217

同时根据表 5-2 中的曲线方程计算在应力水平为 220 MPa 下的超声

冲击态试样和焊态试样的疲劳寿命，如表 5-4 所示。在 220 MPa 的应力载荷下，超声冲击态试样的疲劳寿命为 3.98×10^7 周次，而焊态试样的疲劳寿命则为 1.06×10^6 周次，二者相比，超声冲击后焊接接头的疲劳寿命提高了 37 倍，所以超声冲击可以大幅延长焊接接头的疲劳寿命。

表 5-4 超声冲击态和焊态试样疲劳寿命比较

试样	应力/MPa	疲劳寿命/周次
超声冲击态	220	3.98×10^7
原始焊态	220	1.06×10^6

文献[18]研究了超声冲击对 P355NL1 钢焊接接头超高周腐蚀疲劳性能的影响，试验中所用的超声冲击态焊接接头试样如图 5-5 所示。超声疲劳试验在图 4-5 所示的超高周疲劳试验机上进行。同时，为了避免高频谐振导致试样急剧升温而影响试验结果，采用水冷却试样。为了衡量腐蚀对焊接接头超高周疲劳性能的影响，另外一组采用 6%的氯化钠水溶液对试样进行冷却，最后一组采用超声冲击方法对焊接接头焊趾部位进行表面冲击，然后同样采用 6%的氯化钠水溶液对试样进行冷却。试验结果如表 5-5～表 5-7 所示。试验结果表明，焊态试样无论是在水冷却介质中还是在 6%的氯化钠水溶液中，其接头试样均断于焊趾处，超声冲击态接头试样则断裂于焊缝或母材处。

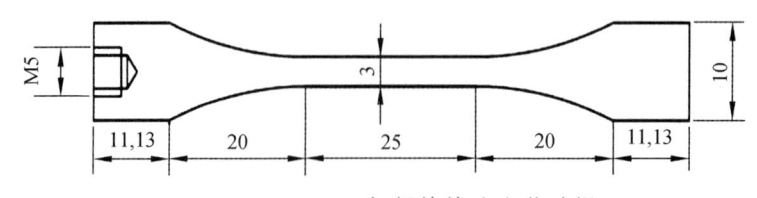

图 5-5 P355NL1 钢焊接接头疲劳试样

表 5-5 焊态试样在水冷却介质中的疲劳寿命

试样编号	应力范围/MPa	循环周次	断裂位置
1	225	8.00×10^5	焊趾
2	215	3.50×10^6	焊趾
3	205	2.69×10^6	焊趾

续表

试样编号	应力范围/MPa	循环周次	断裂位置
4	195	4.88×10^6	焊趾
5	185	1.63×10^7	焊趾
6	175	5.83×10^6	焊趾
7	165	1.80×10^7	焊趾
8	155	2.25×10^7	焊趾
9	145	3.12×10^7	焊趾
10	140	6.12×10^7	焊趾
11	135	1.59×10^8	焊趾
12	130	4.40×10^8	焊趾
13	120	1.00×10^9	未断

表 5-6　焊态试样在 6% NaCl 冷却介质中的疲劳寿命

试样编号	应力范围/MPa	循环周次	断裂位置
1	215	6.00×10^5	焊趾
2	210	1.60×10^6	焊趾
3	200	3.00×10^6	焊趾
4	190	4.12×10^6	焊趾
5	180	1.30×10^6	焊趾
6	170	1.62×10^7	焊趾
7	160	1.80×10^7	焊趾
8	150	2.16×10^7	焊趾
9	140	2.76×10^7	焊趾
10	130	7.20×10^7	焊趾
11	120	2.08×10^8	焊趾
12	115	5.00×10^8	焊趾
13	110	1.00×10^9	未断

表 5-7 超声冲击试样在 6% NaCl 介质中的疲劳寿命

试样编号	应力范围/MPa	循环周次	断裂位置
1	310	1.08×10^6	焊缝
2	300	1.50×10^6	焊缝
3	290	3.40×10^6	焊缝
4	280	5.04×10^6	母材
5	270	6.33×10^6	焊缝
6	260	9.20×10^6	母材
7	250	1.03×10^7	母材
8	240	2.40×10^7	焊缝
9	230	4.30×10^7	焊缝
10	220	1.20×10^8	焊缝
11	215	5.46×10^8	焊缝
12	210	1.00×10^9	未断
13	210	1.00×10^9	未断

从表 5-5 和表 5-6 中可以得知，原始焊态的 P355NL1 钢焊接接头试样无论处于何种冷却介质中，试样均断裂于焊趾处。这是由于焊趾处应力集中较大，组织相较于母材区不太均匀，焊趾处有比较大的残余拉伸应力，所以焊接接头试样在焊趾处更容易产生裂纹。从表 5-7 中可以看出，经超声冲击处理后，断裂位置从焊趾处改变为焊缝处或者母材区，这是因为超声冲击处理使得试样焊趾表面圆弧过渡处更加平缓，降低了焊趾处的应力集中程度，细化了焊趾表面的金属组织，导致此处硬度和强度等都有了极大的提升，同时消除了有害残余拉伸应力，引入有益残余压应力，从而导致疲劳裂纹的萌生位置发生了改变。

采用 Origin 软件对每组数据进行线性回归分析，拟合得出原始焊态接头在水冷却介质和 6% NaCl 冷却介质中的疲劳寿命曲线及超声冲击态接头试样在 6% NaCl 介质中的疲劳寿命 S-N 曲线，如图 5-6 所示。应力范围 $\Delta\sigma$ 和循环周次 N 均用对数形式表示。

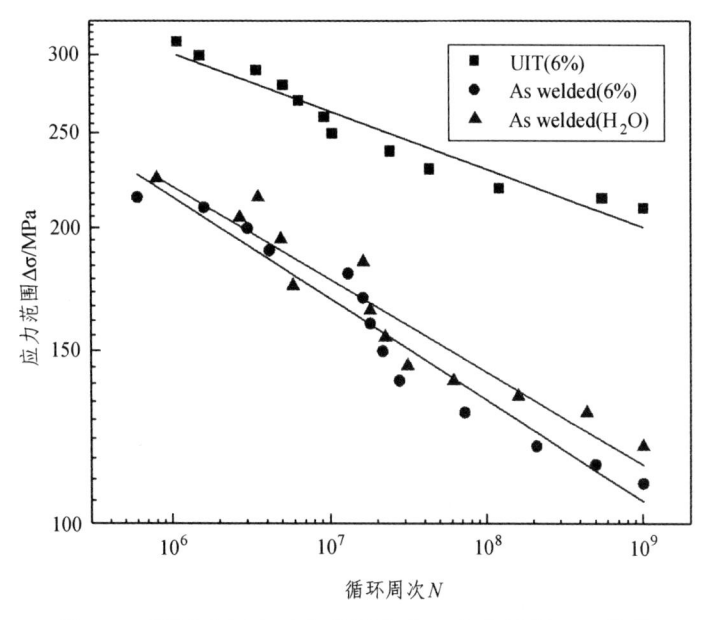

图 5-6　不同冷却介质和处理状态下疲劳试样 S-N 曲线

从图 5-6 中观察可以看出，在不同介质冷却下，焊接接头试样 S-N 曲线均呈现出连续下降的趋势。在同样原始焊态接头时，焊接接头试样在水冷却介质环境下的 S-N 曲线高于在 6% NaCl 冷却介质中的 S-N 曲线，这是因为水冷焊接接头疲劳性能只受到附加载荷的影响，而用 6% NaCl 溶液作为冷却液环境时，焊态接头除受到交变载荷外，环境腐蚀对焊接接头的疲劳性能也会产生不利影响。也就是说，腐蚀介质将降低焊接接头试样的疲劳性能。一方面金属表面不同部位可能存在组织分布不均，导致电化学性不均匀；另一方面也会因为施加载荷产生疲劳损伤形成滑移带使电化学性分布不均，从而促使试样在腐蚀介质中发生腐蚀产生腐蚀坑导致应力集中，加速裂纹产生。从图 5-6 中还可以看出，同样在 6% NaCl 冷却介质条件下，焊接接头试样经超声冲击处理后，疲劳寿命有很大的提升，同时 S-N 曲线下降幅度也有明显减缓。当循环周次为 2.00×10^7 时，原始焊态接头试样在 6% NaCl 冷却介质和水冷却介质中的疲劳强度分别为 140 MPa 和 160 MPa，因腐蚀环境的影响导致疲劳强度下降了 12.5%；同样在 6% NaCl 冷却介质条件下，焊接接头经超声冲击处理后试样的疲劳强度为 245 MPa，疲劳强度相较于 6% NaCl 冷却介质原始焊态试样和水冷原始焊态试样分别提高了 75%和 53%；而观察同组试样下 $S\text{-}N$ 曲线下降幅度并经计算可知，经超声冲击处理之后 $S\text{-}N$ 曲线斜率相较于原始焊态接头在水和 6% NaCl 冷却介质中改变了 60.4%和 75.4%，表明超声冲击处理可以减缓疲劳强度的下降。

从图 5-4 和图 5-6 可以明显地看出，无论是对普通的机械疲劳还是腐蚀疲劳，在相同应力水平条件下，超声冲击态试样的疲劳寿命都高于焊态试样；在相同疲劳寿命条件下，超声冲击态试样的超高周疲劳强度均高于焊态试样。充分说明超声冲击处理后 P355NL1 钢焊接接头超高周疲劳性能得到很大程度的提高；使用超声冲击法改善 P355NL1 钢焊接接头的超高周疲劳性能，具有十分明显的效果。

5.2 超声冲击对 SMA490BW 钢焊接接头超高周疲劳性能的影响

5.2.1 超声冲击对 SMA490BW 钢对接接头超高周疲劳性能的影响

文献[19-22]研究了超声冲击对 SMA490BW 钢对接接头超高周疲劳性能的影响。试验采用天津大学王东坡课题组自主研制的 HJ-Ⅲ型超声冲击设备，如图 5-7 所示。具体冲击过程为：超声冲击针与钢板焊缝成一定角度，对准焊趾区域且沿焊缝方向平行排列，施加一定的压力，使冲击过程在其自重条件下完成。此外，为了保证获得理想的焊趾过渡圆弧外形，冲击枪可沿焊趾两侧做小幅度的摆动，每道焊趾均需多次来回冲击处理。表 5-8 为具体的超声冲击试验工艺参数。焊接钢板冲击后，在线切割机上完成冲击态超声疲劳试样的制备。

SMA490BW 钢超声冲击态焊接接头的超高周疲劳试验在如图 4-25 所示的 USF-2000 超声疲劳试验机上进行，加载频率为 20 kHz，应力比 R 为-1，即试样承受轴向对称拉压循环载荷，试验在室温（25 ℃）下进行，试样发生断裂时试验系统会自动停止，并记录下相应的数据。同时，为了避免高频谐振导致试样急剧升温而影响试验结果，采用压缩空气冷却试样。超声冲击态焊接接头的超高周疲劳试验结果如表 5-9 所示。

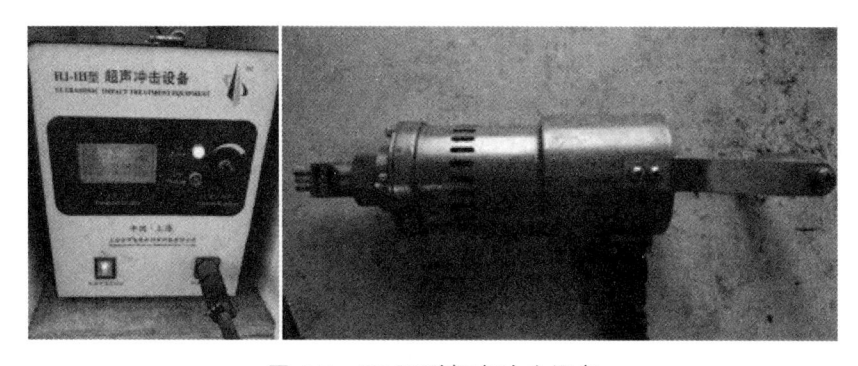

图 5-7　HJ-Ⅲ型超声冲击设备

表 5-8　超声冲击试验工艺参数

频率/kHz	电流/A	振幅/μm	冲击速度/（m/min）	冲击时间/min
17.73	1.5	21.4	1.5～2.0	10

表 5-9　SMA490BW 钢超声冲击态对接接头疲劳试验数据

试样编号	应力范围 $\Delta\sigma$/MPa	疲劳寿命 N/周次	断裂位置
1	280	3.80×10^5	焊趾
2	270	8.32×10^5	焊趾
3	260	1.41×10^6	焊趾
4	240	1.71×10^6	焊趾
5	230	1.93×10^6	焊趾
6	220	2.18×10^6	焊趾
7	210	2.89×10^6	焊趾
8	205	4.86×10^6	焊趾
9	200	5.43×10^7	焊趾
10	195	8.56×10^7	焊趾
11	190	3.69×10^8	焊趾
12	185	1.00×10^9	未断

对于冲击态接头试样，虽然焊趾过渡圆弧半径经冲击后得到增大，应力集中下降，且细化了焊趾表面的晶粒组织，但试样失效仍发生在接头焊趾部位，如图 5-8 所示，这说明焊趾部位仍然是接头最薄弱的环节。

图 5-8　超声冲击态对接接头试样断裂于焊趾处

为了对比不同试样的超高周疲劳性能，根据 4.1.4 节中的疲劳试验数据分析方法，采用 Origin 软件分别拟合各组数据，得出 SMA490BW 钢母材、焊态接头及超声冲击态接头试样的 $S\text{-}N$ 曲线，如图 5-9 所示，箭头标注的是超过 10^9 循环周次仍未断裂的试样。每组试样的 $S\text{-}N$ 曲线关系方程分别列于表 5-10 中。

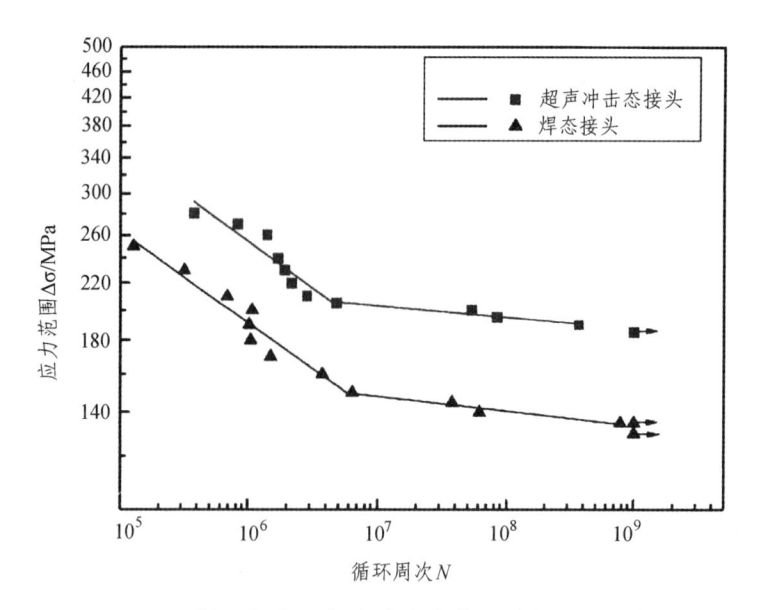

图 5-9　母材、焊态及超声冲击态接头试样的 $S\text{-}N$ 曲线

表 5-10　S-N 曲线关系方程

试样	S-N 曲线关系方程	
圆柱母材	$\lg N + 60.386 \lg \Delta\sigma = 159.226$	$10^5 \leqslant N \leqslant 4.85 \times 10^8$
焊态接头	$\lg N + 7.250 \lg \Delta\sigma = 22.543$	$10^5 \leqslant N \leqslant 6.45 \times 10^6$
	$\lg N + 45.025 \lg \Delta\sigma = 104.729$	$6.45 \times 10^6 \leqslant N \leqslant 7.86 \times 10^8$
超声冲击态接头	$\lg N + 7.081 \lg \Delta\sigma = 23.034$	$10^5 \leqslant N \leqslant 4.86 \times 10^6$
	$\lg N + 57.110 \lg \Delta\sigma = 138.822$	$4.86 \times 10^6 \leqslant N \leqslant 3.69 \times 10^8$

由图 5-9 可以看出，在高周或超高周疲劳阶段（即 $10^5 \sim 10^9$ 循环周次），焊态及超声冲击态接头试样的 S-N 曲线存在两个明显的阶段，高周阶段 S-N 曲线下降迅速，超高周阶段下降较为缓慢；此外，焊态接头曲线的两个阶段交点在 6.45×10^6 周次位置，而超声冲击态接头在 4.86×10^6 周次位置。无论是母材试样，还是焊接接头试样，在超长寿命区间（超过 10^7 循环周次）仍会发生疲劳失效，进一步证明了材料不存在传统意义上的疲劳极限和无限寿命。对于服役寿命超过 10^7 循环周次的焊接构件，仍采用传统疲劳极限准则来设计是相当危险的。而 SMA490BW 钢母材试样的应力寿命（S-N）曲线表现为连续下降趋势，如图 4-29 和图 4-32 所示。

然后对各组数据进行定量分析，根据 S-N 曲线关系方程，计算母材、焊态对接接头及超声冲击态接头在 5×10^6 和 1×10^8 循环周次下的条件疲劳强度，结果如表 5-11 所示。由图 5-9 及表 5-11 可知，SMA490BW 钢母材在高周或超高周阶段的疲劳性能远高于焊接接头，这主要是因为一方面焊接接头微观组织的差异性、焊接微观缺陷以及焊趾处的应力集中，另一方面有害的残余拉应力也会恶化焊接接头的疲劳性能。母材试样在 1×10^8 周次下的条件疲劳强度为 319 MPa，与 5×10^6 周次下的条件疲劳强度 336 MPa 相比下降了 5.06%；而焊态及超声冲击态接头的降幅分别为 7.84% 和 5.34%。在 5×10^6 循环周次条件下，焊态接头的疲劳强度仅为母材的 45.5%，焊态接头的疲劳强度为 153 MPa，而冲击态接头为 206 MPa，两者相比后表明，焊接接头经冲击处理后高周疲劳强度提高了 34.6%。同理，在 1×10^8 循环周次下，冲击态接头的超高周疲劳强度为 195 MPa，与焊态接头的 141 MPa 相比提高了 38.3%。

表 5-11 试样疲劳强度比较

试样	条件疲劳强度/MPa		下降率
	5×10^6	1×10^8	
母材	336	319	5.06%
焊态接头	153	141	7.84%
冲击态接头	206	195	5.34%

另外，通过表 5-10 中的 S-N 曲线关系方程，还可计算出焊态及冲击态接头在 240 MPa、195 MPa 应力水平下对应的疲劳寿命，具体结果如表 5-12 所示。通过对比表 5-12 中的数据可知，相同应力水平的条件下，超声冲击态对接接头的超高周疲劳寿命明显比焊态接头长，240 MPa 应力水平下疲劳寿命提高了 7 倍；而在 197 MPa 低应力水平下疲劳寿命提高了 74 倍，超声冲击可以大幅度延长 SMA490BW 钢焊接接头的疲劳寿命。

表 5-12 试样疲劳寿命对比

试样	应力 $\Delta\sigma$/MPa	疲劳寿命 N_1	应力 $\Delta\sigma$/MPa	疲劳寿命 N_2
焊态接头	240	1.93×10^5	197	8.09×10^5
冲击态接头	240	1.51×10^6	197	6.1×10^7

5.2.2 超声冲击对 SMA490BW 钢十字接头超高周疲劳性能的影响

焊接十字接头焊趾处由于过渡不圆滑而造成的应力集中相对比较大，同时焊趾应力集中区域还可能存在许多焊接缺陷（气孔、夹渣、非金属夹杂物），会加剧此区域的应力集中，裂纹从焊趾处萌生的概率大大增加，相比于母材，疲劳强度大幅度降低。超声冲击处理能有效地改善焊趾处的表面状态，减弱焊接缺陷带来的影响，增大焊趾处的过渡半径，减小弹性应力集中系数。

文献[23-25]研究了超声冲击对 SMA490BW 钢十字接头超高周疲劳性能的影响。SMA490BW 钢超声冲击态十字接头的超高周疲劳试验同样在图 4-25 所示的 USF-2000 超声疲劳试验机上进行，加载频率为 20 kHz，应力比 R 为-1，即试样承受轴向对称拉压循环载荷，试验在室温（25 ℃）下进行，试样发生断裂时试验系统会自动停止，并记录下相应的数据。同样，为了避免高频谐振导致试样急剧升温而影响试验结果，采用压缩空气冷却试样。超声冲击态焊接十字接头的超高周疲劳试验结果如表 5-13 所示。

表 5-13 冲击态十字接头超声疲劳试验结果

试样编号	应力幅值 σ_a/MPa	应力循环次数	最终状态	位置
1	230	5.56×10^5	断裂	焊趾处
2	210	7.40×10^5	断裂	焊趾处
9	180	2.05×10^6	断裂	焊趾处
3	160	3.96×10^6	断裂	焊趾处
4	135	4.74×10^6	断裂	焊趾处
12	130	1.00×10^9	未断	—
11	128	1.00×10^9	未断	—
6	125	7.46×10^6	断裂	焊趾处
10	125	1.00×10^9	未断	—
8	123	1.00×10^9	未断	—
7	120	1.00×10^9	未断	—
5	115	1.00×10^9	未断	—

根据 4.1.4 节中的疲劳试验数据分析方法，采用 Origin 软件分别拟合各组数据，得出 SMA490BW 钢母材、焊态十字接头及超声冲击态十字接头试样的 S-N 曲线，如图 5-10 所示，箭头标注的是超过 10^9 循环周次仍未断裂的试样。

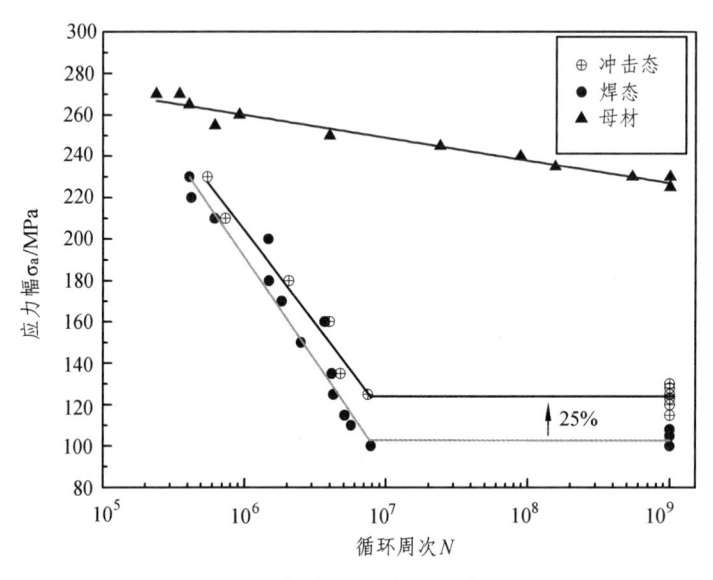

图 5-10　原始焊态与超声冲击态十字接头试样 S-N 曲线

从图 5-10 中可以看出，SMA490BW 钢母材试样在 $10^5 \sim 10^9$ 周次范围内，呈现出连续下降形态，不存在传统意义上的疲劳极限。而 SMA490BW 钢无论是焊态十字接头试样还是超声冲击态十字接头试样，二者的 S-N 曲线在 10^7 循环周次范围以下的高应力幅区呈现连续下降趋势，在 10^7 周次以上的超高周疲劳范畴的低应力幅区试样不再发生断裂，即 S-N 曲线出现水平阶段。SMA490BW 钢焊态十字接头试样 S-N 曲线水平平台对应的应力幅值为 100 MPa，而超声冲击态试样的 S-N 曲线在 $10^7 \sim 10^9$ 循环周次范围内也出现了与常规疲劳（$N<10^7$）相类似的水平平台，出现了传统意义上的疲劳极限，S-N 曲线水平平台对应的应力幅值为 125 MPa。

同时，图 5-10 也显示出在相同应力幅下，无论焊态试样还是冲击态试样，疲劳寿命均低于母材。经 1.5 A/10 min 超声冲击后试样的疲劳强度相比于焊态试样提高了 25%。随着循环周次的提高，超声冲击对焊态十字接头试样疲劳强度的提高效果更加明显。S-N 曲线的趋势与 SUH 等[26]的研究比较契合。

从图 5-9、图 5-10 可以明显地看出，无论是对接接头还是十字接头，在相同应力水平条件下，超声冲击态试样的疲劳寿命都高于焊态试样；在相同疲劳寿命条件下，超声冲击态试样的疲劳强度高于焊态试样。充分说明超声冲击处理后 SMA490BW 钢焊接接头超高周疲劳性能得到很大程度的提高；使用超声冲击法改善 SMA490BW 钢焊接接头的超高周疲劳性能，同样具有十分明显的效果。

5.3 超声冲击对 Q345 钢焊接十字接头超高周疲劳性能的影响

文献[27，28]研究了超声冲击对 Q345 钢对接接头超高周疲劳性能的影响，试验中所用的超声冲击态焊接接头试样如图 5-11 所示，材料的力学性能如表 5-14 所示。超声疲劳试验在图 4-5 所示的超高周疲劳试验机上进行。为了避免高频谐振导致试样急剧升温而影响试验结果，采用水冷却试样。试验施加载荷为轴向拉-压对称循环载荷，应力比 $R=-1$，加载频率约 20 kHz。

表 5-14 试验材料的力学性能

材料	屈服强度 σ_s/MPa	抗拉强度 σ_b/MPa	δ/%
Q345	390.5	591.0	24.4

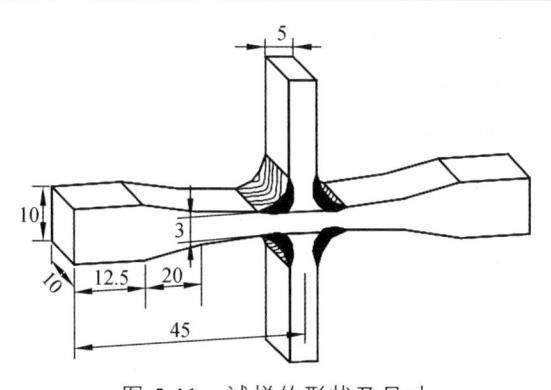

图 5-11 试样的形状及尺寸

Q345 钢焊接十字接头超声冲击前后的超高周疲劳试验的 S-N 曲线如

图 5-12 所示。比较在 1×10^7 及 1×10^9 循环周次下的疲劳强度,并将比较结果列于表 5-15 中。

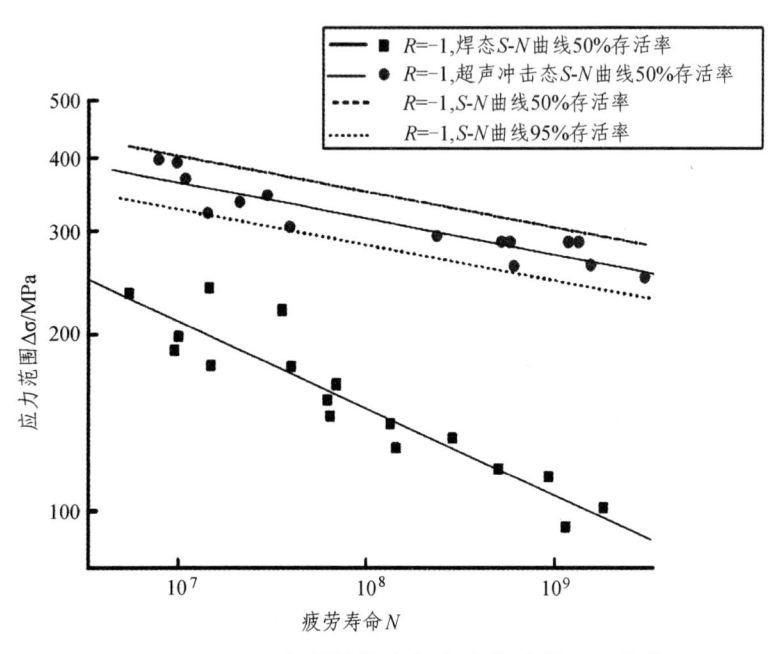

图 5-12 Q345 钢焊接接头超声疲劳试样 S-N 曲线

表 5-15 Q345 钢焊态与超声冲击态疲劳强度对比

材料	状态	疲劳强度 (1×10^7 周次)$\Delta\sigma$/MPa	疲劳强度 (1×10^9 周次)$\Delta\sigma$/MPa	降低程度
Q345	焊态	225	89	60.4%
	冲击态	383	226	41.0%

Q345 十字接头的超声冲击态的疲劳强度与焊态的疲劳强度相比大大提高了,高出的程度随着载荷的增大而减小,二者呈现相似的特征。经过超声冲击处理后,对于 Q345 钢焊接十字接头,在 1×10^7 循环周次下由焊态的 225 MPa 提高到超声冲击态的 383 MPa,提高了 70.2%,在 1×10^9 循环周次下由焊态的 89 MPa 提高到了 226 MPa,提高了 153.9%。随着载荷的降低,超声冲击提高焊接接头超高周疲劳性能更加显著。

参考文献

[1] HE B L, YU Y X, YU H H, et al. Grain Refining Mechanism and Fatigue Properties of Bogie Welded Cruciform Joints Treated by Ultrasonic Impact[J]. Current Nanoscience, 2012, 8（2）: 17-22.

[2] HOBBACHER A. XIII-1539-96/XV-845-96. Recommendations on Fatigue Design of Welded Joints and Components[C]. Paris: International Institute of Welding, 2002.

[3] YU Y X, HE B L, YU H H, et al. Research about the Effect of Residual Stress on the Fatigue Life of Cruciform Joint of 16MnR Steel[J]. Advanced Materials Research, 2012, 382: 400-403.

[4] YU Y X, HE B L, YU H H, et al. Research about the Effect of Ultrasonic Impact on the Fatigue Life of Butt Weld Joint of 16MnR Steel[J]. Advanced Materials Research, 2011, 189-193: 3296-3299.

[5] HE B L, YU Y X, LIU J, et al. Research about the Effect of Ultrasonic Impact on the Fatigue Property of Cruciform Joint of 16MnR Steel [J]. Rare Metal Materials and Engineering, 2012, 41（S1）283-286.

[6] 何柏林. 列车转向架构架焊接接头表面超声冲击强化及疲劳性能改善技术[M]. 成都：西南交通大学出版社，2020.

[7] 何柏林，魏康. 高强度钢超高周疲劳的研究进展[J]. 材料导报A，综述篇，2015，29（4）: 134-138.

[8] 何柏林，吕宗敏，吴剑. 钢的超高周疲劳性能研究现状及发展趋势[J]. 热加工工艺，2015，44（16）: 7-11.

[9] HE B L, WEI K. Research Progress of very high cycle fatigue for high strength steels[C]. 6th International Conference on VHCF, 2014: 1-10.

[10] LV Z M, HE B L. Essential characteristics and frequency effect for very high cycle fatigue behavior of steels[J]. Key Engineering Materials, 2016, 664: 168-174.

[11] YU Y X, HE B L, LV Z M, et al. Influential factors for very high cycle

fatigue behavior of metallic materials[J]. Key Engineering Materials, 2016,664:150-155.

[12] 王清远，刘永杰. 结构金属材料超高周疲劳破坏性能[J]. 固体力学学报，2010，13（5）：496-503.

[13] BATHIAS C. There is no infinite fatigue life in metallic materials[J]. Fatigue & Fracture of Engineering Materials & Structures, 1999, 22（6）: 559-565.

[14] 张志军，何柏林，李力. 钢的超高周疲劳性能及其影响因素研究进展[J]. 钢铁，2016，51（10）：120-123.

[15] 谢学涛，何柏林. 结构钢焊接接头的超高周疲劳行为研究进展[J]. 热加工工艺，2017，46（21）：5-8+12.

[16] QIAN G A, ZHOU C G, HONG Y S. A model to predict S-N curves for surface and subsurface crack initiations in different environmental media[J]. International Journal of Fatigue, 2016, 71: 35-44.

[17] 谢学涛. 超声冲击对 P355NL1 钢焊接接头超高周疲劳性能的影响[D]. 南昌：华东交通大学，2017.

[18] 王永祥. 超声冲击对 P355NL1 钢焊接接头超高周腐蚀疲劳性能的影响[D]. 南昌：华东交通大学，2021.

[19] 魏康. 超声冲击对 SMA490BW 钢对接接头超高周疲劳性能的影响研究[D]. 南昌：华东交通大学，2016.

[20] 何柏林，邓海鹏，魏康. 超声冲击对 SMA490BW 钢焊接接头超高周疲劳性能的影响[J]. 中国表面工程，2017，30（4）：64-70.

[21] 何柏林，张枝森，谢学涛，等. 超声冲击和机械打磨提高 SMA490BW 钢焊接接头超高周疲劳性能[J]. 中国铁道科学，2017，38（5）：107-113.

[22] HE B L, DENG H P, JIANG M M, et al. Effect of ultrasonic impact treatment on the ultra high cycle fatigue properties of SMA490BW steel welded joints[J]. The International Journal of Advanced Manufacturing Technology, 2017, 62（6）: 1-7.

[23] 吕宗敏. 超声冲击对转向架焊接十字接头表层组织及超高周疲劳性

能的影响[D]. 南昌：华东交通大学，2016.

[24] 吕宗敏，何柏林，于影霞. 超声冲击对高速列车转向架焊接十字接头超高周疲劳性能的影响[J]. 材料导报 B，研究篇，2017，31（10）：77-81.

[25] HE B L, XIONG L, JIANG M M, et al. Surface grain refinement mechanism of SMA490BW steel cross joints by ultrasonic impact treatment[J]. International Journal of Minerals, Metallurgy and Materials, 2017, 24（4）：410-414.

[26] SUH M S, SUH C M, PYUN Y S. Very high cycle fatigue characteristics of a chrome-molybdenum steel treated by ultrasonic nanocrystal surface modification surface modification technique[J]. Fatigue & Fracture of engineering Materials & Structure, 2013, 36: 769-778.

[27] 贾义庚. 超长寿命区间超声冲击处理焊接接头的疲劳行为[D]. 天津：天津大学，2009.

[28] 尹丹青，王东坡，刘哲. Q235 钢和 16Mn 钢接头超长寿命疲劳行为及疲劳寿命设计[J]. 天津大学学报，2009，42（6）：513-517.

第 6 章
超声冲击提高焊接接头超高周疲劳性能的机理

影响基本金属疲劳强度的因素（如应力集中、截面尺寸、表面状态、加载情况、介质等）同样对焊接接头及结构的疲劳强度有影响。除此以外焊接结构本身的一些特点，如接头部位近缝区性能的改变、焊接残余应力等也可能对焊接结构疲劳强度产生影响。掌握这些因素的具体影响，对提高焊接结构的疲劳强度是有益的。焊接接头的应力集中、残余应力以及焊接接头近缝区组织与性能的变化对接头疲劳性能的降低起到了关键性作用，要想克服这些不利影响，势必要找出一种简便有效的方法，而超声冲击处理是一种全新的焊后处理技术，它能够有效降低焊接接头焊趾处的应力集中系数，消除焊接残余拉伸应力，甚至在焊缝及其附近区域引入残余压应力，并使焊接接头表层组织得到明显细化，提高强度[1-3]。超声冲击引起的焊接接头晶粒细化，强度、硬度提高，残余应力改变与应力集中程度的降低都对焊接接头起到了关键性作用。

6.1 超声冲击对焊接接头表面组织与硬度的影响

原始焊态接头由于是铸造组织，其晶粒粗大，当焊接工艺不恰当时，接头还会含有气孔、缩松等缺陷。而对焊接接头进行超声冲击后，焊接接头试样表面形成致密的塑性变形层，微小的缩松被压实，组织细密，晶粒尺寸显著减小。

叶雄林[4]等人应用超声冲击装置对母材为 22SiMn2TiB、焊接材料为 Cr20Ni10Mn6 的异种钢焊接接头进行了冲击强化试验，研究了冲击区域金属的塑性变形情况。用扫描电镜观测冲击层断面区，冲击塑性变形层达到 150 μm，其中晶粒细化区超过 50 μm；用 X-Ray 衍射仪测试冲击层细晶衍射线宽化现象，并计算冲击层细化晶粒尺寸，计算结果表明母材冲击层平均晶粒尺寸为 63 nm，焊缝金属冲击层的平均晶粒尺寸为 82 nm。李东等[5]采用 J507 焊条，对 20 钢板进行堆焊，并对堆焊层进行超声冲击处理。利用金相显微镜、X 射线衍射仪和透射电子显微镜表征了堆焊层表面纳米晶层的结构。结果表明，最大变形深度可达 50 μm，其中强烈塑性变形主要发生在表面到 30 μm 深度的范围，其组织结构在金相显微镜下已经不能分辨。试样表层的晶粒可细化至 21.25 nm。郝明[6]选用合金粉末 Ni50 作为堆焊材料，31GL 不锈钢作为堆焊基体进行焊接。对焊接接头表面进行超声冲击，然后观察冲击前后堆焊层表面的微观组织。超声冲击前后，镍基合金堆焊层表面没有发生相变。堆焊层的微观组织为奥氏体枝晶+枝晶间共晶化合物。冲击处理前奥氏体枝晶完整，碳（硼）化物连续，冲击后的显微组织发生了细化，碳化物明显破碎。超声冲击处理后，表层的微观组织变得均匀、致密，一些焊接裂纹和疏松缺陷被消除，成分偏析明显减少。李占明等[7]采用 H18CrMoA 低氢高强钢焊丝、手工交流氩弧焊（GTAW）双面焊接 30CrMnSiNi2A 钢板材，焊后采用 ZJ-Ⅱ型超声冲击设备对接头试样表面进行全覆盖强化处理，而后使用 Olympus PMG3 金相显微镜观察焊缝试样显微组织。未超声冲击处理焊缝为铸态枝晶组织，晶粒粗大，有较多的气孔、缩松缺陷；超声冲击处理后，在距试样表面 100～150 μm 的范围内，焊缝组织致密化且晶粒尺寸明显减少。超声冲击处理在焊缝试样表面产生了较大的塑性变形，导致微小的缩松被压实、压合，从而使组织致密，晶粒尺寸显著减小。向学建[8]等对 Q370qE 桥梁钢进行双面埋弧自动焊接，所用焊剂为 SJ101q，并采用超声冲击方法对试件焊缝部位进行往复冲击若干次后，用 QUANTA 200 型扫描电镜观察焊接接头各区域显微组织。结果表明：未冲击试样的焊趾区晶粒粗大、缩孔等缺陷较多，超声冲击后试样的焊缝区、熔合区、热影响过热区及热影响正火各区组织变化均很明显，其表层产生了 100～200 μm 厚的致密塑性变形层，形成了大约平行于焊缝表面的非常细密的纤维状组织结构。

6.1.1 超声冲击焊接接头表面塑性变形层

文献[9]对列车转向架用 P355NL1 钢焊接接头进行超声冲击处理。冲击电流为 1.5 A，冲击时间分别为 5 min、10 min 和 20 min。图 6-1 所示为经不同超声冲击工艺参数冲击后，沿冲击层深度截面的微观组织。

（a）原始组织　　　　　（b）5 min/1.5 A

（c）10 min/1.5 A　　　（d）20 min/1.5 A

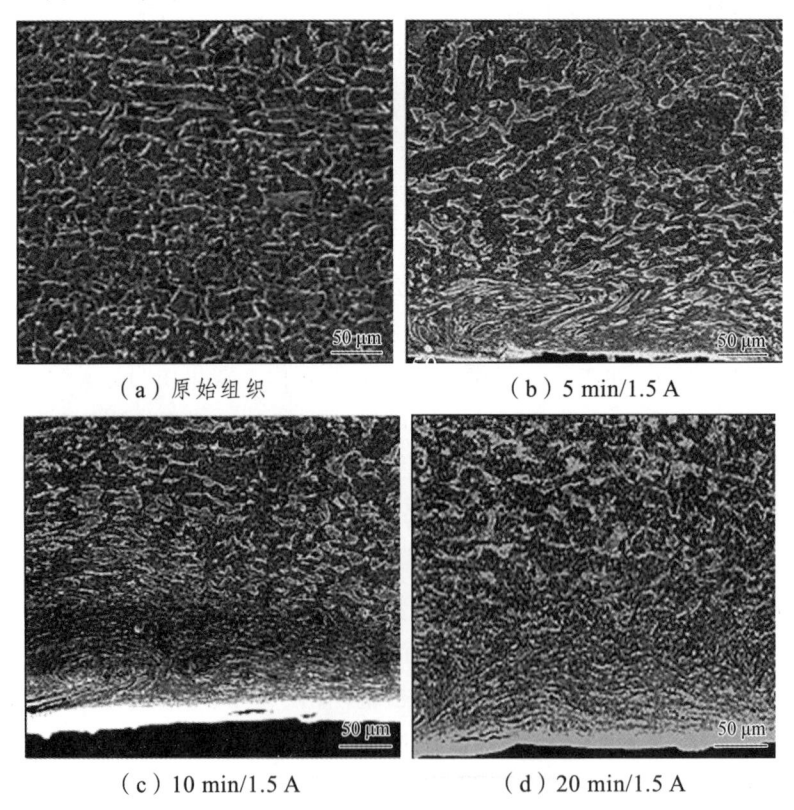

图 6-1　P355NL1 原始试样及不同超声冲击时间处理后试样的 SEM 形貌

由图 6-1 可知，在相同的冲击电流不同的冲击时间下，P355NL1 接头焊趾表面都发生了严重的塑性变形，变形层厚度和塑性变形程度基本一致。在工艺参数冲击电流 1.5 A、冲击时间 5 min 的条件下，试样变形层的厚度约为 60 μm，冲击时间 10 min 的试样变形层的厚度约为 100 μm，冲击时间 20 min 时的试样变形层的厚度约为 150 μm。

文献[10]对列车转向架用 P355NL1 钢焊接接头进行超声冲击处理。设置三组焊接接头试样，对其采用三组不同的超声冲击参数，分别是 1.5 A/5 min、1.5 A/10 min、1.5 A/20 min；然后对每组试样横截面进行 400#、800#、1000#、2000#水磨砂纸打磨，再进行机械抛光，最后使用 4%的硝酸酒精溶液进行腐蚀。图 6-2 是不同冲击参数下的横截面金相组织，可以明显地观察到晶粒受到超声冲击作用而拉长，而且存在冲击旋涡组织。图 6-2（a）、(b)、(c) 分别对应冲击参数为 1.5 A/5 min、1.5 A/10 min、1.5 A/20 min，三组试样的冲击变形层的厚度分别约为 250 μm、350 μm、450 μm。可以发现，在冲击电流一定的情况下，冲击时间越长，其塑性变形层厚度越深。虽然随着时间的增加，塑性变形层的厚度也会增加，但是增加的幅度会逐渐减小，直至达到一个极限值。

（a）1.5 A/5 min

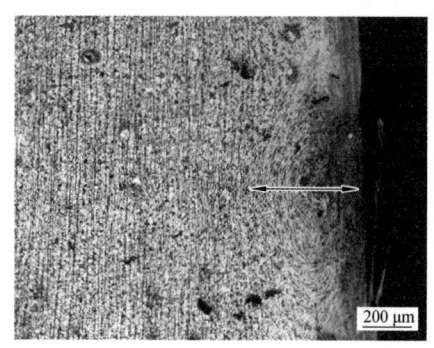

（b）1.5 A/10 min 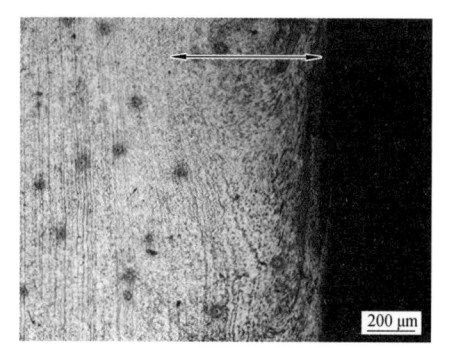 （c）1.5 A/20 min

图 6-2 不同冲击参数下的横截面金相组织

焊接接头试样焊根表面超声冲击处理是一个高频能量输入的过程，

超声冲击使得试样表层组织产生位错，随着能量的增加形成位错缠结，位错缠结堆积形成位错墙，这将阻碍试样表层塑性变形进一步扩展。随着冲击时间的增加，输入的能量将使得位错墙的密度增加，从而形成亚晶界。这将使得能量难以输入试样的内部，试样内部越深，塑性变形越困难，所以超声冲击态试样从表层到内部其晶粒尺寸呈现梯度变化。同时，可以发现，在同一试样中其塑性变形层的厚度是不均匀的。这是由于在超声冲击过程中，冲击针的无序冲击导致试样表层受力不均匀；还有就是晶粒的取向和晶界的影响，一些晶粒会优先发生塑性变形，这将导致塑性变形的程度呈现不均匀形貌。

文献[11]对列车转向架用 SMA490BW 钢焊接接头进行超声冲击处理。冲击电流分别为1.5 A、2.0 A，冲击时间分别为5 min、10 min 和 20 min。图6-3所示为经不同超声冲击工艺参数冲击后，沿冲击层深度截面的微观组织。

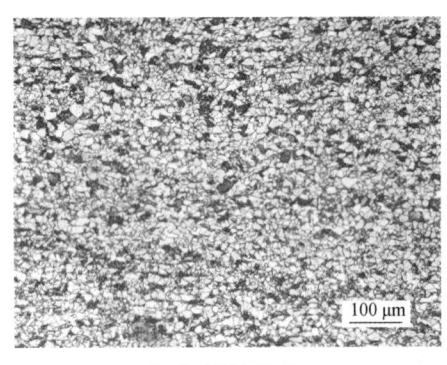

（a）原始组织

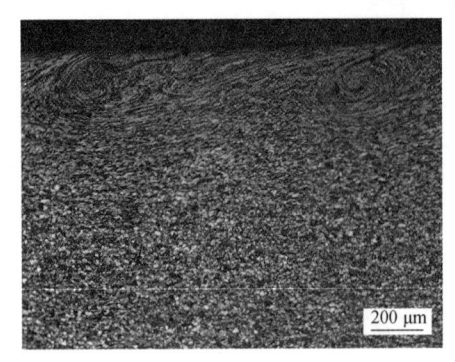

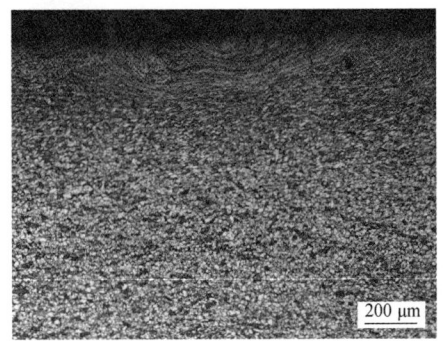

（b）1.5 A/5 min　　　　　　　　　　　（c）1.5 A/10 min

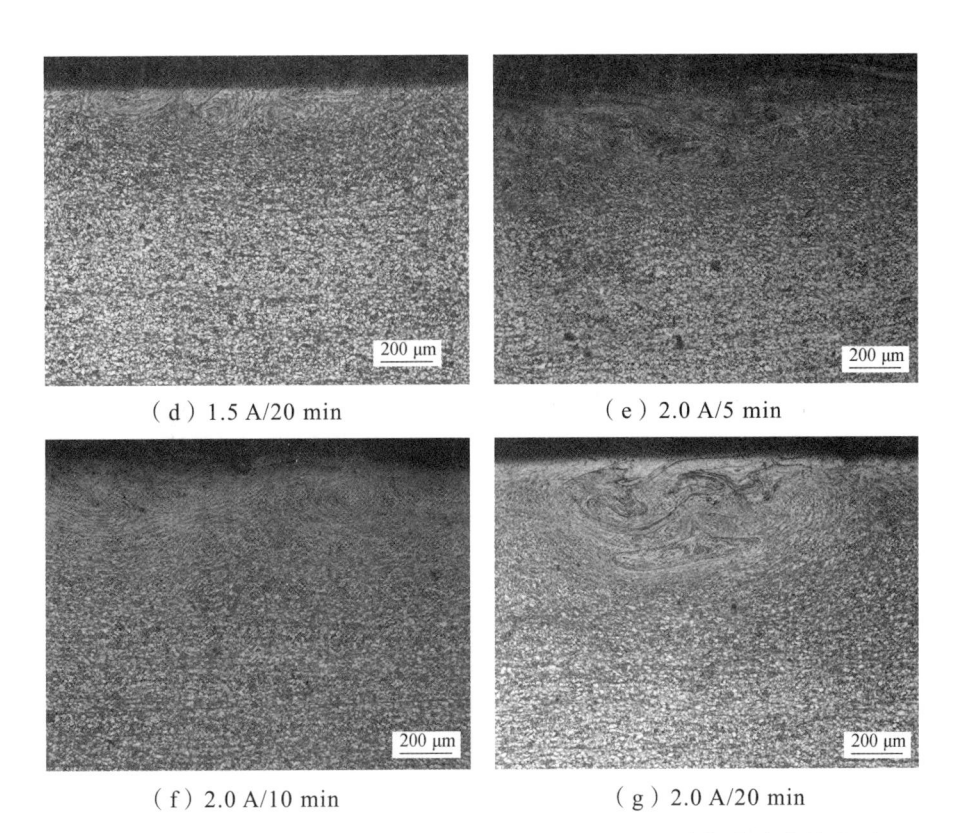

（d）1.5 A/20 min　　　　　　　　（e）2.0 A/5 min

（f）2.0 A/10 min　　　　　　　　（g）2.0 A/20 min

图 6-3　SMA490BW 原始试样及经不同时间和不同电流超声冲击处理后试样的 SEM 形貌

由图 6-3 可知，经不同时间和不同电流的超声冲击处理后，SMA490BW 接头焊趾的表面发生了严重塑性变形，不同超声冲击工艺处理的试样，其变形程度和变形层的厚度也不一样。在冲击电流为 1.5 A，冲击时间为 5 min 和 10 min 时，试样变形层的厚度约为 150 μm，而冲击时间达到 20 min 时，试样变形层的厚度达到 220 μm 左右。在冲击电流为 2.0 A，冲击时间分别为 5 min、10 min 和 20 min 时，变形层的厚度分别约为 200 μm、250 μm 和 300 μm。当接头表面经过一定时间超声冲击后，沿冲击层深度有些组织被冲击成旋涡状。为辨别图 6-3（g）中的黑色区域的物质，对其进行了能谱分析，结果如图 6-4 所示。其主要成分为 Fe、C、Mn、Cr。Fe 与 C 的原子百分比为 3∶1。推断该处的黑色物质为渗碳体或者珠光体的富聚集区，此处并非由于冲击产生的孔洞及杂质；表明通过超声冲击处理，金属表层一定区域内的相发生了有趋向的移动，这也验证了超声冲击能诱使表层金属产生严重塑性变形。

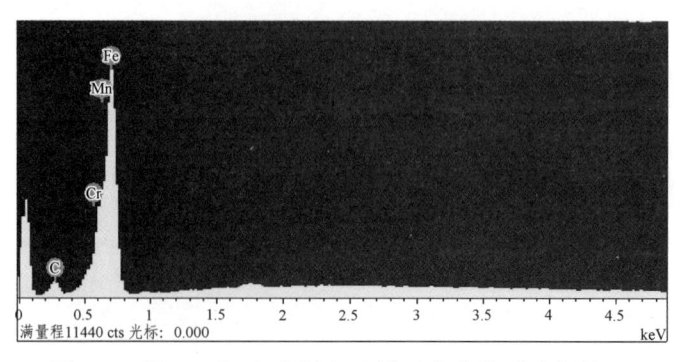

图 6-4　图 6-3（g）中黑色区域对应的能谱分析结果

在超声冲击处理的初期，材料中的塑性变形首先在一些取向容易产生滑移现象的晶粒中发生，由于晶界的阻碍，致使同一层中的晶粒塑性变形具有不均匀性，塑性变形由材料的表层逐步延伸至材料的深层。随着冲击时间的延长，变形层的厚度也相应地增加。与传统的强塑性变形法制备纳米材料不同的是，经过超声冲击处理后材料截面的组织并没有出现很大的宏观变形量，而传统的强塑性变形法处理后的材料是在经过大的宏观变形后再形成超细的纳米晶组织。这说明，超声冲击导致的变形与其他的超强塑性变形法具有不一样的过程[12-13]。

文献[14]采用不同超声冲击工艺参数对 SMA490BW 钢十字接头试样的焊趾表面进行超声冲击处理，获得不同条件下焊接十字接头试样焊趾横截面的金相微观组织，如图 6-5 所示，所有试样冲击电流选用 1.5 A，采用多个冲击时间。图 6-5（a）为 1.5 min 冲击后的金相组织照片。塑性变形层的深度约为 165 μm，颜色较深部分为塑性变形较严重区域，在低倍镜下晶粒的晶界模糊或基本不可见，说明产生了严重的塑性变形。图 6-5（b）为 3 min 冲击后的光学图片。试样表层出现了流变组织，并出现了旋涡状组织，塑性变形痕迹明显，塑性变形的深度约为 214 μm。图 6-5（c）和（d）分别为 10 min、20 min 冲击后的金相显微图片，冲击影响层的深度分别为 249 μm 和 258 μm。10 min 冲击后焊趾表层金属出现了一定程度的损伤，20 min 相比于 10 min 时产生的微裂纹并不明显，原因可能是裂纹随冲击时间的延长存在被压合的倾向，或者冲击时认为操作使裂纹出现随机性。同样对图 6-5（b）处的黑色组织进行了 EDS 能谱分析。结果表明，其主要成分仍为 Fe、C、Mn、Cr。Fe 与 C 的原子百分比为 3：1。推断该处的黑色团聚物为渗碳体或者珠光体的富聚集区，此处并非由于冲击产生的孔洞及杂质；表明通过超声冲击处理（UIT），金属表层一定区域内的相发生了有趋向的移动，这也验证了超声冲击能诱使表层金属产生严重塑性变形。继续延长冲击时间，黑色物质会随着晶粒的运动呈线条状分布，且单位面积内旋涡的数量增加。

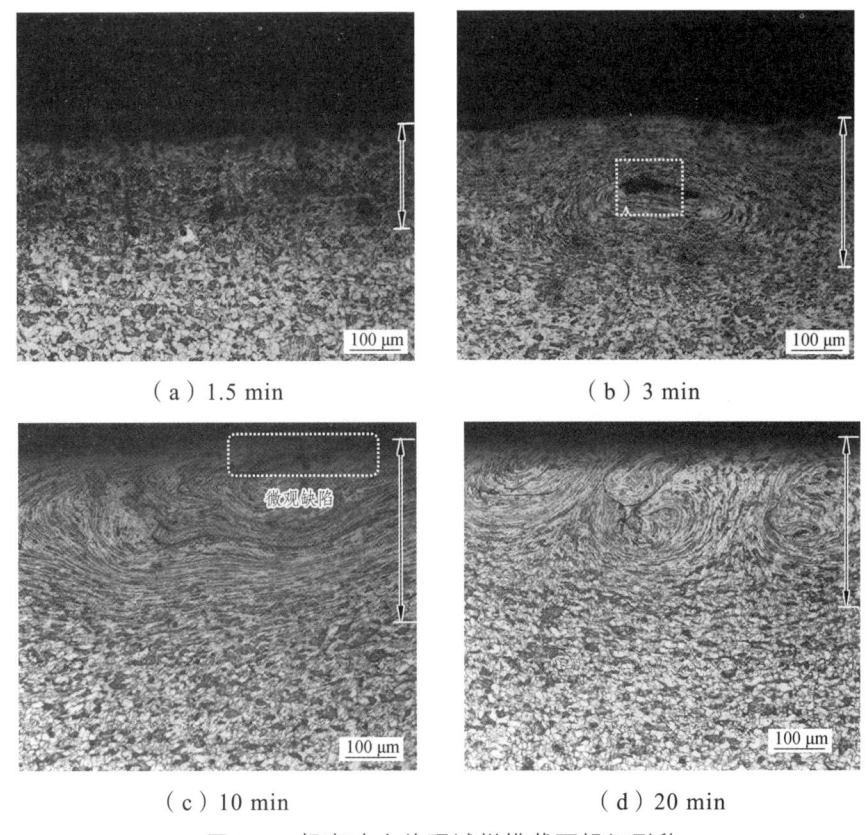

（a）1.5 min　　（b）3 min

（c）10 min　　（d）20 min

图 6-5　超声冲击处理试样横截面组织形貌

6.1.2　超声冲击焊接接头表面微观组织

P355NL1焊接接头焊趾表面在超声冲击针高速高频的冲击作用下，

产生了强烈的塑性变形，随着冲击时间的延长，在焊接接头表层金属获得了一定厚度的变形层。不论是从宏观上还是微观上，变形层内的晶粒组织都产生了与无应变基体截然不同的变化。文献[9]利用透射电镜技术对超声冲击处理后 P355NL1 钢焊接接头焊趾处的表层组织结构沿层深的变化情况进行了详细研究，对揭示超声冲击晶粒细化机理具有一定的推动作用。

图6-6为在相同的冲击电流、不同的冲击时间下，P355NL1对接接头焊趾表层的 TEM 像。图6-6（a）、（b）、（c）分别为超声冲击工艺参数为 5 min/1.5 A、10 min/1.5 A、20 min/1.5 A 的条件下 P355NL1的透射电镜明场像，图6-6（d）为图6-6（c）的选区电子衍射花样。

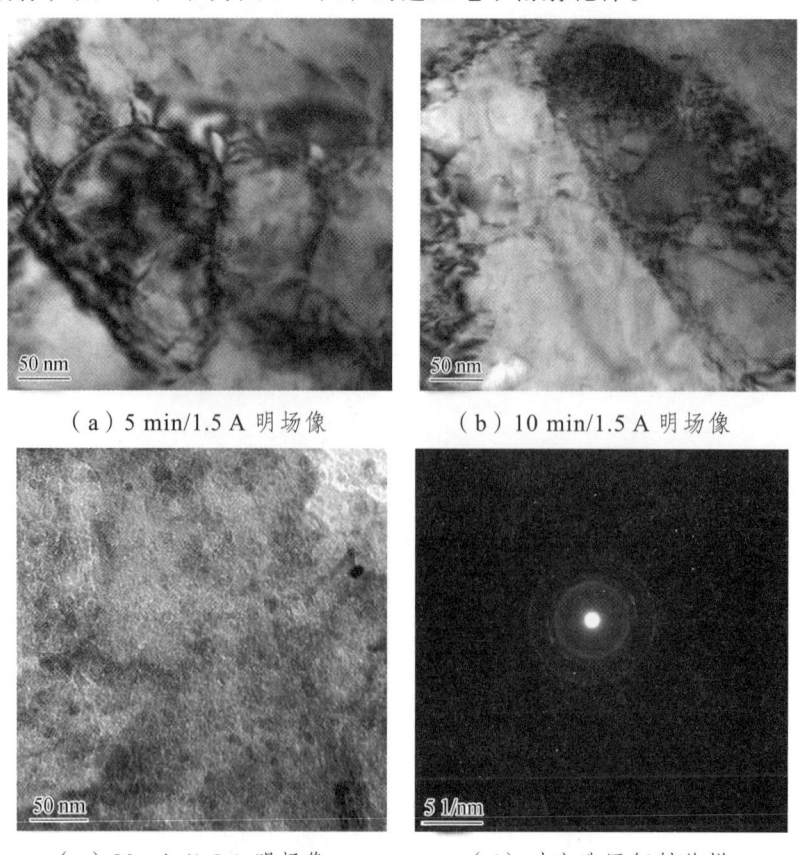

（a）5 min/1.5 A 明场像　　（b）10 min/1.5 A 明场像

（c）20 min/1.5 A 明场像　　（d）对应选区衍射花样

图 6-6　超声冲击处理后 P355NL1 对接接头焊趾表面的 TEM 像

图6-6表明，在三种超声冲击工艺参数5 min/1.5 A、10 min/1.5 A、20 min/1.5 A 的条件下，焊接接头焊趾表面均获得了纳米组织。由图6-6（a）可知，在5 min/1.5 A 超声冲击工艺参数下，试样表面出现了平均尺寸100～150 nm 的纳米晶；由图6-6（b）可知，在10 min/1.5 A 超声冲击工艺参数下，出现了平均尺寸60～100 nm 的纳米晶；由图6-6（c）可知，在20 min/1.5 A 超声冲击工艺参数下，出现了平均尺寸20～40 nm 的纳米晶。由图6-6（d）所示的选区电子衍射花样可知，选区电子衍射花样为连续的同心圆环，可以确定晶粒间的晶体学取向随机，具有很高的晶界取向差，表明焊趾表面的纳米晶粒取向呈随机分布。

一般来说，材料内部塑性变形的方式主要包括机械孪生和位错滑移两种，而材料塑性变形的方式主要取决于材料层错能。层错能是由晶格中一种面缺陷引起晶体内能量的增加，层错能是决定材料变形方式的关键因素。对于高层错能材料来说，其主要的塑性变形方式为位错滑移，对于低层错能材料，机械孪生为其主要的塑性变形方式，而若材料的层错能介于高层错能和低层错能之间，其塑性变形的主要方式则为机械孪生和位错滑移共存。P355NL1钢具有较高的层错能，位错运动是其主要的塑性变形方式。图6-7为P355NL1钢焊接接头焊趾表层不同部位金属晶粒内部的位错。图6-8为P355NL1钢晶粒内部，位错缠结、位错胞和由位错堆积而成的位错墙。

（a）接头左侧焊趾表层晶粒内位错　（b）接头右侧焊趾表层晶粒内位错

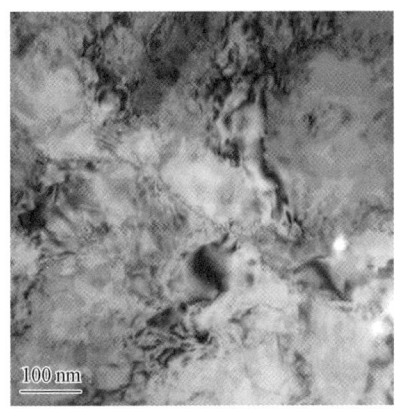

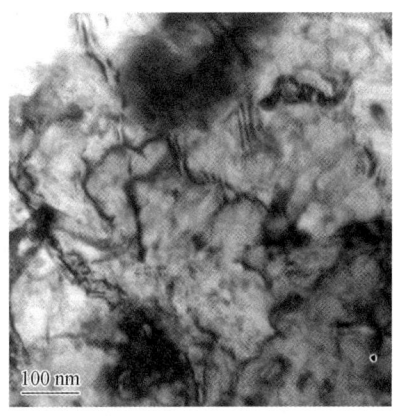

图 6-7　P355NL1 钢焊接接头焊趾表层晶粒内部的位错

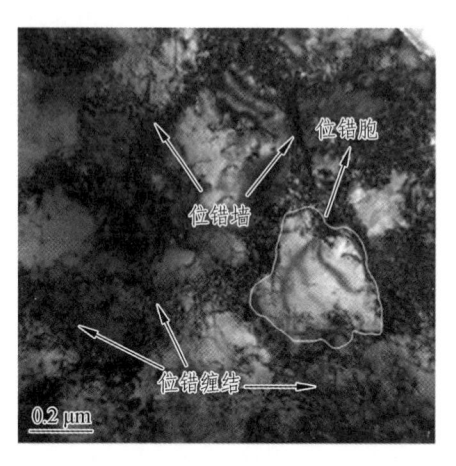

图 6-8　P355NL1 接头冲击表面晶粒内部位错缠结、位错胞和位错墙的 TME 像

金属材料塑性变形过程中,随着塑性变形量的逐渐增大,位错密度会显著增加,呈不均匀分布状态[15]。位错先在晶体内以混乱的缠结方式纠缠成群,形成位错缠结;密度很高的位错缠结以形变亚晶为中心聚集,这就构成了亚晶的胞壁,而形变亚晶内的位错密度却很低。图6-8是在冲击参数1.5 A/10 min 下,距离焊趾表面70 μm 处的截面 TEM 明场像。随着表层塑性变形逐渐向材料内部转移,晶粒内原始粗晶粒在较大应力作用下产生晶粒变形,细化成更小尺寸的位错胞,呈等轴状,位错在晶界处堆积后形成了位错缠结与位错墙,继而两者又构成了位错胞的胞壁。此时位错胞内的位错密度较低,随着塑性变形的继续,各位错胞通过位错运动产生小角度晶体学取向差。由于距离表面距离较大,应变量和应变速率减小,此时位错胞的尺寸较大,约400 nm。大量位错缠结出现在位错胞界处,导致位错胞的胞壁较厚。在塑性变形量较小的晶粒内部,可以看到一些排列整齐的位错墙结构,位错墙是通过高密度的位错堆积缠结后形成的,彼此相邻的位错墙透过低密度位错分隔开。材料产生塑性变形时,变形晶粒内会出现大量的位错,位错通过滑移,使相邻的位错产生相互交错后形成位错胞,位错胞的形成机理能够帮助理解强塑性变形致晶粒细化的机制[16-18]。

不论金属材料具有何种层错能,都可通过其相对应的塑性变形方式细化晶粒,获得纳米结构组织。不同的塑性变形方式导致金属横截面组织在不同深度处，呈现出不一样的微观结构，可以通过对这些微观组织进行分析研究来确定材料实现表面纳米化的微观机制。选取超声冲击工艺参数为1.5 A/20 min 试样为研究对象，P355NL1焊接接头表面经过20 min 超声冲击处理后，样品表面附近发生了剧烈塑性变形，可观察到尺寸比较匀称，基本成等轴状的纳米晶。随着观察的横截面逐渐往基体方向增加，变形量呈减小的趋势。此工艺下可产生的塑性变形量最大160 μm，表面至60 μm 是其强烈塑性变形的区域，晶粒已经细化至不能用普通光学显微镜来观测。

根据晶粒（晶粒或位错胞）的尺寸，可将表面变形层分为四个区域：距表面0～20 μm的区域为纳米晶层，其晶粒呈等轴状且取向随机；距表面20～60 μm的区域为亚微晶层，它是纳米晶向位错胞组织的过渡区；距表面70～150 μm的区域为过渡层，主要是由位错胞组成，变形区向基体的过渡区域；距表面大于150 μm的区域为无应变基体，即材料的原始组织。

图6-9为超声冲击后试样焊趾表层处的（距离表面5～10 μm）截面TEM 像及对应选区电子衍射花样。由 TEM 明场像可以观察到，晶粒平均尺寸非常细小且比较均匀，基本成等轴状晶粒，同时还能看见某些晶粒的边界；再由选区电子衍射花样呈环形可知，各晶粒的晶体学取向随机，具有很高的晶界取向差，且晶体内位错密度低，这些都充分表明焊趾表面晶粒已经细化成纳米晶粒[19]。

图 6-9 超声冲击20 min 后距离表层5～10 μm 处截面TEM 像及相应选区电子衍射花样

图6-10为超声冲击后试样亚表面层处的（距表面约60 μm）截面 TEM 像。由图6-10可知，具有小角度取向差及尺寸比较细小的亚晶或亚晶胞，通过位错墙或者亚晶界的共同作用将各个胞状结构隔开。当与表层的距离不断加大时，导致塑性变形的应变量和应变速率不断下降，此时塑性变形程度远不如表层那样激烈，纳米晶粒不会在此层域中产生，而是形成了尺寸比纳米晶要大的亚微晶或位错胞状结构。以上观察与分析验证了通过材料塑性变形过程具有不同时性和不均匀性特点，同样由于在不同层上的应变量不同，晶粒细化的程度也具有不均匀性。

图 6-10　超声冲击 20 min 后距离表层 60 μm 处横截面 TEM 像

图6-11是超声冲击后试样过渡层（距表面约80 μm）的 TEM 像。应变量和应变速率在变形厚度方向呈梯度变化，当距表层的距离继续增大时，塑性变形程度远不如表层那么明显，在晶粒内部出现尺寸比较大的位错胞和一些位错缠结区域。在塑性变形过程中产生位错胞组织结构时，未产生塑性变形的基体组织中原始粗晶的大小并不会对位错胞的大小产生明显的影响，位错胞的尺寸会随塑性变形量的增加而逐渐减小，但这种减小态势并不是一直会随应变量的增加而发生，当位错胞被细化至一定极限尺寸时，便不会发生改变，而是保持在一个稳定值上[20]。

文献[11]采用不同超声冲击工艺参数对列车转向架用 SMA490BW 钢焊接接头进行超声冲击处理。冲击电流分别取 1.5 A、2.0 A，冲击时间分别取 5 min、10 min 和 20 min。图 6-12 为不同冲击工艺参数下焊趾最表层组织的 TEM 像，包括明场像及选区的电子衍射花样。由图 6-12 可以看出，焊趾表层的金属晶粒均得到明显细化，可获得纳米晶组织，1.5 A/10 min、2.0 A/5 min、2.0 A/10 min、2.0 A/20 min 参数下对应纳米晶的平均尺寸依次为 80～100nm、120～150 nm、50～70 nm、20～30 nm。选区电子衍射花样表现为连续的同心圆环，这说明选区内存在多个呈随机取向分布的晶粒，相邻纳米晶之间具有较大的取向差。另外，从图 6-12 中还可以看出，在同一冲击电流的情况下，纳米晶的尺寸会随着冲击时间的增加而减小，冲击 20 min 时晶粒细化效果最好，纳米晶最小可达 20 nm。图 6-12（d）中的组织为大小均匀的等轴状纳米晶，它是通过位错积累和亚晶界的演变，将原有的薄片状亚微晶或胞组织继续细化而形成的；其衍射环比其他三个表现得更为连续和随机，说明相邻的纳米晶粒更为致密。

图 6-11 超声冲击 20 min 后距离表层 80 μm 处横截面 TEM 像

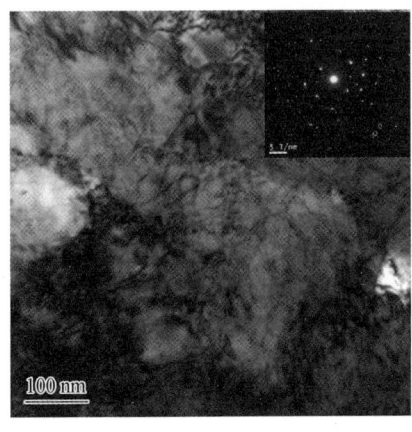

（a）1.5 A/10 min 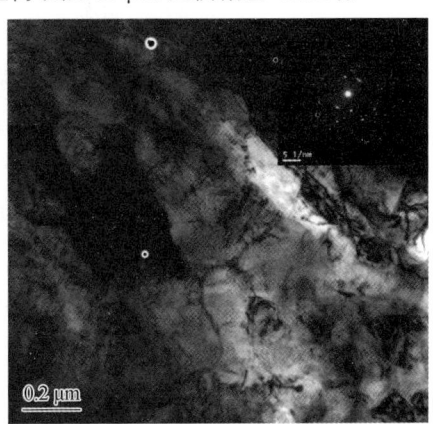　　　　（b）2.0 A/5 min

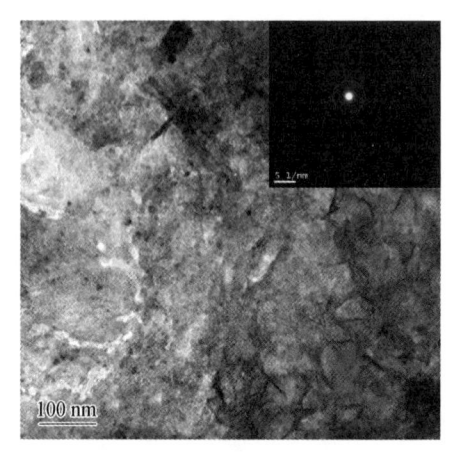

（c）2.0 A/10 min　　　　　　　　（d）2.0 A/20 min

图 6-12　不同冲击参数下的焊接接头焊趾表面的 TEM 像

材料内部的塑性变形有机械孪生和位错滑移两种方式，晶体结构和层错能决定材料的变形方式，因此，对于具有不同层错能的材料，它们的塑性变形方式和形变组织均存在一定的差别。层错能高的材料（如纯铁、低碳钢），其塑性变形方式为位错滑移运动；层错能中等或较低的材料（如 AISI304 不锈钢、纯铜）则为机械孪生或两种方式兼有[21]。本书中的 SMA490BW 钢为高层错能材料，其塑性变形基本以位错滑移运动为主。

应变量大小会显著影响沿厚度方向各区的组织特征，图 6-13 为在冲击参数 2.0 A/10 min 下，应变较低且靠近基体的过渡层（距焊趾表面 80 μm 处）组织结构的 TEM 明场像，其中存在位错、位错缠结、位错胞和位错墙四种典型组织。图 6-13（a）为晶粒内部的位错（白色箭头所指），位错密度会随着深度的减小而增大。图 6-13（b）为晶粒内部的位错缠结和位错胞，由图可知，位错呈随机不均匀分布，很难分辨出优先的位错滑移方向；位错不易分解但具有良好的移动性，局部区域的位错密度很高，相互缠结在一起，形成位错缠结。原始粗晶被分割细化成位错胞结构，胞内位错数量较少，但胞壁较厚，平均尺寸可达 500 nm。图 6-13（c）中箭头所指的是位错墙，晶粒内部的位错增殖到一定程度后会重新排列，以降低能量组态，从而形成高密度位错组成的位错墙。

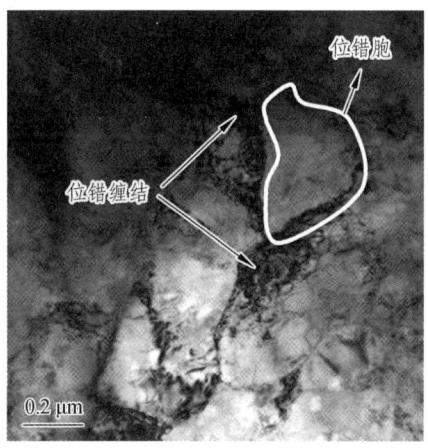

(a)位错　　　　　　　　　(b)位错缠结与位错胞

(c)位错墙

图 6-13　晶粒内部的典型组织结构

6.1.3　超声冲击焊接接头表面微观组织细化机理

文献[9]就超声冲击处理对焊接接头表层金属组织的细化机理进行了探讨。从图 6-8 和图 6-13 中可以看到，两种钢材的焊接接头经过超声冲击处理后，在接头表面材料内部的原始粗晶当中，形成了位错缠结和位错墙，随着冲击时间的延长，位错缠结和位错墙转变为取向差为小角度的亚晶界，原始较粗大的晶粒被细化成为一个个的亚晶粒，随着变形量的逐步加大,亚晶界逐渐变为大角度的晶界,最终形成了纳米晶粒。

1. 位错缠结及位错墙的形成

随着冲击时间的延长,材料表面的变形程度不断增强,塑性变形被包括位错滑移、聚积、多晶间的相互作用、位错缠结、湮灭、重排等不同的位错运动不断地协调。在变形的金属中,材料的类型及材料的变形量对位错胞的形成具有决定性的作用。

P355NL1是低碳低合金钢,具有较高的层错能,其塑性变形主要是通过位错滑移运动来实现的。超声冲击焊接接头的焊趾表面细化晶粒的具体过程示意图如图6-14所示。

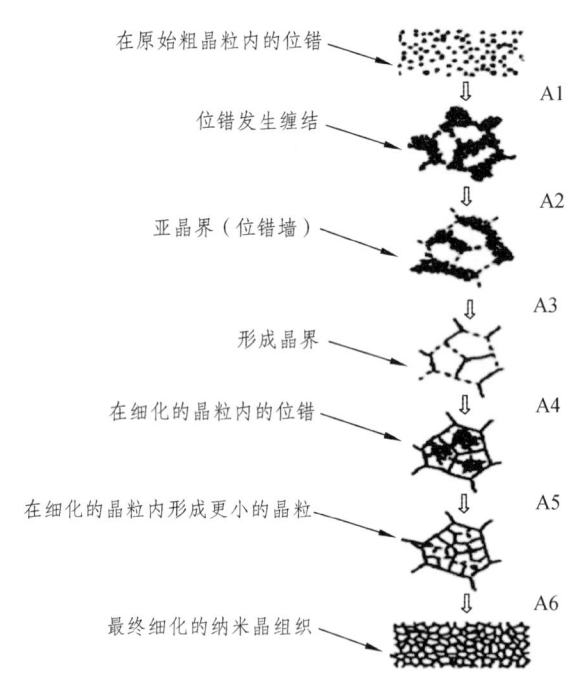

图 6-14 超声冲击焊趾表面晶粒细化机理示意图

当接头表面承受超声冲击时,表面金属晶粒内部会首先开动位错(见图6-14中 A1所示)。具备高层错能的金属材料在塑性变形发生的过程中,会迅速形成一种胞状结构,其原因是,位于具备高层错能晶体中的位错不容易发生分解,由于其可以通过交滑移而克服移动时所碰到的阻碍,故移动性较高，直到与其他的位错之间发生交互作用最后缠结聚集。所以，高层错能的晶体在其变形之后，其位错呈现不均匀的分布，且这些位错将晶体分成具有低位错密度区和高位错密度区域，以上是形成位错胞的初级阶段。随着塑性变形的进一步加深，位错缠结将变成位错胞。随着塑性变形量的不断增大，位错胞界上的位错互相作用，随后具有小角度取向差的位错墙便形成了。形成的位错缠结和位错墙把原始的粗晶粒分割成为具有更小尺寸的位错胞，如图6-10和图6-11所示。粗晶粒内部形成位错胞的尺寸大小（L）与各晶粒内的位错墙间的距离有直接的关系。L 的数值大小由剪切应力及晶粒取向决定，根据式（6-1）[22]即可计算出 L 的大小。

$$L=10Gb/\tau \tag{6-1}$$

其中，G 和 b 分别为形变材料的剪切模量、柏式矢量，而 τ 为剪切力。剪切力随着距表面距离的增大而减小，由公式（6-1）可知，越靠近材料的表面，由于剪切力越大，故其形成的位错胞的尺寸越小，在表面处的某些位错胞甚至可达纳米量级。此外，高密度的位错又会形成新的更多的位错缠结和位错墙，然后产生更多的尺寸更小的位错胞和亚晶界。

在进行超声冲击处理时，冲击针来回冲击材料的表面，致使材料中的很多位错开动，即使是出于同一晶粒中，也发生多个滑移系开动。位错的交互作用除了发生于滑移系之内，还在不同的滑移系之间发生，也就是说位错不仅只与处于此前已激活的滑移系上的位错交互作用，还与之前的静止的位错交互作用。所以，与其他一些诸如等通道角挤压法和滚压技术等简单的塑性变形技术相比，超声冲击处理技术可通过形成高致密度的位错缠结和位错墙而更有效地细化原始的粗晶粒。

2．亚晶界的形成

据文献[23-25]可知，在由强塑性变形法所获得的纳米结构的金属内部，存在亚晶界和非平衡晶界。在亚晶界和非平衡晶界上，晶格发生严重畸变，位错密度非常高，处于一种高能状态，故此状态下的晶界非常不稳定，具有转变为低能态的平衡晶界的趋势。非平衡晶界及晶格畸变的示意图如图6-15所示[26]。符号相反的位错在高密度的位错墙上相互靠近，但是仍然有位错环存在，而且晶面扭转严重，当应变量增大的时候，高密度的位错结构有可能转变成平衡晶界[27]。位错密度随着变形的增强而不断增大，为了降低晶界中的高能量，高密度的位错在位错缠结和位错墙的附近区域发生湮灭、重排，随后位错缠结和位错墙变成具有更小角度的亚晶界，原始的粗晶粒被细分为多个不一样的亚晶（如图6-14中的 A2所示），由于亚晶界的形成，位错密度也随之降低，而所对应的点阵微观应变也将降低。材料发生强烈的塑性变形时，不同的位错结构演变的示意图如图6-16所示[28]。

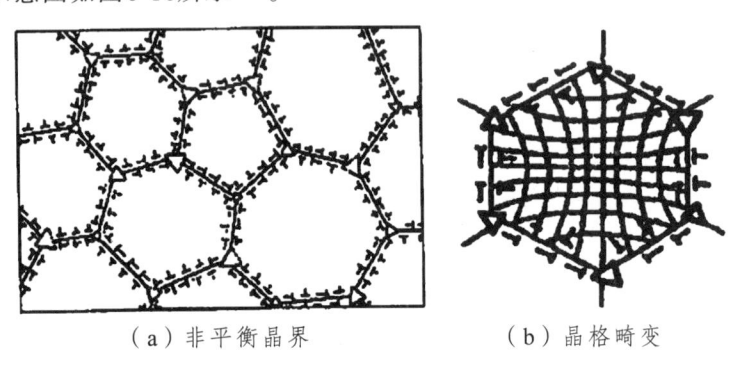

（a）非平衡晶界　　　（b）晶格畸变

图 6-15　非平衡晶界及晶格畸变示意图

图 6-16　材料发生严重塑性变形时不同状态下的位错结构演变的示意图

由图6-16可知，当位错胞的位错墙中的位错密度达到某一个临界值的时候，不同符号的位错便会发生湮灭现象，而剩下的同符号的位错残留下来。剩下的同符号的位错起着很多作用，而 Burgers（伯格斯）矢量上垂直晶界的位错将增大取向差。上述此种位错数量不断地增加，最终位错胞逐渐转变成亚晶粒。此外，与滑动的位错有关的长程应力场也将致使晶粒沿着晶界滑移。

3. 大角度晶界的形成

当变形量继续增大的时候，更多位错将在亚晶界上发生湮灭现象，很多位错往亚晶界处滑移，这不断地增大了晶界两侧取向差，小角度的晶界转变成大角度的晶界，而晶粒的取向也逐步地趋向随机分布的状态（如图6-14的A3所示）。主要有两个原因导致相邻晶粒间的取向差增大：一方面，不一样的Burgers（柏格斯）矢量位错积累在晶界的附近；另一方面，相邻的晶粒间相对转动（或叫作晶界滑移）。由晶粒转动和晶粒尺寸的关系可知，在晶粒的尺寸小到一定值时，很容易发生晶粒转动现象[29]。

随着冲击处理时间的延长，形变量进一步增大，在已经被细化的亚晶和晶粒的内部又会产生新的位错缠结和位错墙，这说明之前已被细化的亚晶和晶粒重复上述微观结构的演变过程，从而进一步地被细分（如图6-14中的A4～A6所示），而此种亚晶和晶粒再细分的过程发生在尺度更小的范围中。当位错的湮灭速率与位错的增殖速率保持动态平衡时，晶粒的尺寸不再因为应变量的增加而随之减小，即晶粒尺寸也达到了相应的稳定值。

4. 纳米晶结构的形成

在进行超声冲击处理时，P355NL1钢焊接接头焊趾表面的应变速率很高，而在远离材料表面的方向上快速下降。由于在材料表面的应变速率及应变量都很大，且变形导致位错密度也很高，这为间距为纳米量级的位错墙的形成提供了有利条件。与常规的粗晶粒相比，纳米晶粒发生晶粒转动和晶界滑动的现象更容易发生，因此，在超声冲击处理后，在材料的表层，可发现形成的等轴、随机取向的纳米晶或纳米结构。

文献[14]也对超声冲击处理细化SMA490BW钢焊接十字接头表层金属组织给出了解释。UIT焊趾表面产生剧烈塑性变形，冲击的过程就是"剪切错动"的塑性变形过程，也是位错不断变化的过程。原始粗大晶粒在剪切变形的作用下不断被增殖的位错分割，直至位错达到动态平衡，产生纳米晶组织，如图6-17所示。UIT初期，粗大原始晶粒发生有取向的塑性变形，伸长方向垂直于冲击针的运动方向，生成具有高密度位

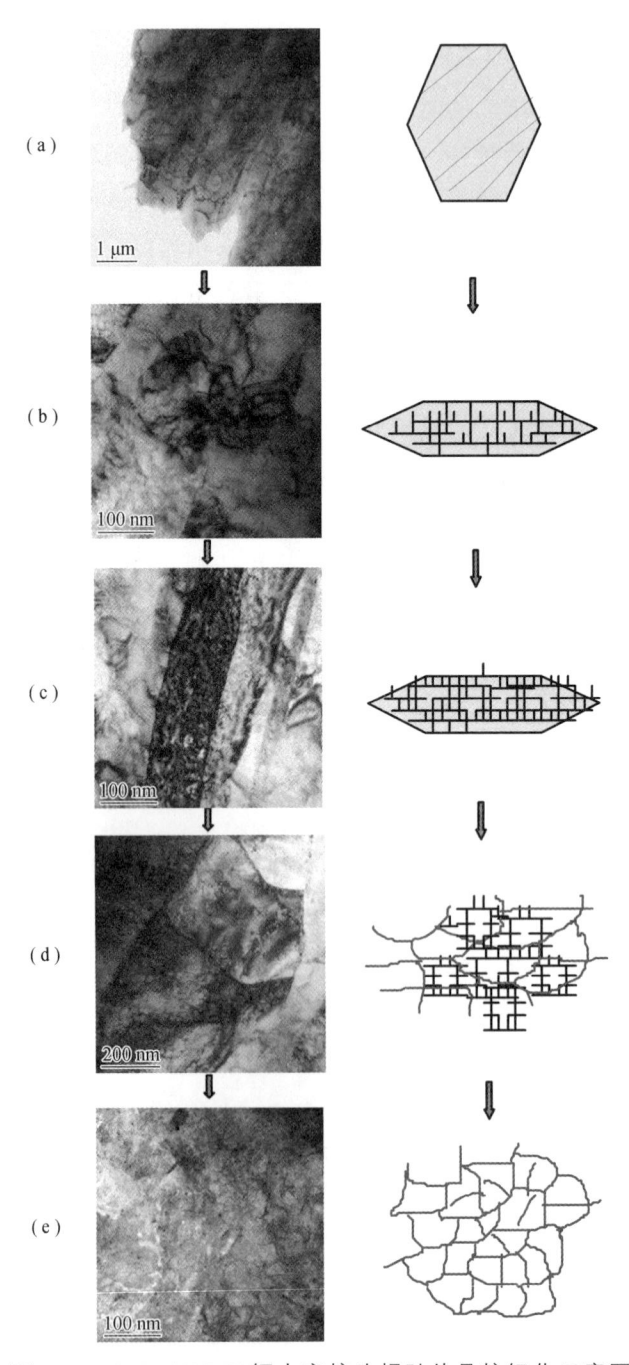

图 6-17 SMA490BW 钢十字接头焊趾处晶粒细化示意图

错的薄片组织[见图 6-17（a）]；随着应变程度增大，薄片组织内位错源不断释放位错，高密度的位错经过滑移、堆积、交互作用出现位错缠结进而生成位错墙[见图 6-17（b）]；位错继续运动，发生湮灭和重排，分割原始晶粒产生小角取向板条微晶[见图 6-17（c）]；板条微晶随应变速率的增加，其内部位错密度继续增加，并产生交互作用，增殖的位错不断在位错缠结和位错墙处堆积形成小角亚晶界，位错的运动使亚晶界两侧的取向差增大，使小角晶界变为大角晶界，演变为多边亚微米晶粒[见图 6-17（d）]；随着应变率的增大，亚微米晶粒内部重新出现位错缠结和位错墙，产生细化效果，当位错产生和湮灭的速率达到动态平衡时，原始粗大晶粒被细分为纳米晶[见图 6-17（e）]。

6.2 超声冲击对焊接接头表层残余应力的影响

超声冲击可以导致焊缝及其附近区域表层金属产生伸长的塑性变形，从而可以抵消一部分高温时焊缝及其附近区域产生的压缩塑性变形，最终导致焊缝及其附近区域的残余拉应力降低，甚至在冲击表层产生有利于提高接头疲劳性能的残余压应力。

6.2.1 焊接接头残余应力的分布

一般情况下，将焊缝长度方向的焊接残余应力称为纵向残余应力，用 σ_x 表示。平板对接焊缝上的纵向残余应力的分布如图 6-18 所示。当对接板较长时，在长焊缝的中段会出现一个稳定数值区。对于低碳钢材料来说，稳定区的纵向残余应力 σ_x 将达到或接近材料的屈服强度 σ_s。在焊缝端部存在一个应力过渡区，纵向残余应力 σ_x 逐渐减小，由于板的端部为自由边界，故纵向残余应力在板的端部为零。当焊缝比较短时，纵向残余应力的稳定数值区将消失，仅存在过渡区，且焊缝越短，纵向残余应力的数值就越小。

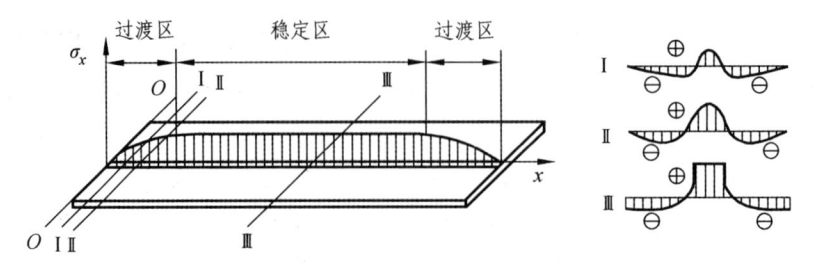

图 6-18 长板条对接焊缝的纵向残余应力分布[30]

纵向残余应力沿板的横截面上的分布表现为焊缝及其附近区域受拉伸应力，其他区域为残余压应力，拉应力和压应力在截面内自身平衡，如图 6-19 所示。

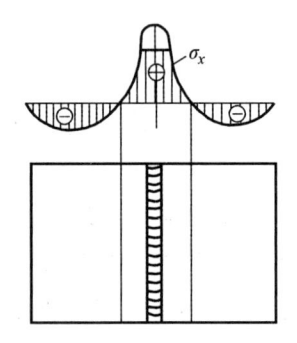

图 6-19 纵向残余应力沿垂直于焊缝横截面上的分布

对于铝、钛、铜等有色金属的板材，焊接后纵向残余应力分布规律基本与低碳钢相似，其纵向残余应力沿板的横截面上的分布表现为焊缝及其附近区域受拉伸应力，其他区域为残余压应力。但由于材料的热物性参数和力学性能参数的差异，导致其焊接接头的纵向残余应力与低碳钢板对接接头不尽相同。对于铝合金而言，由于其热导率比较高，其温度场近似于正圆形，与沿焊缝长度同时加热的模型相差甚远，造成了与平截面变形假设的出入比较大。在焊接过程中，铝合金受热膨胀，实际受到的限制比平截面假设时的要小，因此压缩变形量降低，残余应力也因此降低，导致铝合金焊接接头纵向残余应力只有母材屈服强度的 3/5 ~ 4/5。对于钛合金来说，由于其膨胀系数和弹性模量都比较低，大约只有低碳钢的 1/3，所以造成其接头的纵向残余应力也只有母材屈服强度的 1/2 ~ 4/5[31]。

通常将垂直于焊缝长度方向上的残余应力称为横向残余应力,用 σ_y 表示。金属在焊接时,除了产生平行于焊缝长度方向的纵向残余应力 σ_x 外,还会在垂直于焊缝方向产生横向残余应力 σ_y,焊接接头的横向残余应力一般由两部分组成。

(1) 由纵向收缩引起的横向残余应力 $\sigma_{y'}$。当焊缝纵向收缩时,有使两块对接钢板向外弯成弓形的趋势,但由于受焊缝金属阻止,产生焊缝中部受拉,两端受压的横向应力,如图 6-20 所示。

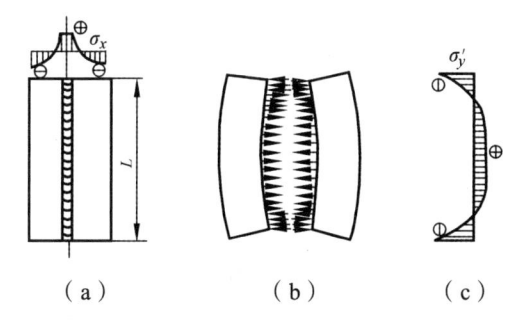

图 6-20　由纵向收缩引起的横向应力 $\sigma_{y'}$ 的分布

焊缝长度不同时,纵向收缩引起的横向应力也不尽相同,如图 6-21 所示。

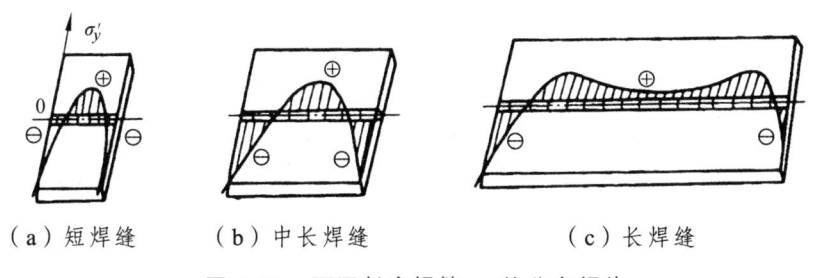

(a) 短焊缝　　(b) 中长焊缝　　(c) 长焊缝

图 6-21　不同长度焊缝 $\sigma_{y'}$ 的分布规律

(2) 由于焊缝是依次施焊的,后焊部分的收缩因受到已经冷却的先焊部分的阻碍,先焊部分同样受到后焊部分收缩的影响,这种先焊和后焊之间的相互制约就形成了横向应力 $\sigma_{y''}$。该应力与焊接方向和焊接顺序有关,如图 6-22 所示。

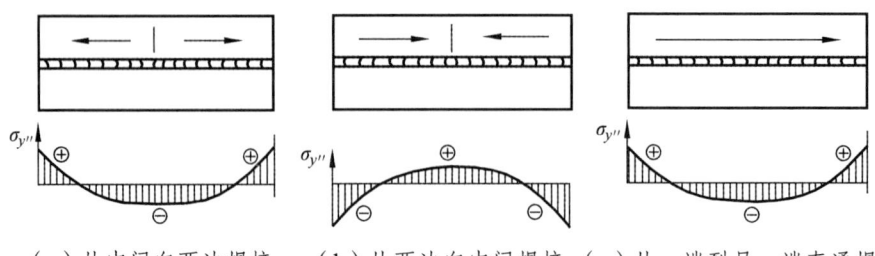

(a) 从中间向两边焊接　　(b) 从两边向中间焊接　(c) 从一端到另一端直通焊

图 6-22　不同焊接方向对横向应力 σ_y 的分布

由于焊缝纵向收缩和横向收缩是同时进行的，所以横向焊接残余应力 σ_y 是由上述两部分 $\sigma_{y'}$ 和 $\sigma_{y''}$ 综合作用的结果。

通常制造焊接结构所用的板材大都为薄板和中厚板，厚度方向的残余应力较小，通常可以不予考虑。但当板的厚度较大时，必须考虑板厚方向的残余应力 σ_z。

在厚钢板的连接中焊缝需要多层施焊，因此除有纵向和横向焊接残余应力外，沿厚度方向还存在着焊接残余应力 σ_z。随着板材厚度的增加，纵向应力和横向应力在板材厚度方向上的分布也会发生很大的变化。此外，厚板中的残余应力对不同的焊接工艺也会出现很大的差别。图 6-23 为 80 mm 厚低碳钢 V 形坡口对接接头多道多层焊在板材厚度方向上的应力分布。

(a) σ_z 分布　　(b) σ_x 分布　　(c) σ_y 分布

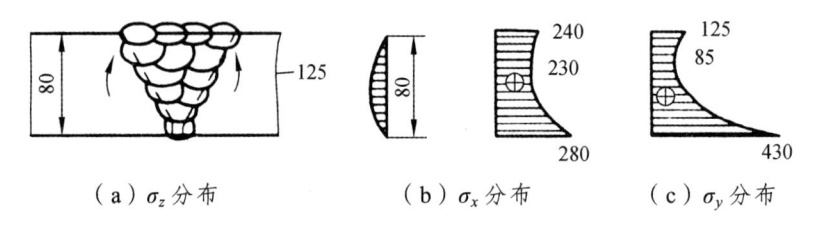

图 6-23　厚板多道多层焊中残余应力的分布

值得注意的是横向应力 σ_y 的分布，在对接接头的焊根部位数值极高，大大超过了板材的屈服强度。原因是多层多道焊时，每焊一道或一层都会使焊接接头残生一次角变形，在焊根部引起一次拉伸塑性变形。多次塑性变形的积累导致焊缝根部金属产生应变硬化，应力不断上升，在严重的情况下，甚至可以达到金属的抗拉强度，从而导致焊缝根部开裂[32]。

6.2.2 残余应力对焊接接头疲劳性能的影响

焊接残余应力对结构疲劳强度的影响是比较复杂的问题。一是复杂焊接结构本身残余应力分布就很复杂，很难精确测量；二是焊接结构承受的疲劳载荷大小不同及处于应力疲劳或应变疲劳区间时，即便结构中残余应力相同，可能残余应力对疲劳性能的影响也不尽相同。截至目前，人们就焊接残余应力对焊接结构疲劳性能的影响进行了大量试验研究工作。有些研究者采用有焊接应力的试样与经过热处理消除内应力后的试样进行疲劳试验做对比。由于焊接残余应力的产生往往伴随着焊接热循环引起的材料性能的变化，而热处理在消除内应力的同时也恢复或部分恢复了材料的性能。因此，对试验的结果就产生了不同的解释，对内应力的影响也有了不同的评价。也有一些研究者采用超声冲击、喷丸等表面处理方法在焊接接头的焊缝、焊趾区域形成残余压应力。然后对比研究经过表面强化处理的试样与原始焊态试样进行疲劳寿命对比试验。采用超声冲击、喷丸等表面强化手段后，不仅在焊缝及其附近区域形成了一定大小的残余压应力，而且由于冲击或喷丸还会使焊趾处的应力集中系数降低，表层金属组织变细。故该类方法能够提高焊接接头疲劳寿命的原因复杂，并非单一残余应力作用所致。

Wilson、Newman、Navrotskii 等首先对经应力释放前后不同的对接接头进行疲劳研究，并对其进行常幅脉动拉伸循环载荷试验。Gurney 对试验结果进行了分析，认为应力释放对改善疲劳强度影响不大，一般 200 万次应力循环对应的疲劳强度只有约 10%的提高，最大提高比例约为 17%；而随后苏联学者 Kudryavtsev 和 Trufyakov 经过反复试验后，却提出相反结论：焊接残余应力对疲劳强度有较大影响，并对具有较高应力水平焊接残余应力的纵向不承载角焊缝和对接接头构件进行常幅疲劳试验，认为高值残余拉应力的存在会大幅降低焊缝接头疲劳强度，当应力释放后，在 200 万次循环下可大大提高结构的疲劳强度，提高值接近150%[33]。英国焊接研究所学者 Maddox[34]以 4 种强度钢（屈服点在 332～727 MPa）焊接板的纵向不承载角焊缝接头来做疲劳试验研究，结果表明：4 种试件的疲劳强度均与外载荷响应应力范围相关，而加载应力比对其疲劳强度影响不明显。日本国立材料科学研究所就角焊缝和对接焊缝的焊接残余拉应力、应力比、材料拉伸强度等因素对疲劳强度影响进行了深入研究[35-38]并得出结论：焊接残余应力对结构疲劳强度具有重要影响。

图 6-24 是用应力半幅 σ_a 和平均应力 σ_m 表示的疲劳图，曲线 ACB 代表不同平均应力时的极限应力振幅值 σ_a。当构件中的应力振幅值大于极限幅值时，在规定的循环次数之前将发生疲劳破坏；反之，小于极限幅值则是安全的。由图可以看出，随着 σ_m 的增加，极限应力幅值有所下降。如果构件中存在内应力 σ_0，则它将始终作用于应力循环中，使整个应力循环的应力值偏移一个 σ_0 值。假设载荷的平均应力为 σ_m，如图 6-25（a）所示，与此平均应力相应的极限应力振幅为 σ_a。若构件中内应力 σ_0 为正值时，它将与载荷应力相叠加使应力循环提高 σ_0，如图 6-25（b）所示，平均应力将增加到 σ_{m1}（$\sigma_{m1}=\sigma_m+\sigma_0$），其极限应力幅值降低到 σ_{a1}，构件的疲劳强度将降低。若内应力为负值，它将使应力循环降低 σ_0，如图 6-25（c）所示，平均应力将降低到 σ_{m2}（$\sigma_{m2}=\sigma_m-\sigma_0$），其极限应力幅值将增加到 σ_{a2}，构件的疲劳强度将有所提高。

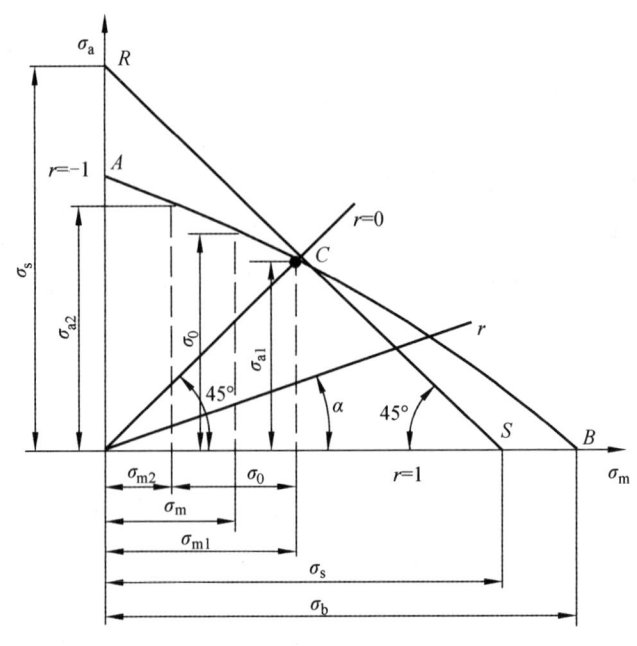

图 6-24　疲劳强度与应力半幅和平均应力的关系

(a)　　　　　　　(b)　　　　　　　(c)

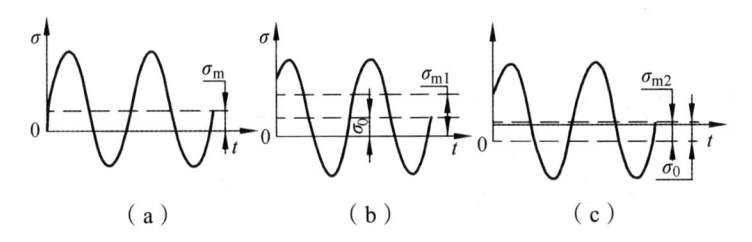

图 6-25　焊接应力对应力循环的影响

在上述分析中，未考虑内应力在载荷作用下的变化。实际上，当应力循环中的最大应力 σ_{max} 到达 σ_s 时，亦即 σ_m 与 σ_a 之和达到 σ_s 时，内应力将因材料全面达到屈服而消除。在图 6-24 中直线 SCR 与水平轴成 45°角，是 $\sigma_m+\sigma_a=\sigma_s$ 的轨迹。在此线上所有点的 σ_m 与 σ_a 之和均达到 σ_s。当 σ_m 达到相当于图中 C 点的数值时（$\sigma_m+\sigma_a=\sigma_s$），内应力对疲劳强度将没有影响。当小于 C 点的数值时，则 σ_m 越小，内应力的影响越显著。

图 6-26 为两组带有纵向、横向焊道的试样。它是一个采用不同焊接次序来获得不同焊接应力分布的试样对比试验。第一组试样 A 是先焊纵向焊缝，后焊横向焊缝；另一组试样 B 是先焊横向焊缝，后焊纵向焊缝。在焊接交叉处，第一组试样的拉伸焊接应力低于第二组。两组试样的对比疲劳强度结果如图 6-26 所示。从图上可以看出，第一组疲劳强度高于第二组。这个试验并没有采用热处理来消除内应力，排除了热处理对材料性能的影响，比较明确地说明了内应力的作用。

残余应力对焊接结构疲劳性能的影响不仅与残余应力的大小及其分布有关，还与焊接结构所受疲劳载荷的应力循环特性、焊接接头的应力集中程度有关。在 14Mn2 低合金结构钢试样上有一条横向对接焊缝，在正反两面各堆焊一条纵向焊道。一组试样焊后做消除内应力热处理，另一组未经热处理。疲劳试验采用三种应力循环特性系数 $r=-1, 0, +0.3$。试验结果如图 6-27 所示。由图可见，在交变载荷下（$r=-1$）消除内应力试样的疲劳强度接近 130 MPa，而未消除内应力的仅为 75 MPa。在脉动载荷下（$r=0$）两组试样的疲劳强度相同，为 185 MPa。而当 $r=+0.3$ 经热处理消除内应力的试样的疲劳强度为 260 MPa，反而略低于未经热处理的试样（270 MPa）。产生这个现象的原因是：在 r 比值较高时，例如在

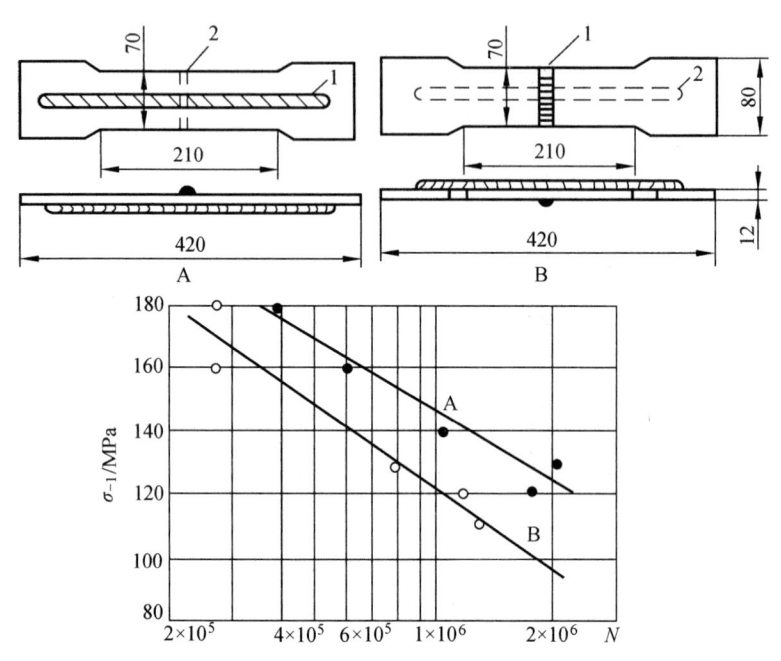

图 6-26 利用不同焊接次序调整焊接应力的疲劳对比试验结果

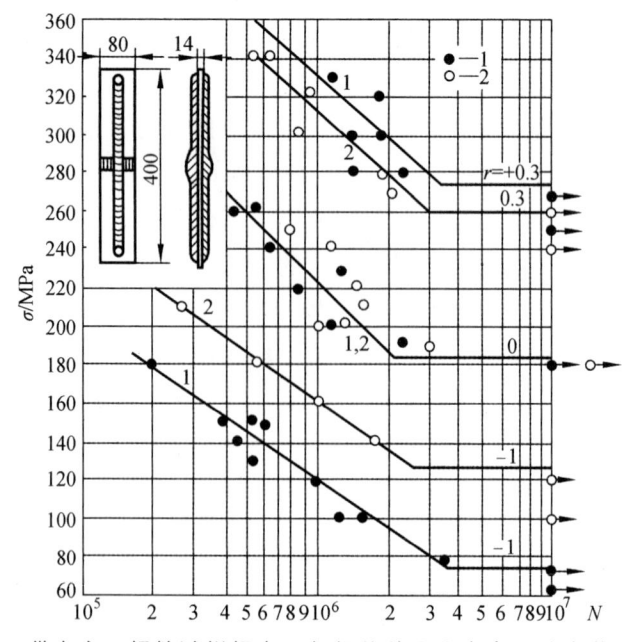

图 6-27 带有交叉焊缝试样焊态 1 与经热处理去应力 2 的疲劳强度对比

脉动载荷下，疲劳强度较高，在较高的拉应力作用下，内应力较快地得到释放，因此内应力对疲劳强度的影响就减弱；当 r 增大到+0.3 时，内应力在载荷作用下进一步降低，实际上对疲劳强度已不起作用。而热处理在消除内应力的同时又消除了焊接过程对材料疲劳强度的有利影响，因而疲劳强度在热处理后反而下降。这个有利影响在交变载荷试样里并不足以抵消内应力的不利影响，在脉动载荷试样里正好抵消了残余内应力的不利影响。上述试验所采用的试样，属于应力集中比较低的情况。对于带纵向短肋板，具有较高的应力集中系数的情况如图 6-28 所示。

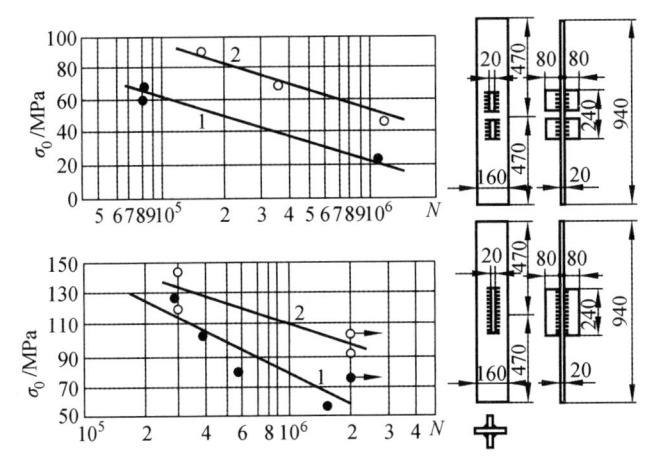

图 6-28 带纵向短筋板试样焊态 1 和经热处理去应力 2 的疲劳强度

结果消除内应力后的试验疲劳强度均高于未热处理的。在这个试验中，内应力的作用在脉动载荷下仍有反映，说明内应力的影响在应力集中较高时更大。

文献[39]采用超声冲击方法对转向架用 16MnR 钢焊接十字接头的焊趾及其附近区域进行超声冲击处理，在接头具有相同应力集中程度并经过热处理消除残余应力后，在应力比为 0.1、频率 10 Hz 的条件下，对具有相同应力集中系数和经过热处理消除残余应力的原始焊态十字接头及超声冲击处理十字接头的疲劳寿命进行了对比试验。焊接接头焊趾表层的残余应力的测试结果如表 6-1 所示，不同试样的疲劳试验结果如表 6-2 所示。

表 6-1　焊接接头焊趾表层的残余应力

处理方式	应力（X方向）/MPa	应力（Y方向）/MPa
焊态试样	249.5	236.8
焊态试样+热处理	57.1	38.6
2 min 超声冲击试样	−158.3	−141.2
2 min 超声冲击+热处理	−67.7	−46.3

表 6-2　疲劳试验结果

试样编号	试样状态	σ_{max}/MPa	$N/10^6$	平均值/10^6
1-1	焊态	260	0.260	0.260
1-2		260	0.214	
1-3		260	0.306	
2-1	焊态+热处理去应力	260	0.290	0.296
2-2		260	0.313	
2-3		260	0.285	
3-1	超声冲击	260	0.483	0.499
3-2		260	0.521	
3-3		260	0.492	
4-1	超声冲击+热处理去应力	260	0.330	0.428
4-2		260	0.487	
4-3		260	0.468	

从表 6-2 中可以看出，在应力集中程度相同的情况下，原始焊态接头的疲劳寿命是 0.260×10^6，经过热处理消除残余应力后，疲劳寿命为 0.296×10^6，提高了 13.85%左右。原始焊态十字接头经热处理消除残余应力后，接头仍然具有较小的残余拉伸应力（纵向残余拉伸应力为 57.1 MPa，横向残余拉伸应力为 38.6 MPa），考虑这部分较小残余拉伸应力对疲劳寿命的不利影响作用，残余应力的作用应该在 15%左右。超声冲击后十字接头的疲劳寿命为 0.499×10^6，超声冲击+热处理消除残余应力接头的疲劳寿命为 0.428×10^6，疲劳寿命降低了 14.23%。超声冲击接头经过热处

理消除残余应力后，接头仍然具有一定的残余压应力（纵向残余拉伸应力为-67.7 MPa，横向残余拉伸应力为-46.3 MPa），考虑这部分残余压应力对疲劳寿命的有利影响作用，残余应力的作用也在16%左右。

采用特殊的焊后表面处理方法引入残余压应力，可以提高焊接接头的疲劳强度及疲劳寿命，如锤击硬化、玻璃或钢的喷丸硬化、应力硬化及拉伸超载等。而较低水平的残余压应力（小于62 MPa）及焊后表面热应力释放处理对疲劳强度的影响无明显区别[40]。

尽管以上研究结论已在工程中得到广泛应用，但至今焊接残余应力对疲劳影响机理的研究仍有待于系统研究，特别是其在实际复杂结构中的真实疲劳影响作用[41]。当前，国际上对设计标准或规范中采用的焊接残余应力疲劳影响考虑方式的正确性及适用性，尚存在不同观点和争论，主要包括：① 接头疲劳危险部位常存在接近或达到母材屈服点的残余拉应力的假设，可能与实际结构的残余应力分布不符，从而导致错误的疲劳评定结果。复杂焊接结构的残余应力分布极为复杂，一些常被假设认为存在高残余拉应力的接头部位，实际上分布着有益于疲劳性能的残余压应力，或者分布的残余拉应力水平很低，故其疲劳危险程度并没有预期严重。Fricke[42]的试验研究证实了这一观点，提出为确保疲劳分析的可靠性，建议预先确定出由焊接引入的残余应力的真实分布状态，以视具体情况进行分析考虑，如可使用日益发展的有限元数值焊接模拟仿真。② 类似于振动时效应力消除工艺，结构运用中外载作用可导致其焊接残余应力松弛，应力分布和水平发生改变，从而可能降低其对疲劳强度的不利影响。针对该问题，与现行标准或规范中处理方式相同，Maddox[43]较笼统地认为当确实存在高值残余拉应力，且为满足高周设计寿命绝大部分实际载荷循环的应力水平相对较低时，因疲劳加载引起的应力释放有限，驻留的残余拉应力仍可明显提高外加循环应力的平均应力，故残余拉应力在运用中得到一定释放并不会明显改善疲劳强度。与此相反，Krebs[44]等近期的大量试验对比研究结果表明，多数情况下外载作用导致的残余应力改变对结构疲劳强度的影响较为显著，通常比热应力释放工艺的影响还要大，应得到足够重视。其提出只考虑初始残余应力分布和水平，不足以分析其对疲劳强度的影响作用，尚需进一步明确各种因素尤其是外载作用可能导致的残余应力改变情况。③ 复杂及不同条件下的残余应力疲劳影响研究仍有待于系统研究，如不同加载状态（包括常幅或变幅加载、轴向或弯曲加载、高周或低周加载等）及应力集中程度（包括各类焊缝接头形式、焊后改善工艺等）下，焊接残余应力的疲劳影响程度可能存在较大差异。Sonsino[45]于近年来针对该问题进行了大量试验研究，作出了有益探讨。其研究的主要结论为：对试验的几种应力集中程度差异较大的焊缝接头试件，在随机或变幅载荷下，残余拉应力的不利影响程度均比常幅加载状态下小，同时变幅载荷下应力释放工艺的疲劳强度改进较常幅载荷下差；焊缝接头试件的弯曲疲劳强度较拉压疲劳强度高，故应依据实际加载模式（膜应力为主或弯曲应力为主）选择正确的许用应力或进行必要修正，其对设计轻量化结构尤为重要；不同应力集中情况下应力释放工艺的疲劳强度改进也不同，应力集中程度越严重，疲劳强度改进效果越差，即焊接残余应力的影响越有限，如应力释放对搭接接头（应力集中十分严重）的疲劳强度无改进、对纵向加强筋端部焊趾（应力集中为中等严重）在高周寿命区（$N>10^6$）的疲劳强度改进显著，在中低周区改进较小，对 V 形角接头（应力集中相对低）在全寿命区疲劳强度均有较大改进；交变常幅加载下应力释放对疲劳强度的改进高于脉动常幅加载，且在高周寿命区改进效果优于中低寿命区。

6.2.3 超声冲击调整焊接接头残余应力分布

超声冲击处理可以改善焊接接头或焊接结构的残余应力分布，该结论已经得到诸多研究证明[46-49]。

Janosch 等[50]采用超声冲击方法对角焊缝焊趾进行处理，利用钻孔法测定残余应力，研究了超声冲击前后焊接接头焊趾区域的焊接残余应力的变化。结果表明，超声冲击后，焊趾表层金属的残余应力可以达到母材的屈服强度，Trufyakov 等[51]也得出了相同的结论。美国 Lehigh 大学的 CHENG[52]采用超声冲击焊后处理工艺处理焊接接头，随后利用中子衍射和 X 射线衍射技术测量残余应力，发现经过超声冲击处理的区域产生了残余压应力，由于形变强化的强烈作用，压应力值达到甚至超过母材的屈服强度，如图 6-29 所示。

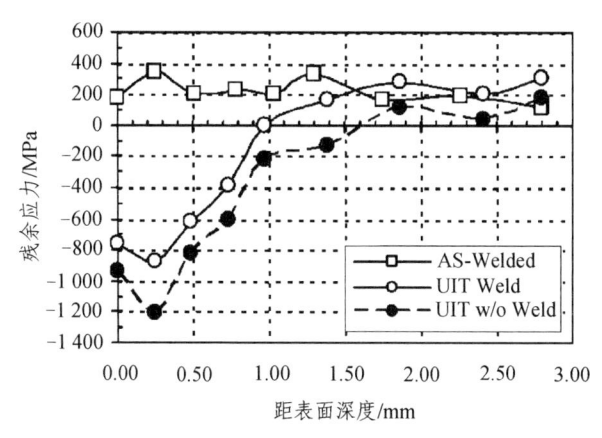

图 6-29　超声冲击前后焊接接头中的残余应力分布

残余压应力的深度为 1.5～1.7 mm，宽度约为 15 mm。上海交通大学的饶德林等人[53]对 Q345 钢结构箱形柱的研究表明：采用超声冲击工艺可以在焊缝表面一定深度（<3 mm）下产生压应力，最高测得-134 MPa。而对于非熔透埋弧焊和熔透埋弧焊焊缝的测量结果显示：在盲孔法测量的深度范围内，超声冲击可降低焊缝最大主应力 34%～55%。叶雄林等人[54]通过对超高强钢焊接接头进行焊趾位置的超声冲击处理，并采用 X 射线应力分析仪得到了冲击处理前后各个测试点处焊接残余应力的分布情况，如图 6-30 所示。超声冲击后焊趾表面的残余压应力下降到了-350 MPa 左右。

马杰等[55]在不同的工作电流、不同的冲击头工作条件下，对不同厚度的钛合金焊接试板进行了超声冲击处理。超声冲击后采用 X 射线衍射法检测焊接试片超声冲击产生的压应力大小，试验设备采用 LXRD 型 X 射线应力仪。在同一厚度下，焊后热影响区产生了约 200 MPa 的残余拉应力，而随着超声冲击工作电流的增加，产生的压应力逐渐增加，并且电流每增加 1 A，针状冲击头产生的压应力增加幅度为 150 MPa 左右，而片状冲击头的增幅较小，为 100 MPa 左右。这主要是由于针状冲击头与焊缝的接触面积要小，因此在相同的工作电流下，造成压应力相对较大。对测试数据进行拟合表明，压应力的变化与电流的变化呈线性正相

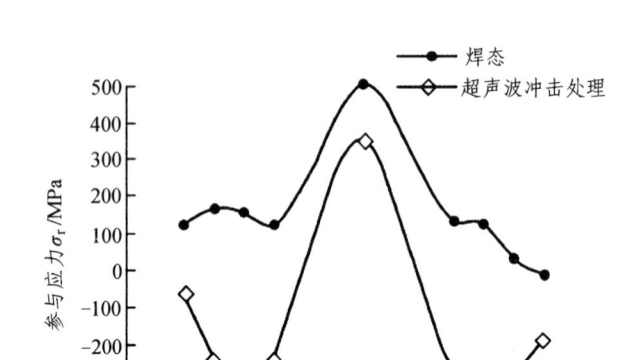

图 6-30 超声冲击前后试样残余应力分布曲线

关，因此可以通过控制工作电流的大小来控制压应力，对于针状冲击头，1 A 电流的压应力的水平约为 200 MPa，2 A 约为 350 MPa，而 3 A 约为 500 MPa。对于片状冲击头，1 A 电流的压应力的水平约为 150 MPa，2 A 约为 250 MPa，3 A 约为 350 MPa。片状冲击头作用下的压应力水平不仅明显低于针状冲击头，而且随着电流的增加，残余压应力增加的幅度也比针状冲击头小。同时，试验数据还表明，在相同的工作电流下，不同厚度试板产生的压应力水平是近似相当的，压应力并不随试板厚度的变化而变化，说明试板厚度并不是影响压应力的因素。因此，结合数据分析结果，实现压应力的可控化是完全可行的，压应力的大小只与冲击头类型和工作电流的大小有关系。文献[56]对高速列车转向架用 SMA490BW 钢焊接接头进行超声冲击处理，并用盲孔法对超声冲击前后焊接接头焊缝及其附近区域表面的残余应力进行了测量。经过超声冲击处理后，焊缝、焊趾、近缝区（热影响区）的横向残余应力有较为明显的下降趋势。焊缝中心处应力值由 241 MPa 降至 89 MPa，应力消除率为 63%；距离焊缝中心 5 mm 处应力值由 437 MPa 降至 136 MPa，应力消除率为 69%；距离焊缝中心 7 mm 处，即焊趾处，应力值由 265 MPa 降至 -49 MPa，应力消除率为 118%。纵向应力也有类似的趋势，焊缝中心处由 222 MPa 降至 -93 MPa，应力消除率为 142%；距离焊缝中心 5 mm 处应力值由

350 MPa 降至-215 MPa，应力消除率为 161%；距离焊缝中心 7 mm 处，即焊趾处，应力值由 244 MPa 降至-117 MPa，应力消除率为 148%，纵向残余应力的消除率较横向残余应力要大。文献[57]采用不同超声冲击工艺参数对 16Mn 钢焊接接头进行超声冲击处理，并用 ZS21-B 型应力测试仪对经不同工艺参数超声冲击后的焊接接头表面的残余应力进行了测量，结果如表 6-3 所示。从表 6-3 中可以看出，随着超声冲击时间的增加和冲击电流的增大，在焊接接头金属表层形成的残余压应力也就越大。在相同冲击时间内，每增加 1 A 冲击电流，残余应力基本上增加 40 MPa 左右。

表 6-3　焊接接头经不同工艺参数冲击后的残余应力

冲击工艺参数时间/电流	残余应力/MPa
2 min/1.5 A	-200.3
2 min/2.0 A	-220.5
5 min/1.5 A	-250.4
5 min/2.0 A	-267.7
10 min/1.5 A	-280.9
10 min/2.0 A	-300.8

文献[58]采用全覆盖超声冲击方法对转向架用 16MnR 钢焊接接头进行超声冲击处理，并采用盲孔法测量焊态及超声波冲击处理后的残余应力大小，结果如表 6-4 所示。试件的几何尺寸为 350 mm×300 mm×12 mm，测试位置为焊缝中心部位及沿焊缝方向 60 mm 和-60 mm 三个位置。

表 6-4　焊态及超声波冲击处理试件焊缝区应力测试结果

处理状态	试件编号	测点位置	纵向应力 σ_x/MPa	横向应力 σ_y/MPa
焊态	1	焊缝中心+60 mm	416.89	12.46
	1	焊缝中心	345.65	-11.95
	1	焊缝中心-60 mm	450.72	98.19
	2	焊缝中心+60 mm	554.60	128.01
	2	焊缝中心	589.72	185.28
	2	焊缝中心-60 mm	562.06	125.98

续表

处理状态	试件编号	测点位置	纵向应力 σ_x/MPa	横向应力 σ_y/MPa
焊态	3	焊缝中心+60 mm	440.62	181.12
	3	焊缝中心	448.25	119.14
	3	焊缝中心-60 mm	583.21	93.97
超声冲击态	4	焊缝中心+60 mm	-289.63	-336.46
	4	焊缝中心	-341.02	-379.63
	4	焊缝中心-60 mm	-231.71	-244.37
	5	焊缝中心+60 mm	-351.73	-365.66
	5	焊缝中心	-317.69	-351.87
	5	焊缝中心-60 mm	-385.48	-402.57
	6	焊缝中心+60 mm	-356.58	-317.34
	6	焊缝中心	-261.89	-343.54
	6	焊缝中心-60 mm	-290.88	-419.99

从表 6-4 中可以看出，超声波冲击前焊缝中心处的最大纵向残余应力值达到了 589.72 MPa，横向残余应力的最高值为 185.28 MPa，且分布并不均匀。为便于超声冲击前后焊缝纵向和横向残余应力的变化对比，将纵向和横向残余应力结果分别列于表 6-5 和表 6-6 中。

表 6-5 焊缝区纵向残余应力 σ_x

试件编号	测量点位	冲击前纵向残余应力 σ_x/MPa	冲击后纵向残余应力 σ_x/MPa
C1	b	470.70	-289.63
	c	461.21	-341.02
	d	531.99	-231.71
C2	b	470.70	-351.73
	c	461.21	-317.69
	d	531.99	-385.48
C3	b	470.70	-356.58
	c	461.21	-261.89
	d	531.99	-290.88

表 6-6　焊缝区横向残余应力 σ_y

试件编号	测量点位	冲击前横向残余应力 σ_y/MPa	冲击后横向残余应力 σ_y/MPa
C1	b	107.20	-336.46
	c	97.49	-379.63
	d	106.05	-244.37
C2	b	107.20	-365.66
	c	97.49	-351.87
	d	106.05	-402.57
C3	b	107.20	-317.34
	c	97.49	-343.54
	d	106.05	-419.99

几个焊态试件经超声波冲击后，横纵双向的焊接残余应力都明显下降，与冲击前相比较，冲击后的残余应力峰值显著下降，并使其分布更趋向于均匀化。从超声冲击后三个试件测点的平均值来看，各点之间的横纵向应力均在 30 MPa 的小范围内变化。研究结果表明，超声波冲击处理可以显著降低焊接残余应力，把焊缝表层残余拉应力全部转化为有利的压应力；超声冲击处理对焊态 16MnR 钢试件中焊缝上存在的高值双向残余拉应力消除效果均十分显著，可使焊件冲击部位表层双轴拉应力场转变为双向压应力场。

文献[59]采用 HJ-Ⅲ型超声波冲击设备对列车转向架用 16MnR 钢焊接接头的焊趾处进行超声冲击处理，试验中采用了相同的冲击电流，不同的超声冲击时间，并对经超声冲击后的焊趾表面进行了残余应力测定，所用测试设备为 X-350A 型 X 射线应力测试仪，测试结果如表 6-7 所示。

表 6-7　不同冲击时间对应的焊趾表面残余应力

试样编号	冲击时间/min	残余应力值（X方向）/MPa	残余应力值（Y方向）/MPa
1	0	267	186
2	3	-384	-484
3	6	-470	-297
4	10	-242	-165
5	15	-246	-63

从表 6-7 中可以看出，经过超声冲击后，接头焊趾区域纵向残余应力和横向残余应力的数值发生了明显变化。试样焊趾处的纵向残余应力值和超声冲击时间不成比例，随着超声冲击的进行，试样焊趾处表面焊接残余应力逐渐减小，并形成一定数值的残余压应力，同时随着超声冲击时间的增加，纵向残余应力在超声冲击 6 min 后达到一个相对较大值，为-470 MPa。超声冲击时间的继续延长，表面的残余压应力会变小并趋于一个稳定的数值，由-470 MPa 下降到-242 MPa。横向残余应力和超声冲击时间具有一定的规律性，超声冲击 3 min 后，测量区域的残余应力数值达到一个相对较大值，为-484 MPa，随着冲击时间的增加，残余压应力数值反而逐渐减小。残余应力产生的本质原因从宏观上看是塑性变形的不均匀性，已发生塑性变形部分和未发生塑性变形部分相互牵制形成残余应力[3]。塑变制约模型如图 6-31 所示。

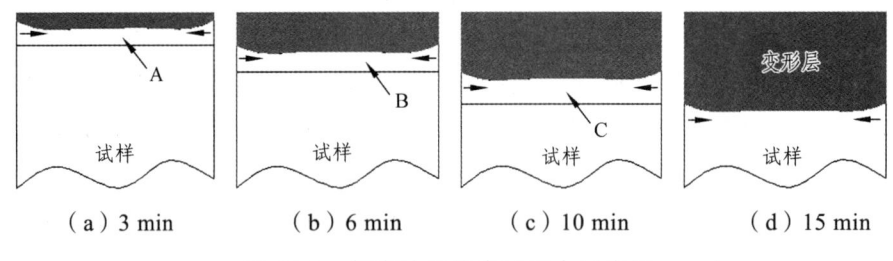

图 6-31 超声冲击塑变层受力示意图

图 6-31（a）为冲击 3 min 所形成的塑变层，冲击过程中上部灰色部分的变形层要向左右运动，未变形的区域 A 由于金属的连续性，就会受到上部区域向左右的拉应力，相反的灰色区域就会受到压应力；微观上的表现就是上层晶粒沿左右拉伸变形，而 A 区晶粒为了不变形，必然以弹性变形与之协调。此时由于冲击层深度比较薄，下层未变形金属对表面金属运动有较大的阻碍作用，故而表面存在较大的残余压应力。图 6-31（b）为冲击 6 min 所形成的塑变层，塑变层厚度较 3 min 加深，塑变扩展到了 A 区域，同样的变形层存在残余压应力，未变形 B 区域主要对图 6-31（a）中的已变形 A 区域产生阻碍作用，对表面的阻碍作用减弱。图 6-31（c）为冲击 10 min 所形成的塑变层，未变形 C 区域主要对 6-31（b）中的已变形 B 区域产生阻碍作用，对表面的阻碍作用更加弱化，理论上的

试样最大残余压应力应该在变形与未变形的交界处。图 6-31（d）为冲击 15 min 所形成的塑变层，塑变层是最大的，表面残余压应力也是相对比较小的。其他学者也得到了一些类似的试验结果，发现表面最大残余应力有内移的现象，高玉魁[60]研究了高强度钢在不同喷丸规范下的残余压应力特性。在各种喷丸规范下表面最大残余压应力变化较大，对喷丸强化工艺参数敏感，一般来说表面残余压应力数值随着喷丸强度的变大而减小；而在各种喷丸规范下内部最大残余压应力变化不大，对喷丸强化工艺参数不敏感。杨永红等[61]同样研究了喷丸覆盖率对表面残余应力的影响，表面残余应力随覆盖率的升高先降低，后逐渐趋于稳定。覆盖率的升高在一定程度上说明了冲击强度（能量）的增加，也就是超声冲击时间的延长。根据试验得到最佳的超声冲击工艺参数，对制定焊后超声冲击消除残余应力的合理规范具有重要意义。

文献[9]采用超声冲击方法处理动车转向架用 P355NL-1 钢焊接接头，利用 PSF/MSF-3M 型 X 射线应力分析仪（见图 6-32）对冲击前后焊接接头的表层残余应力进行了测试，测试结果如表 6-8 所示。

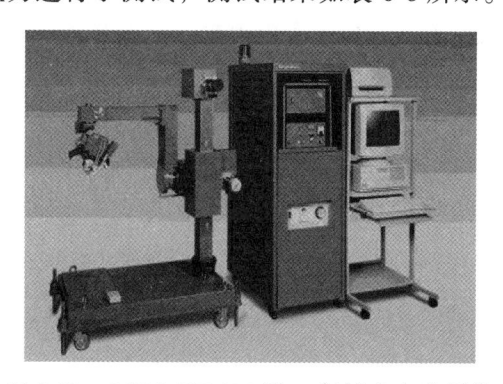

图 6-32 PSF/MSF-3M 型 X 射线应力分析仪

表 6-8 焊态/超声冲击态焊接接头残余应力测试结果

处理方式	应力/MPa（X 方向）	误差	应力/MPa（Y 方向）	误差	接头形式
焊态试样	276	12	251	8	对接接头
5 min 超声冲击	-335	1	-296	33	
焊态试样	236	9	193	14	十字接头
5 min 超声冲击	-224	7	-178	16	

从表 6-8 中可以看出，在焊态时，不论是对接接头还是十字接头，沿焊缝方向和垂直于焊缝方向均为残余拉伸应力，经过 5 min 超声冲击处理后，两种接头形式不论是沿焊缝方向还是垂直于焊缝方向均形成了残余压应力，压应力最高可以接近母材的屈服强度。原因是超声冲击强化了材料表面。

文献[10]运用 Stress3000 型便携式 X 射线应力分析仪分别对焊态大板、冲击态大板、焊态试样及冲击态试样进行残余应力测试，测试结果如表 6-9 所示（X 方向是沿焊缝的方向，Y 方向是垂直于焊缝的方向）。

表 6-9　试样焊根处残余应力

试　样	X 方向残余应力/MPa	误差/MPa	Y 方向残余应力/MPa	误差/MPa
焊态大板	245.2	13.6	266.7	16.2
冲击态大板	-172.3	12.9	-115.3	12.83
焊态	11.1	13.5	20.2	10.6
冲击态	-40.5	12.53	-23.6	10.78

从表 6-9 中可以知道，焊态大板焊根区存在较大的残余拉应力，X 方向残余拉应力达到 245.2 MPa，Y 方向残余拉应力则为 266.7 MPa。焊态大板经过线切割制成焊态试样，这将减小焊根处的变形约束，从而释放出大量的残余拉应力。焊态试样焊根处的 X 方向残余拉应力达到 11.1 MPa，Y 方向残余拉应力则为 20.2 MPa，X 方向、Y 方向分别降低了 95.5%和 92.4%。经过超声冲击处理以后，焊根处的残余拉应力被残余压应力所取代，冲击态大板 X 方向残余压应力达到-172.3 MPa，Y 方向残余压应力则为-115.3 MPa，X 方向和 Y 方向的残余拉应力消除率分别达到 170.3%和 143.2%。同样，经过线切割制成冲击态试样，释放了大量的残余压应力，X 方向残余压应力达到-40.5 MPa，Y 方向残余压应力则为 -23.6 MPa，分别释放了 76.5%和 79.5%。

材料的临界应力强度因子 ΔK_{th} 值与其自身的组织性能、所受外部的平均应力的大小有关系。在平均应力的作用下，材料的临界应力强度因子 ΔK_{th} 值表达式[62]如式（6-2）所示。

$$\Delta K_{\mathrm{th}} = \frac{1.2(\Delta K_{\mathrm{th}})_0}{1+0.2\dfrac{1+R}{1-R}} \tag{6-2}$$

式中，R 为平均应力。

试验过程中试样承受循环交变载荷，焊根处经过超声冲击之后，残余压应力会与施加的拉应力相互抵消，这使得平均应力 R 会减小。由公式（6-2）可知，当 R 减小，则裂纹尖端的临界应力因子 ΔK_{th} 值将会增大，这将延长试样的疲劳寿命。

文献[11]研究了超声冲击对 SMA490BW 钢焊接接头疲劳性能的影响，超声冲击可使焊接接头焊趾处的应力集中大幅度降低，金相组织得到细化；焊趾及其附近区域经超声冲击后，接头的拉伸残余应力变为压缩残余应力。采用 XSTRESS3000 便携式应力仪对焊态大板、冲击态大板、焊态疲劳试样以及冲击态疲劳试样焊趾区域的残余应力（包括横、纵向应力）进行测试，测试结果如表 6-10 所示。

表 6-10　试样焊趾区域的残余应力

试　样	横向残余应力/MPa	误差/MPa	纵向残余应力/MPa	误差/MPa
焊态大板	266.71	16.25	245.27	13.64
冲击态大板	-172.27	12.90	-115.32	12.83
焊态疲劳试样	11.13	13.51	20.32	10.59
冲击态疲劳试样	-40.46	12.53	-23.59	10.78

从表 6-10 中数据可知，SMA490BW 钢焊态大板焊趾处存在较大的残余拉应力，横向残余应力高达 266.71 MPa。由于焊态疲劳试样是采用线切割机从焊态大板中切割所得，切割过程中接头焊趾部位的变形约束去除，残余应力得到大幅释放，最低残余应力值为 11.13 MPa。相比于焊态大板，焊态疲劳试样焊趾处的横、纵向残余应力分别释放了 255.58 MPa 和 224.95 MPa，释放幅度依次为 95.8%和 91.7%。经过超声冲击处理后，焊接大板焊趾处的残余拉应力得到消除，并转变为有益的残余压缩应力，横向残余应力由 266.71 MPa 降为-172.27 MPa，应力消除率为 164.6%；纵向残余应力由 245.27 MPa 降为-115.32 MPa，应力消除率为 147%。此

外，冲击态疲劳试样是从冲击态大板中切割获取的，也存在残余应力的释放，横、纵向残余应力分别释放了 131.81 MPa 和 91.73 MPa，释放幅度依次为 76.5%和 79.5%，但应力状态仍呈现为压应力，最高可达-40.46 MPa。焊接接头焊趾及其附近区域表面的棱线经冲击处理后得以消失，呈现金属色的压痕，这说明在超声冲击针高频、高效的冲击作用下，焊趾表面塑性变形层内的应力状态转变为有益的残余压应力。

文献[63]对转向架用耐候钢 SMA490BW 焊接接头进行超声冲击处理，并对超声冲击处理前后以及不同冲击工艺对耐候钢焊接接头残余应力消除情况进行研究。为保证被测试部位的焊接残余应力分布大体一致，在焊接试件的中心部位上选择 5 个相邻区域（编号依次为 A、B、C、D、E）进行测试，如图 6-33 所示。每个区域分别测试 14 个点，以焊接试件的纵向残余应力 σ_x 为研究对象，测试结果如图 6-34～图 6-38 所示。分别对 A、B、C、D、E 5 个区域施以不同的激励电流进行超声波冲击。其激励电流分别为：A 区 1.4 A、B 区 1.6 A、C 区 1.8 A、D 区 2.0 A、E 区 2.2 A。冲击速度为 400 mm/min 左右。

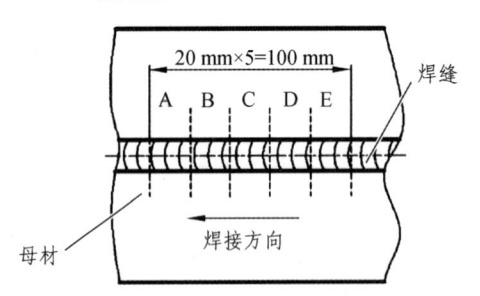

图 6-33　试件超声冲击测试布点区域

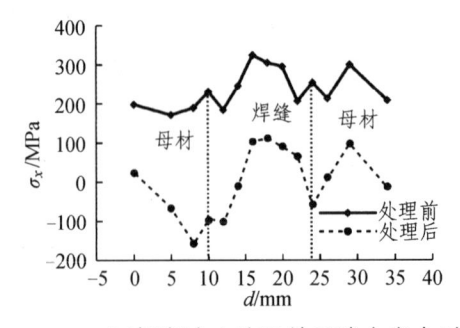

图 6-34　A 区超声冲击处理前后残余应力对比

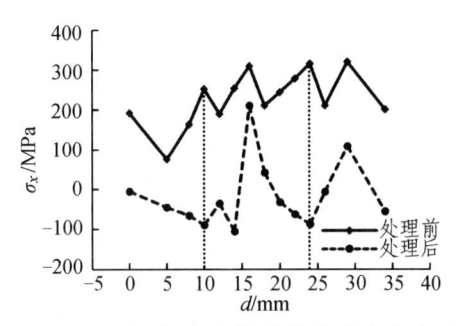

图 6-35　B 区超声冲击处理前后残余应力对比

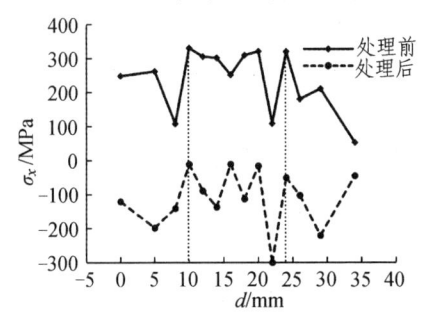

图 6-36　C 区超声冲击处理前后残余应力对比

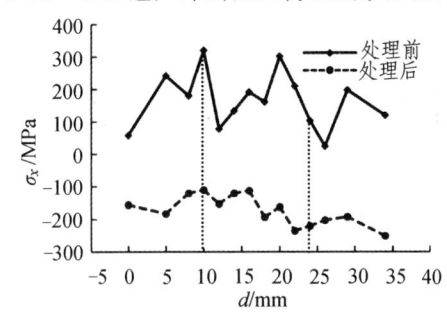

图 6-37　D 区超声冲击处理前后残余应力对比

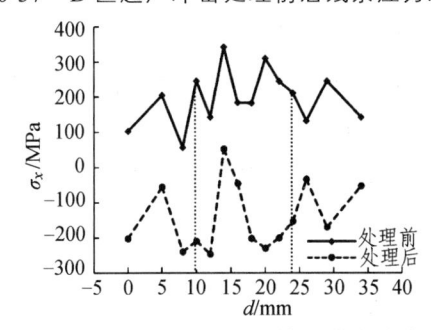

图 6-38　E 区超声冲击处理前后残余应力对比

由图 6-34 ~ 图 6-38 可见，超声冲击处理前，焊接接头焊缝、热影响区和母材的纵向残余应力为较大的拉应力，且应力起伏较大、分布不均。超声冲击处理后，不同大小的激励电流对焊接接头残余应力消除效果有较大差异。其中，当激励电流为 2.0 A（D 区）时，经过超声冲击处理后，接头各区域应力都转变为压应力，且应力起伏较小，分布均匀，对残余应力的消除效果最佳。

目前，研究学者主要应用位错理论来解释超声冲击改善焊接残余应力的机理。残余应力在微观上表现为位错结构的排列，不同的应力分布对应着不同的位错排列形态，位错越密集，说明对应的应力分布越集中。焊趾处残余拉应力对应的位错形态往往表现为不稳定的高能形态，表层组织在冲击针高频能量和冲击应力作用下发生塑性变形，高峰值应力区将发生局部屈服，从而降低峰值；表层金属发生塑性变形的同时伴随有大量位错结构的改变，位错会由原有的不稳定高能态转变为相对稳定的低能态，相对应的残余应力也会得到重新分布，即拉应力变小或转化为均匀稳定的压应力[64]。

6.3　超声冲击对焊接接头应力集中的影响

6.3.1　焊接接头应力集中系数概述

应力集中是指结构或构件的局部区域的最大应力值比平均应力值高的现象，一般出现在物体形状急剧变化的地方，如缺口、孔洞、沟槽以及有刚性约束处。如开有圆孔和带有切口的板条，当其受轴向拉伸时，在圆孔和切口附近的局部区域内，应力的数值剧烈增加，而在离开这一区域稍远的地方，应力迅速降低而趋于均匀，如图 6-39 所示。

在弹性应力范围以内，应力集中的程度可以用应力集中系数 K_t 来表示。

$$K_t = \frac{\sigma_{max}}{\sigma_{av}} \qquad (6-3)$$

式中，σ_{max} 为局部区域的最大应力值；σ_{av} 为平均应力值或者名义应力值；

K_t 是一个大于 1 的系数。

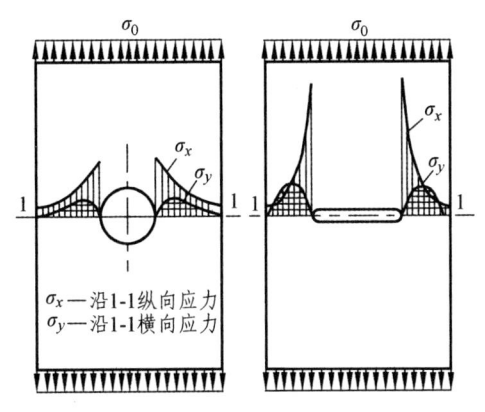

图 6-39 圆孔及槽孔附近的应力集中

试验和计算均表明，构件截面尺寸的变化越剧烈，应力集中系数越大。当截面几何形状比较简单时，可以运用弹性力学来求解 K_t；当结构比较复杂时，可以运用有限元方法计算，或者由弹性理学等试验方法确定 K_t。

在焊接接头的区域内，由于接头形状和焊缝布置的特点，造成焊接接头几何形状从母材向焊缝过渡处发生截面突变，在承受外载荷时，形状的突变破坏了力线的分布条件，因此造成了焊接接头工作应力的分布不均匀，接头中最大应力比平均应力值高的现象，即产生了局部应力集中。焊接接头中应力集中系数也可以用式（6-3）表述。

焊接接头中应力集中的程度取决于焊接接头的结构形式。一般来说，焊接接头可分为对接接头、T 形接头（十字接头）、搭接接头、角接接头、端接接头、套管接头、斜对接接头、卷边接头和锁底对接接头等，其中以对接、T 形（十字）、搭接 3 种接头用得较多。

由于焊接接头截面几何形状的突变性，造成焊接接头工作应力高于结构所受的名义应力。对接接头的力线干扰较小，因而应力集中系数较小，其疲劳强度也将高于其他接头形式。焊接对接接头中正应力的分布示于图 6-40 中。一般正常焊接情况下，对接接头焊趾处的应力集中系数不超过 1.6，焊根处的应力集中系数不超过 1.5。增大过渡半径 r 或减小加厚高 h，应力集中系数会降低，当采用机加工方法去掉加厚高时，$K_t=1$，接头焊趾处的应力集中消失。按照国家有关标准，加厚高一般小于 3 mm。

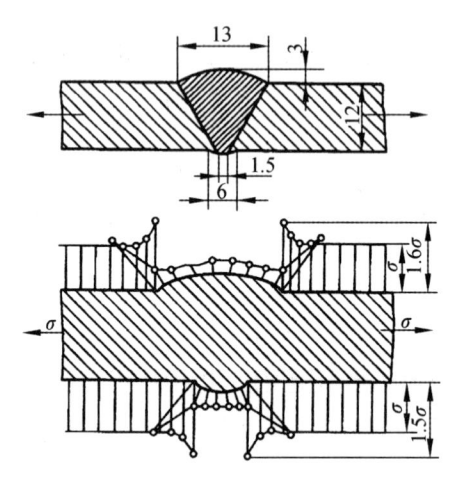

图 6-40　对接接头的应力集中

应力集中对承受动载荷对接接头的疲劳强度是非常不利的，所以要求接头的应力集中系数越小越好，通常采用削平加厚高或增大焊趾圆弧过渡半径 r 的措施来降低应力集中，从而提高接头的疲劳性能。

接头焊趾处应力集中系数 K_t 可由公式（6-4）表示[65-67]。

$$K_t = \beta \left[1 + \alpha \left(\frac{d}{r} \right)^\lambda \right] \tag{6-4}$$

式中，d 为板的厚度；r 为焊趾处过渡半径；β、α 和 λ 均为系数，在对接接头形式及拉伸加载方式下它们分别取 1、0.27 $(\tan\theta)^{0.25}$ 和 0.5。

图 6-41 是未开坡口焊接十字接头的应力集中情况。从图中可以看出，在十字接头的焊趾处具有较大的应力集中。除此之外，由于接头没有焊透，焊缝根部也有很大的应力集中，两处的应力集中系数均大于 3。图 6-42 是开坡口焊透的十字接头，焊趾倾角大幅度降低，大大消除了焊趾处的应力集中。因此，开坡口或采用深熔焊接方法焊透是提高焊接十字接头疲劳性能的关键措施之一。

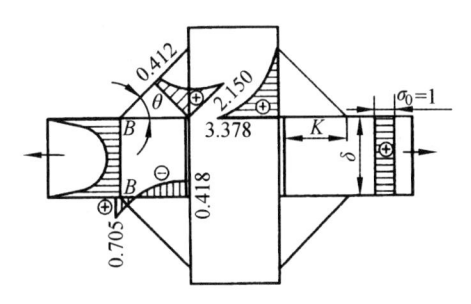

图 6-41 未开坡口焊接十字接头的应力分布

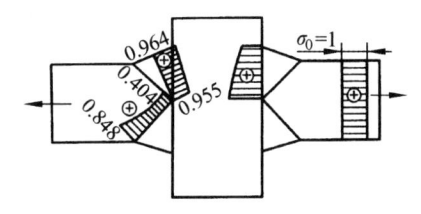

图 6-42 开坡口焊接十字接头的应力分布

十字接头由于焊缝向母材金属的过渡处具有明显的截面变化,其应力集中系数要比对接接头的应力集中系数高,因此十字或 T 形接头的疲劳强度要低于对接接头。十字接头（T 形接头）焊趾的应力集中系数可以表示为[68]

$$K_{\mathrm{t}} = 1 + 0.35(\tan\theta)^{1/4}\left[1 + 1.1(c/l)^{3/5}\right]^{1/2}\left(\frac{t}{\rho}\right)^{1/2} \quad (6\text{-}5)$$

搭接接头使构件的形状发生了较大的改变,故应力集中系数比对接接头要复杂,且一般情况下搭接接头的应力集中系数大于对接接头。根据搭接接头角焊缝受力的方向,可以将角焊缝分为正面角焊缝、侧面角焊缝和斜向角焊缝。图 6-43 为正面角焊缝的应力分布。

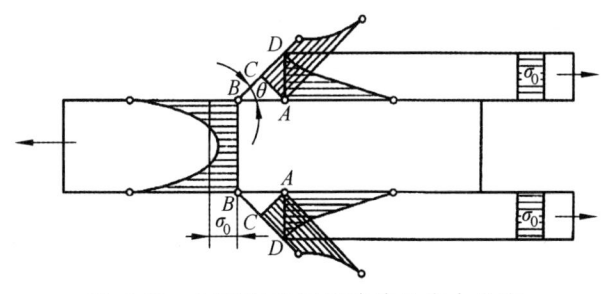

图 6-43 正面角焊缝搭接接头应力分布

只有侧面角焊缝的搭接接头的应力集中系数也非常大,如图6-44(a)所示。既有正面角焊缝又有侧面角焊缝的搭接接头称为联合角焊缝搭接接头。尽量采用既有侧面角焊缝又有正面角焊缝的搭接接头,这样不仅可以改善应力分布[见图6-44(b)],还可以缩短搭接长度。

(a)

(b)

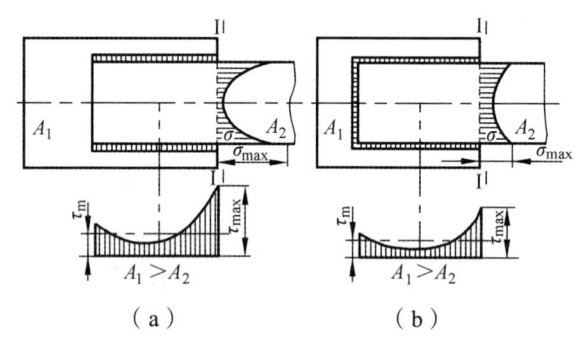

图 6-44　侧面角焊缝与联合角焊缝搭接接头的应力分布

焊趾应力集中系数可以表示为[69]

$$K_t = 1 + 0.6(\tan\theta)^{1/4}(t/l_1)^{1/2}\left(\frac{t}{\rho}\right)^{1/2} \qquad (6-6)$$

6.3.2　焊接接头应力集中系数的有限元计算

采用有限元方法对焊接接头进行应力分析,考察几何参数对应力集中系数 K_t 的影响,国内外都有这方面的研究[70-73]。

文献[74]应用有限元软件ABAQUS,计算焊趾倾角在10°到60°,焊趾过渡圆弧半径在0.1 mm到4 mm范围内变化时的焊趾处的应力集中系数,并通过Origin软件分析建立应力集中系数与几何参数(焊趾倾角、焊趾过渡圆弧半径)的关系方程式。针对转向架用SMA490BW钢十字接头建立模型,焊接残余应力及工艺缺陷不作考虑,如图6-45所示,板厚为12 mm,焊缝宽度为6 mm,θ 为焊趾倾角,r 为焊趾过渡圆弧半径。采用有限元软件ABAQUS里的六面体单元进行网格的划分,为了提高分析的收敛速度和计算精度,采用二次单元C3D20。同时在应力集中的焊趾区域细化网格,在远离该区域的网格可以适当大些,用以减小控制模型的规模。划分的有限元网格如图 6-46 所示，最小单元尺寸为 0.05 mm，材料的弹性模量 E=206 GPa，泊松比 μ=0.3。建立模型边界条件，一端全固定，一端施加 100 MPa 的均匀拉伸载荷。

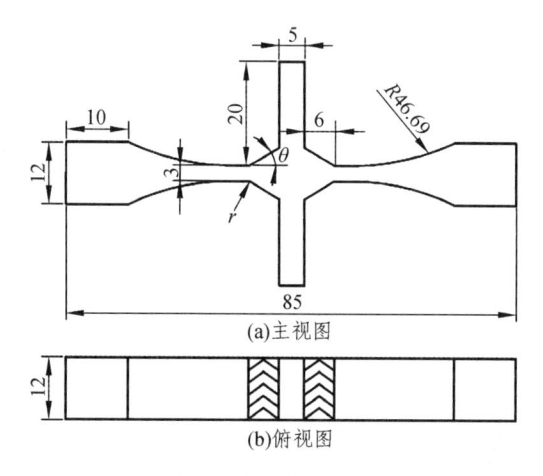

图 6-45　十字接头的几何形状和尺寸（单位：mm）

图 6-46　十字接头试样模型的有限元网格

为了较全面地考察焊趾倾角 θ 和焊趾过渡圆弧半径 r 对焊趾处应力集中系数 K_t 的影响，有限元计算时，参数具体取值范围如表 6-11 所示，焊趾处的应力集中系数 K_t 为焊趾处最大应力与所在截面的平均应力之比。图 6-47 是焊趾过渡圆弧半径 r=1.5 mm，焊趾倾角 θ=10°的十字焊接接头主应力云图，得到的应力集中系数 K_t 为 1.257。

表 6-11 焊趾几何参数取值范围

参数	取值范围					
$\theta/(°)$	10	20	30	40	50	60
r/mm	0.1	0.2	0.5	1	1.5	2	2.5	3	4

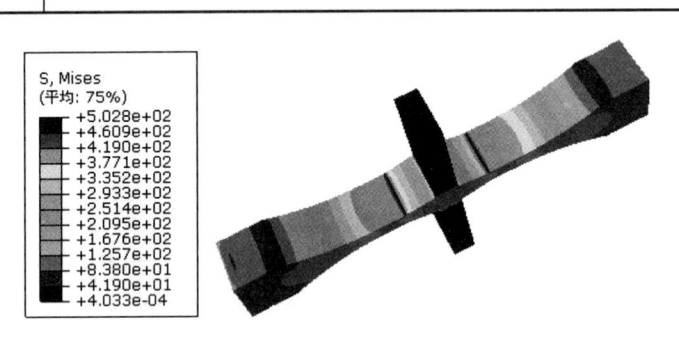

图 6-47 十字焊接接头主应力云图（r=1.5 mm，θ=10°）

采用相同的网格单元及同样的加载情况下，得到其他参数对应的十字接头应力分布图，应力集中系数 K_t 计算结果如表 6-12 和图 6-48 所示。

表 6-12 十字接头应力集中系数 K_t 随 r 与 θ 的变化情况

r/mm	$\theta/(°)$					
	10	20	30	40	50	60
0.1	1.405	1.797	2.166	2.493	2.755	2.943
0.2	1.376	1.683	1.971	2.176	2.374	2.438
0.5	1.321	1.536	1.694	1.896	2.008	2.081
1	1.267	1.464	1.557	1.598	1.625	1.636
1.5	1.257	1.370	1.423	1.449	1.461	1.462
2	1.231	1.311	1.341	1.353	1.353	1.360
2.5	1.210	1.268	1.285	1.289	1.290	1.290
3	1.191	1.233	1.243	1.245	1.245	1.246
4	1.164	1.187	1.188	1.188	1.190	1.192

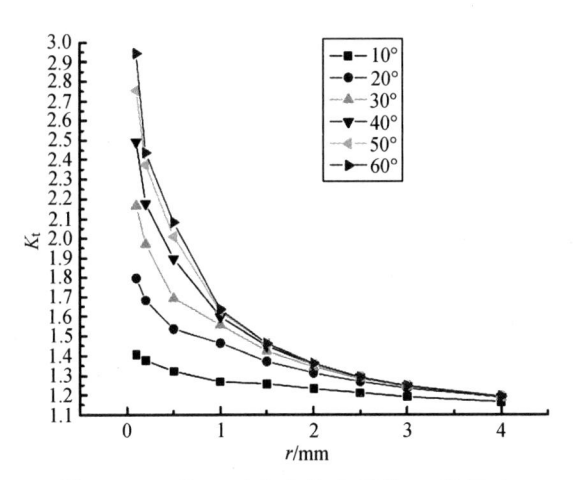

图 6-48　r 和 θ 对应力集中系数 K_t 的影响

由表 6-12 和图 6-48 可以看出，应力集中在十字焊接接头焊趾处是比较大的，焊趾过渡圆弧半径 r 对十字接头应力集中系数的大小有显著的影响。对于相同的焊趾倾角 θ，应力集中系数 K_t 随着焊趾过渡圆弧半径 r 的增大而逐渐减小。取焊趾倾角 $\theta=30°$ 为例，应用 Origin 软件对数据进行三阶指数曲线的拟合，拟合的曲线如图 6-49 所示，得到该情况下的应力集中系数 K_t 与焊趾过渡圆弧半径 r 之间的关系表达式，如下：

$$K_t = 0.645e^{-r/0.148} + 0.373e^{-r/1.658} + 0.396e^{-r/1.658} + 1.117 \quad (r=0.1 \sim 4\text{ mm}) \tag{6-7}$$

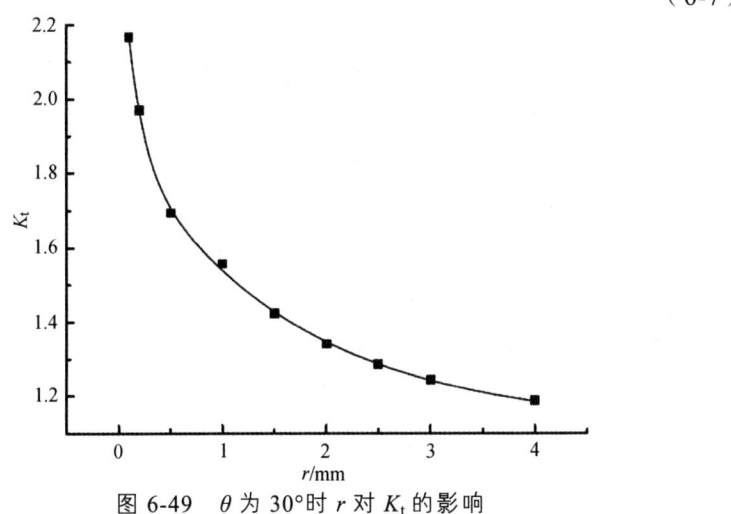

图 6-49　θ 为 30° 时 r 对 K_t 的影响

由曲线可以看出，当焊趾过渡圆弧半径 r 在 0.1~2 mm 区间变化时，曲线下降较快，改变 r 于应力集中的减小是非常有效的。当 r 在 2~4 mm 区间变化时，虽然也可以降低应力集中，但曲线下降较为平缓。焊趾过渡圆弧半径 r 从 0.1 mm 增加到 2 mm，应力集中系数 K_t 从 2.166 下降到 1.341，降幅为 38.09%；圆弧半径 r 从 2 mm 增加到 4 mm 时，K_t 从 1.341 下降到 1.188，降幅为 11.14%。

同时，如图 6-49 所示，焊趾倾角为 30°的情况下，焊趾过渡圆弧半径 r 从 0.1 mm 变化到 4 mm，应力集中系数 K_t 从 2.166 下降到 1.188，整体降幅为 45.15%；焊趾倾角为 10°、20°、40°、50°、60°的情况下对应的应力集中系数 K_t 的降幅依次为 17.15%、33.95%、52.35%、56.81%、59.50%，这说明随着焊趾倾角的增大，焊趾处过渡圆弧半径 r 对应力集中的影响在不断增大。

由表 6-12 和图 6-48 还可以看出，焊趾倾角 θ 对十字接头应力集中系数也有很大的影响。相同焊趾过渡圆弧半径 r 的情况下，应力集中系数 K_t 随着焊趾倾角 θ 的增大而增大。取圆弧半径 r=0.5 mm 为例，应用 Origin 软件对数据进行一阶指数曲线的拟合，θ 与 K_t 之间的拟合曲线如图 6-50 所示。拟合曲线的方程为

$$K_t = 2.560 - 1.516 e^{(-\theta/50.72)} \quad (\theta\text{ 的单位为度}, \theta=10° \sim 60°) \quad (6\text{-}8)$$

当焊趾倾角 θ 从 10°增加到 60°，应力集中系数 K_t 从 1.321 增加到 2.081，增幅为 57.32%。同时，当 r 分别为 0.1、0.2、1、1.5、2、2.5、3、4 mm 时，对应的应力集中系数 K_t 的增幅依次为 109.47%、77.18%、29.12%、16.31%、10.48%、6.61%、4.62%、2.41%。这说明随着焊趾过渡圆弧半径 r 的不断增大，倾角 θ 对应力集中的影响在不断减小。通过 Origin 软件拟合数据，得到相应的应力集中系数 K_t 与焊趾倾角 θ、焊趾过渡圆弧半径 r 的关系方程。根据关系方程，我们可以推算出某一十字接头形状下的焊趾处应力集中系数。反之可以得到某一具体应力集中系数对应的十字接头的几何参数，应力集中系数关系方程对转向架超声疲劳十字焊接接头的设计具有指导意义。

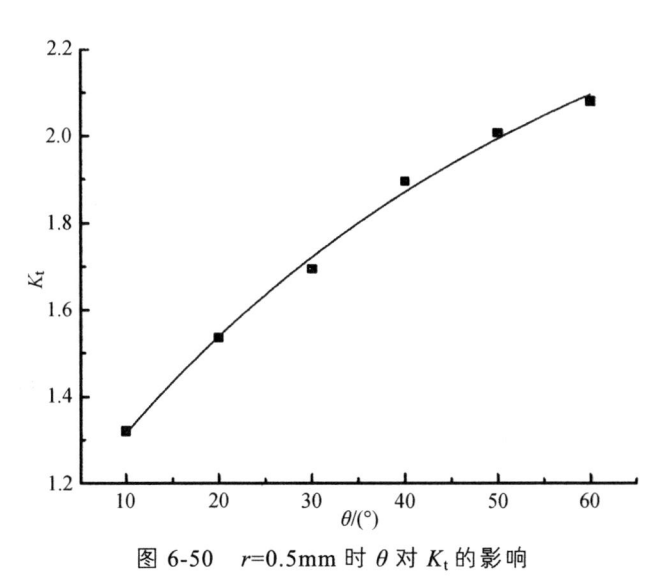

图 6-50　$r=0.5$mm 时 θ 对 K_t 的影响

文献[10]探讨了超声冲击对 355PL1 钢对接接头应力集中系数的影响。由于对接接头存在余高，焊缝与母材的过渡区不连续，这将导致应力在焊趾（焊跟）处集中。而且在此区域存在许多焊接缺陷，这也是应力集中主要的根源之一。经过超声冲击处理可以使得焊趾区更平滑，同时可以消除一些焊接缺陷。利用 Ansys 建模计算超声冲击前后焊接接头的应力集中系数。应力分析参数：材料弹性模量 $E_d=2.1\times10^{11}$，泊松比 $\mu=0.3$；采用六面体网格划分；同时，一端固定，向另一端施加 100 MPa 的拉伸载荷。最后，分析得到如图 6-51 所示的应力云图，由云图可知焊接接头焊趾的应力要明显小于在焊根处的应力，因此试样的断裂位置都是在焊根。计算可得焊态应力集中系数 $K_{t1}=1.82$，冲击态应力集中系数 $K_{t2}=1.35$，应力集中系数下降了 25.8%。所以，超声冲击可以明显改善焊接接头的应力集中状况。

文献[11]针对转向架用 SMA490BW 钢超声疲劳对接接头建立模型，焊接残余应力及工艺缺陷不作考虑，如图 6-52 所示，板厚为 12 mm，焊缝宽度为 6 mm，θ 为焊趾倾角，r 为焊趾过渡圆弧半径。由于该模型的边界较复杂，采用有限元软件 ABAQUS 里的六面体单元进行网格的划分，为了提高分析的收敛速度和计算精度，故采用二次单元 C3D20。同时在应力集中的焊趾区域细化网格，在远离该区域的网格可以适当大些，用以减小控制模型的规模。有限元网格划分的结果如图 6-53 所示，最小单元尺寸为 0.05 mm，材料的弹性模量 E=206 GPa，泊松比 μ=0.3。建立模型边界条件，一端全固定，一端施加 50 MPa 的均匀拉伸载荷。

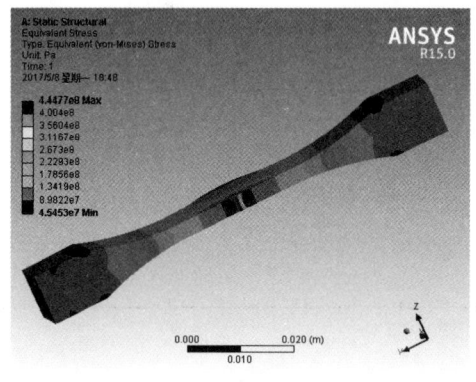

（a）冲击态

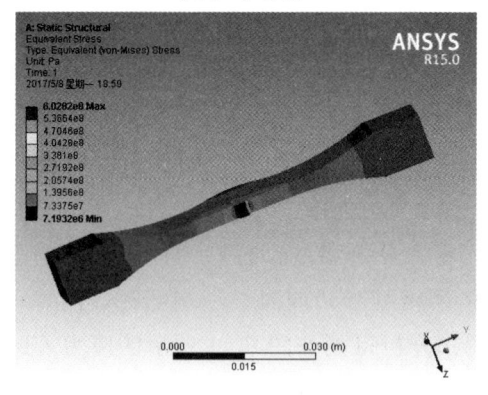

（b）焊态

图 6-51　焊接接头主应力云图

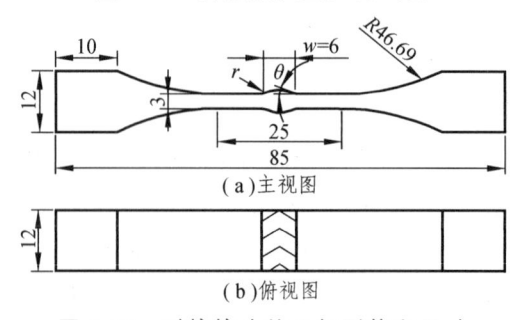

（a）主视图

（b）俯视图

图 6-52　对接接头的几何形状和尺寸

图 6-53　对接接头试样模型的有限元网格

为了较全面地考察焊趾倾角 θ 和焊趾过渡圆弧半径 r 对焊趾处应力集中系数 K_t 的影响，有限元计算时，参数具体取值范围如表 6-13 所示，焊趾处的应力集中系数 K_t 为焊趾处最大应力与所在截面的平均应力之比。图 6-54 是焊趾过渡圆弧半径 $r=1.5$ mm、焊趾倾角 $\theta=30°$ 的对接接头主应力云图，得到的应力集中系数 K_t 为 1.419。

表 6-13　焊趾几何参数取值范围

参数	取值范围					
$\theta/(°)$	10	20	30	40	50	60
r/mm	0.2　0.5　1　1.5　2　2.5　3　4					

图 6-54　对接焊接接头主应力云图（$r=1.5$ mm，$\theta=30°$）

采用相同的网格单元及同样的加载情况下，得到其他参数对应的对接接头应力分布图，应力集中系数 K_t 计算结果如表 6-14 和图 6-55 所示。

表 6-14　对接接头应力集中系数 K_t 随 r 与 θ 变化

r/mm	$\theta/(°)$					
	10	20	30	40	50	60
0.2	1.391	1.747	1.976	2.263	2.425	2.525
0.5	1.305	1.597	1.763	1.876	1.944	1.990

续表

r/mm	θ/(°)					
	10	20	30	40	50	60
1	1.288	1.443	1.535	1.591	1.621	1.636
1.5	1.241	1.356	1.419	1.451	1.467	1.472
2	1.215	1.304	1.345	1.368	1.378	1.381
2.5	1.194	1.265	1.306	1.306	1.312	1.315
3	1.178	1.234	1.257	1.263	1.265	1.266
4	1.152	1.190	1.201	1.203	1.208	1.213

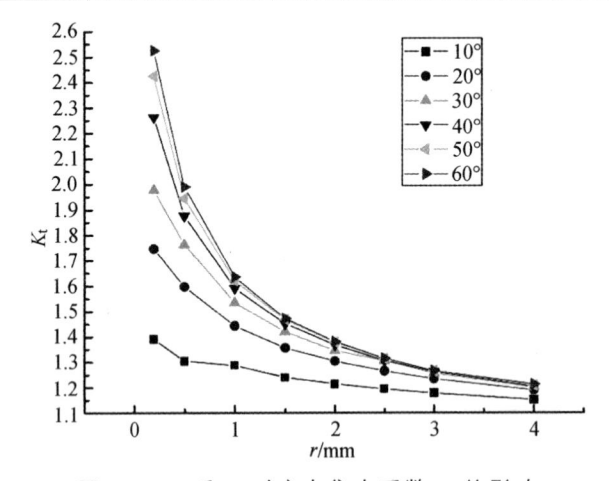

图 6-55　r 和 θ 对应力集中系数 K_t 的影响

由表 6-14 和图 6-55 可以看出，应力集中在对接接头焊趾处是比较大的，焊趾倾角 θ 对接头应力集中系数的大小有显著的影响。在相同焊趾过渡圆弧半径 r 的情况下，应力集中系数 K_t 随着焊趾倾角 θ 的增大而增大。取圆弧半径 $r=0.2$ mm 为例，应用 Origin 软件对数据进行一阶指数曲线的拟合，θ 与 K_t 之间的拟合曲线如图 6-56 所示。拟合曲线的方程为

$$K_t = 2.966 - 2.04e^{(-\theta/39.129)}\ (\theta\text{的单位为度}, \theta=10°\sim 60°) \quad (6-9)$$

当焊趾倾角 θ 从 10°增加到 60°，应力集中系数 K_t 从 1.391 增加到 2.525，增幅为 81.52%。同时，当 r 分别为 0.5、1、1.5、2、2.5、3、4 mm

时，对应的应力集中系数 K_t 的增幅依次为 52.49%、27.02%、18.61%、13.66%、10.13%、7.47%、5.3%。这说明随着焊趾过渡圆弧半径 r 的不断增大，倾角 θ 对应力集中的影响在不断减小。

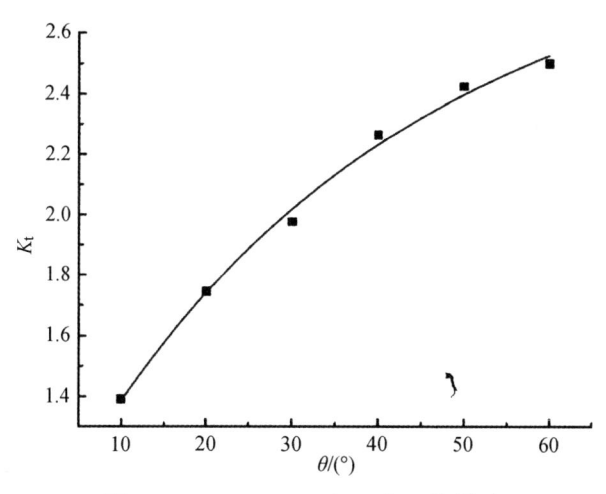

图 6-56　r=0.2 mm 时 θ 对 K_t 的影响

由表 6-14 和图 6-55 还可以看出，焊趾过渡圆弧半径 r 对接头应力集中系数的大小也有很大影响。对于相同的焊趾倾角 θ，应力集中系数 K_t 随着焊趾过渡圆弧半径 r 的增大而逐渐减小。取焊趾倾角 θ=30°为例，应用 Origin 软件对数据进行三阶指数曲线的拟合，拟合的曲线如图 6-57 所示，得到该情况下的应力集中系数 K_t 与焊趾过渡圆弧半径 r 之间的关系表达式，如下：

$$K_t = 1.112e^{-r/37.37} + 1.075e^{-r/38.137} + 0.764e^{-r/0.686} - 0.769 \quad (r=0.2 \sim 4 \text{ mm}) \tag{6-10}$$

由曲线可以看出，当焊趾过渡圆弧半径 r 在 0.2～2 mm 区间变化时，曲线下降较快，改变 r 对应力集中的减小是非常有效的。当 r 在 2～4 mm 区间变化时，虽然也可以降低应力集中，但曲线下降较为平缓。焊趾过渡圆弧半径 r 从 0.2 mm 增加到 2 mm，应力集中系数 K_t 从 1.976 下降到 1.345，降幅为 31.93%；圆弧半径 r 从 2 mm 增加到 4 mm 时，应力集中系数 K_t 从 1.345 下降到 1.201，降幅为 10.70%。

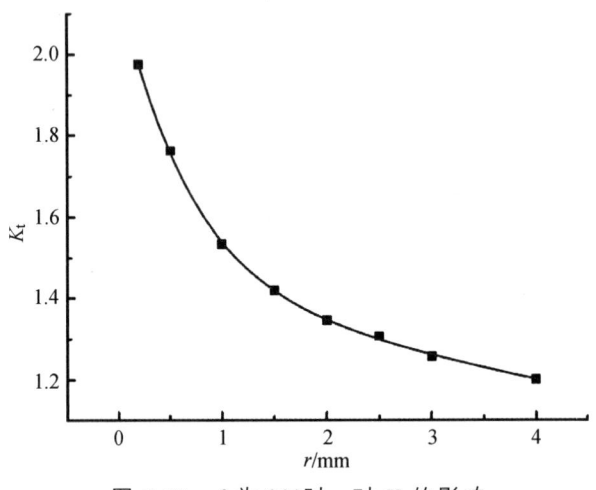

图 6-57　θ 为 30°时 r 对 K_t 的影响

当焊趾倾角为 30°时，焊趾过渡圆弧半径 r 从 0.2 mm 变化到 4 mm，应力集中系数 K_t 从 1.976 下降到 1.201，整体降幅为 39.22%；焊趾倾角为 10°、20°、40°、50°、60°的情况下对应的应力集中系数 K_t 的降幅依次为 17.18%、31.88%、46.84%、50.19%、51.96%，这说明随着焊趾倾角的增大，焊趾处过渡圆弧半径 r 对应力集中的影响在不断增大。

通过 Origin 软件拟合数据，得到相应的应力集中系数 K_t 与焊趾倾角 θ、焊趾过渡圆弧半径 r 的关系方程。根据关系方程，我们可以推算出某一对接接头形状下的焊趾处应力集中系数。反之可以得到某一具体应力集中系数对应的对接接头几何参数，应力集中系数关系方程对转向架超声疲劳对接接头的设计具有指导意义。

6.3.3　焊接接头应力集中对疲劳性能的影响

焊接结构中，在接头部位由于具有不同的应力集中，即具有缺口效应，它们对接头疲劳性能产生程度不同的不利影响。

由于实际零件不可避免地有应力集中存在，所以必须考虑缺口对材料疲劳强度的影响。缺口越尖锐，疲劳极限下降越多。为了在不同材料和不同工艺状态下度量和比较缺口对材料疲劳强度的影响，通常引用疲劳应力集中系数（有效应力集中系数）K_f：

$$K_f = \frac{\sigma_{-1}}{\sigma_{-1N}} \quad (6\text{-}11)$$

式中，σ_{-1} 和 σ_{-1N} 分别为光滑与缺口试样的疲劳极限；K_f 是大于 1 的系数。

缺口应力集中将使含缺口构件的疲劳强度降低，故 K_f 反映了缺口对疲劳性能的影响。疲劳缺口系数 K_f 是与弹性应力集中系数 K_t 有关的。K_t 越大应力集中越强烈，疲劳寿命越短，K_f 也越大。但试验研究结果表明，K_f 并不等于 K_t。疲劳缺口系数 K_f 一般小于理论应力集中系数 K_t。这是由于缺口应力集中区的循环塑性应变使峰值应力降低。

引入疲劳缺口敏感度 q：

$$q = (K_f - 1)/(K_t - 1) \quad (6\text{-}12)$$

式中，$0 < q < 1$，当 q 趋近于 0 时，表示对缺口完全不敏感。$q = 0$ 时，$K_f = 1$，表明疲劳极限不因缺口存在而降低，即对缺口不敏感。$q = 1$ 时，$K_f = K_t$，即表示对缺口十分敏感。

在用 q 来度量材料对缺口敏感程度时，有两个值得注意的结果。其中之一是，q 随材料强度的增加而增加。另一个值得注意的试验结果就是 q 不单纯是材料常数，q 值的大小还取决于缺口尖锐度，如图 6-58 所示。

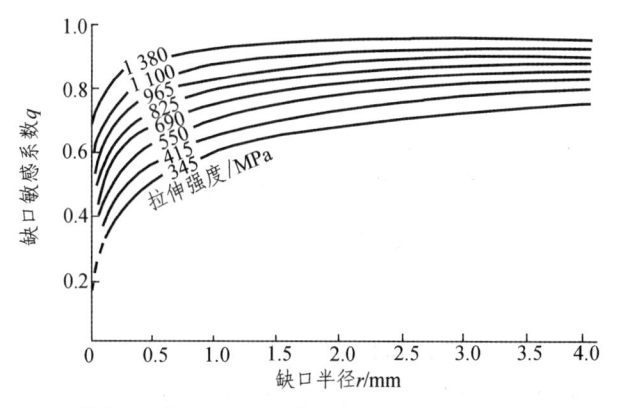

图 6-58　抗拉强度 σ_b 和缺口半径 r 对缺口敏感因子 q 的影响

各国学者提出了很多有关应力集中系数 K_t 与疲劳应力集中系数 K_f 的关系式（平均应力为零）[75]。当 K_t 在 1～4 变化时，有以下结论[76]：

（1）当 K_t 较小时，K_f 近似等于 K_t，K_f 略微低于 K_f；

（2）当尺寸不同但几何形状相同时，K_t 相同，这与尺寸效应相关；

（3）当 K_t 较大时，K_f 通常小于 K_t，当 K_t 相同而几何形状不同时，K_f 可不同；

（4）对于相同的材料类型，当缺口的几何形状不同时，K_f 可以在 K_t 取某一给定值时达到最大；

（5）晶粒的尺寸越小，K_f 越大；

（6）材料性质的不均匀性增大时，q 减小，即 K_f 越小[77]。

不均匀性增大使 q 减小的原因是材质的不均匀性相当于内在的应力集中，在没有外加的应力集中时它已经存在，因此减少了材料对外加应力集中的敏感性。此外，疲劳缺口敏感系数还与缺口的曲率半径有关，因此 q 并不是材料常数。疲劳缺口敏感系数 q 可用 Neuber 公式计算[78]：

$$q = \frac{1}{1+\sqrt{\dfrac{A}{r}}} \tag{6-13}$$

或 Peterson 公式计算[79]：

$$q = \frac{1}{1+\dfrac{a}{r}} \tag{6-14}$$

式中　r ——缺口半径；

　　　A ——与材料有关的参数；

　　　a ——与材料有关的参数，可用下式计算。

$$a = 0.025\,4\left(\frac{2\,068}{\sigma_b}\right)^{1.8} \tag{6-15}$$

在高周疲劳范围内，缺口应力对裂纹萌生和裂纹扩展的初始阶段虽不是唯一的影响因素，但往往是决定性因素，如图 6-59 所示。

图 6-60 为对接接头的焊趾倾角 θ 和过渡半径 r 对接头疲劳强度的影响。从图中可以看出，随着焊趾倾角 θ 的增加，焊接接头的疲劳强度下降率逐渐增大，而随着过渡半径 r 的增大，接头的疲劳强度下降率逐渐减小。

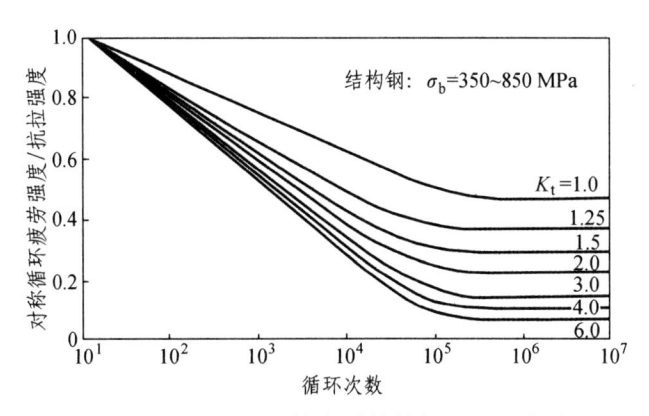

图 6-59　不同缺口效应时结构钢的 S-N 曲线

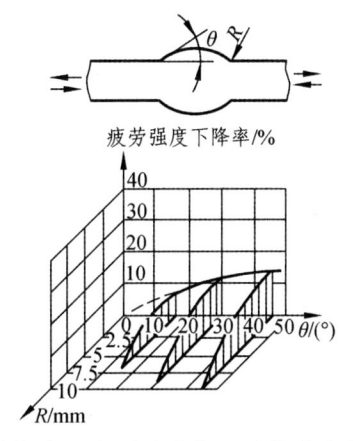

图 6-60　焊趾倾角 θ 和过渡半径 r 对接头疲劳强度的影响

何柏林等[34]研究了超声冲击处理 SMA490BW 钢十字接头，超声冲击后随着改变焊接接头焊趾应力集中系数，从而改变焊接接头的疲劳寿命。研究结果表明，随着焊趾倾角的增大疲劳寿命降低，而随着焊趾过渡半径的增加疲劳寿命降低，如表 6-15 和图 6-61 所示。

表 6-15　对接接头疲劳寿命随过渡半径 r 和焊趾倾角 θ 的变化

r/mm	θ/(°)					
	10	20	30	40	50	60
0.2	4.22×10^5	1.14×10^5	5.26×10^4	2.59×10^4	1.86×10^4	1.46×10^4
0.5	7.06×10^5	2.06×10^5	1.12×10^5	7.87×10^4	6.44×10^4	5.75×10^4

续表

r/mm	θ/(°)					
	10	20	30	40	50	60
1	8.05×10^5	3.90×10^5	2.55×10^5	2.02×10^5	1.81×10^5	1.75×10^5
1.5	1.04×10^6	5.51×10^5	4.16×10^5	3.60×10^5	3.36×10^5	3.24×10^5
2	1.22×10^6	7.48×10^5	6.04×10^5	5.45×10^5	5.18×10^5	5.11×10^5
2.5	1.42×10^6	9.08×10^5	7.31×10^5	7.31×10^5	7.13×10^5	7.10×10^5
3	1.57×10^6	1.07×10^6	9.62×10^5	9.23×10^5	9.14×10^5	9.12×10^5
4	1.85×10^6	1.43×10^6	1.35×10^6	1.32×10^6	1.27×10^6	1.22×10^6

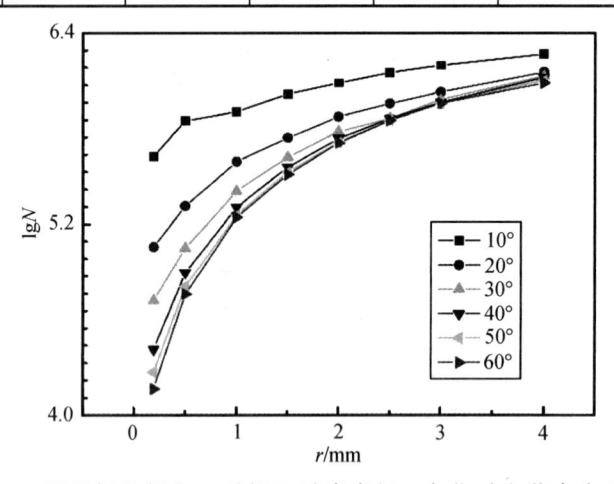

图 6-61 不同焊趾倾角 θ 时焊趾过渡半径 r 变化对疲劳寿命的影响

当焊趾倾角 θ 分别为 10°、20°、30°、40°、50°、60°时，焊趾过渡半径 r 从 0.2 mm 变化到 4 mm 时，应力集中系数分别下降 17.18%、31.88%、39.22%、46.84%、50.19%、51.96%，对应的疲劳寿命分别增长 3.4、11.5、24.7、67.3、50、82.6 倍。当焊趾过渡半径 r 分别为 0.2 mm、0.5 mm、1 mm、1.5 mm、2 mm、2.5 mm、3 mm 和 4 mm 时，当焊至墙角，θ 从 10°变化到 60°时，对应的疲劳寿命分别下降 96.54%、91.86%、78.26%、68.85%、58.11%、50%、41.91%、34.05%。

文献[67]采用机加工方法，在焊接接头的焊趾处获得不同的几何形状参数，研究了应力集中对转向架用 16MnR 钢对接接头疲劳寿命的影响。

第6章 超声冲击提高焊接接头超高周疲劳性能的机理

试验所用对接接头的形状和尺寸如图 6-62 所示，材料的力学性能如表 6-16 所示。

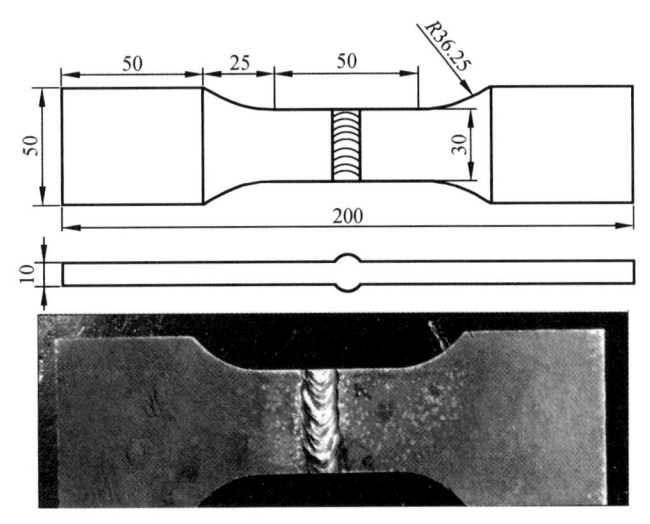

图 6-62 对接接头的形状、尺寸及实物图

表 6-16 16MnR 钢的常规机械性能

材料	σ_s/MPa	σ_b/MPa	δ/%
16MnR	360	580	27

采用线切割方法将焊接接头的焊趾处进行机加工，机加工前后的焊趾形貌如图 6-63 所示。另外，采用磨削加工方法将焊接接头的余高去掉，得到无应力集中的焊接接头。

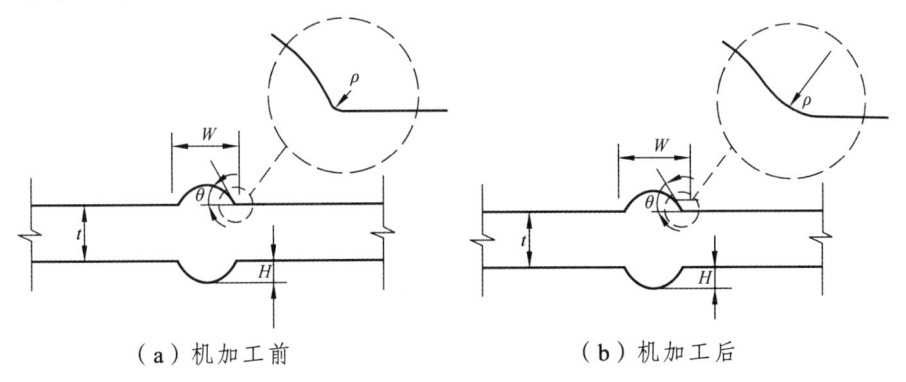

（a）机加工前　　　　　　　　（b）机加工后

图 6-63 焊趾区域几何形貌

采用 ATOS-Ⅱ型非接触式精密光学测量仪，测量了原始焊态接头和经过机加工处理接头焊趾区域的几何参数。采用 EHF-EM200K2-070-1A 电液伺服疲劳试验机进行疲劳试验。所有疲劳试验全部在横幅载荷作用下进行。采用拉-拉疲劳载荷，施加的最大应力为 260 MPa，应力比为 $R=0.1$，频率为 $f=10$ Hz。为了考察焊接缺陷对焊接接头疲劳性能的影响，本试验还制备了含咬肉缺陷的焊接接头，焊接接头机加工后获得的接头形状如图 6-64 所示。

（a）原始焊接接头

（b）线切割接头

（c）线切割接头（含咬肉缺陷）

（d）去掉余高接头（含咬肉缺陷）

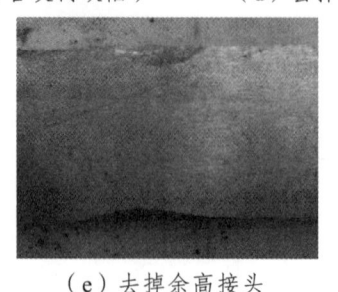

（e）去掉余高接头

图 6-64 不同机加工接头处形貌

采用 ATOS-Ⅱ型非接触式精密光学测量仪测量了焊接接头焊趾区域的几何参数，如表 6-17 所示。

表 6-17 焊接接头焊趾区域的几何参数

接头状态	r/mm	θ/(°)	H/mm
原始焊态	0.51	49	2.8
线切割	6	32	2.8
去掉余高	∞	0	0

应力集中系数 K_t 的计算公式见式（6-4）所示，即

$$K_t=\beta[1+\alpha(t/\rho)^\lambda]$$

式中，对接接头形式及拉伸加载方式下，系数 β、α 和 λ 值如表 6-18 所示；t 为试板厚度，mm。根据式（6-4），利用表 6-17 中的有关数据计算应力集中系数 K_t，计算结果列于表 6-19 中。

表 6-18 应力集中系数 K_t 的计算参数

接头形式	加载方式	λ	α	β
对接接头	拉伸	0.5	$0.27(\tan\theta)^{0.25}$	1

表 6-19 应力集中系数 K_t 的计算结果

接头状态	K_t
原始焊态	2.24
线切割	1.29
去掉余高	1

采用 EHF-EM200K2-070-1A 电液伺服疲劳试验机对上述 5 种具有不同应力集中程度的焊接接头进行了拉-拉疲劳试验，试验结果如表 6-20 所示。

表 6-20 不同应力集中试样的疲劳试验结果

试样编号	接头状态	K_t	σ_{max}/MPa	$N/10^6$	平均值/10^6
1-1	原始焊态	2.24	260	0.696	0.539
1-2			260	0.449	
1-3			260	0.478	
2-1	线切割（带咬肉）	1.29	260	0.293	0.410
2-2			260	0.526	

续表

试样编号	接头状态	K_t	σ_{max}/MPa	$N/10^6$	平均值$/10^6$
2-3	线切割	1.29	260	3.856	3.674
2-4			260	3.492	
3-1	去掉余高（带咬肉）	0	260	0.483	0.507
3-2			260	0.531	
3-3	去掉余高		260	5.241	5.356
3-4			260	5.155	
3-5			260	5.672	

  由表 6-17、表 6-19 和图 6-64 可以看出，焊接接头经过机加工处理后，接头焊趾处的几何参数有了明显的改变。机加工处理后焊趾处母材向焊缝的圆弧过渡半径明显增大，焊趾倾角明显降低。由表 6-19 可以看出，焊接接头焊趾区域经过线切割加工后，由于接头焊趾处几何参数的变化，导致接头的应力集中系数得到较大幅度的降低，相比未加工试样，接头的应力集中系数降低了 42.41%；接头经过磨削加工去掉余高后，相比未加工试样，接头的应力集中系数降低了 55.36%，相比线切割试样，接头的应力集中系数降低了 19.35%。由表 6-20 可以得出，由于机加工处理降低了接头的应力集中系数，从而使焊接接头的疲劳寿命大幅度提高。原始焊接接头的平均疲劳寿命为 0.539×10^6，经过线切割加工处理后接头的平均疲劳寿命为 3.674×10^6，相比原始焊态接头，平均疲劳寿命提高了 5.8 倍左右；经过磨削加工去掉余高后接头的平均疲劳寿命为 5.356×10^6，相比原始焊态接头，平均疲劳寿命提高了 8.9 倍左右。用磨削方法加工后接头试件平均疲劳寿命的提高幅度要比用线切割方法高 45.8%左右。从上述分解结果可以看出，应力集中对焊接接头的疲劳寿命的影响是巨大的。机加工在改变焊接接头焊趾区域的几何形貌的过程中，焊趾区域残余应力也会有一定的变化，但这些变化不会从根本上改变焊缝及其附近区域受残余拉伸应力，远离焊缝区域受残余压缩应力的应力分布特征。对经过线切割和磨削去掉余高后的焊接接头残余应力的测试表明，焊缝及其附近区域沿焊缝长度方向上的纵向拉伸应力仍大于

150 MPa，垂直于焊缝方向的横向残余应力仍大于 100 MPa。因此，在焊接接头的疲劳试验过程中，起主导作用的因素依然是应力集中。从表 6-20 中还可以看出，当焊接接头的焊趾处存在严重的咬肉缺陷时，即使采用了机加工方法，也不能提高焊接接头的疲劳寿命。采用线切割加工焊趾，但焊趾处仍有严重的咬肉缺陷时，疲劳寿命仅为 0.410×10^6，经过磨削去掉焊缝余高，在焊趾处仍有严重的咬肉缺陷时，疲劳寿命也只有 0.507×10^6，仅仅与原始焊接态接头的疲劳寿命相当。上述分析表明，16MnR 钢对咬肉缺陷是非常敏感的，而本试验中的咬肉缺陷[见图 6-64（c）、（d）]相当于在焊趾处开了缺口，缺口在受到外载荷作用时，不仅有较大的应力集中，还会引起三向应力状态，对结构承载是非常不利的。

综合以上分析，在本试验条件下，16MnR 对接接头的焊趾处经过机加工后，在保证没有咬肉缺陷时，焊接接头的疲劳寿命至少可以提高 5 倍，这是一个相当可观的数据，表明应力集中对 16MnR 对接接头的疲劳寿命有极大的影响。随着接头应力集中的降低和消除，在应力集中处可能出现的疲劳裂纹被大幅度延迟。因此，机加工降低接头的应力集中是提高 16MnR 对接接头疲劳寿命的一个非常有效的方法。

当焊接接头带有严重缺陷如咬肉、未焊透时，其缺陷处的应力集中要比焊缝表面和焊趾处的应力集中严重得多，这种情况下，对焊缝表面或焊趾处机加工是得不偿失的。

6.3.4　超声冲击调整焊接接头应力集中系数

增大焊趾过渡圆弧半径能有效降低焊趾处的应力集中，从而提高接头的疲劳性能。许多学者通过其他方法如采用高能喷丸、超声冲击、TIG 熔修等工艺方法对焊接接头进行了表面处理，验证了上述论点。王东坡等[81]对超声冲击改善 16Mn 钢焊接接头应力集中开展了研究，结果表明：焊趾区的过渡圆弧半径 r 从焊态试样的 0.2～0.4 mm 变为超声冲击处理后的 1.6～2.0 mm，十字接头有效应力集中系数降低了 25%。何柏林等[82]研究超声冲击对转向架用 16MnR 钢十字接头疲劳性能的影响。结果表明：经超声冲击处理后，接头焊趾部位变成平滑过渡，有效降低了接头承载时的应力集中程度，冲击态十字接头的条件疲劳极限比焊态试样提高了49%左右，接头的疲劳寿命延长了45~52倍。姚鹏等[83]研究了焊趾TIG熔修跟随超声冲击处理对焊接接头疲劳强度的影响，发现焊趾熔修区经超声冲击处理后，其应力集中程度下降了22%，接头疲劳强度提高了70%。赵小辉等[84]对承载超声冲击提高TC4钛合金十字接头的疲劳性能开展了研究，结果表明：经超声冲击处理后，接头焊趾过渡半径由0.12~0.96 mm变为1.3~3.3 mm，应力集中系数较原始焊态减小了47%，疲劳寿命延长了23~26倍。Pedersen等[85]采用TIG熔修和超声冲击方法对高强度钢接头焊趾部位处理，由于TIG熔修后焊缝与母材之间的圆弧变得光滑，圆弧半径的增大降低了应力集中，疲劳试验结果表明，在 2×10^6 循环周次下，熔修后接头的疲劳强度为368 MPa，远远高于焊态试样的217 MPa，同时疲劳寿命也有明显提高。因此，通过增大焊趾过渡圆弧半径来降低应力集中，能为喷丸、超声冲击、TIG熔修等技术工艺在改善焊接结构抗疲劳性能方面提供理论依据。

超声冲击处理时可以调节的参数包括冲击电流和振幅、冲击时间、静压力、冲头直径等。其中，冲击电流和振幅决定冲击的能量，冲击层金属变形的程度由冲击时间的长短和冲击电流的大小所决定。图6-65为超声冲击处理焊接接头示意图。

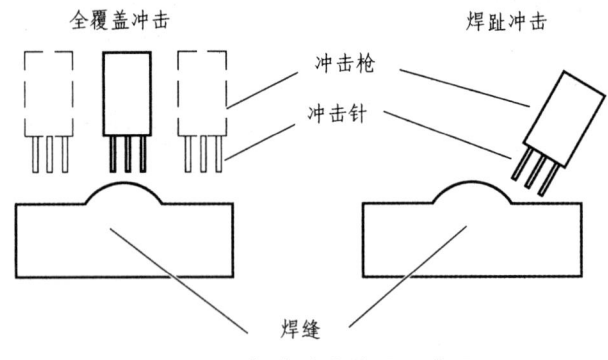

图 6-65 超声冲击处理示意图

表 6-21 为超声冲击电流为 1.5 A、冲击振幅为 20 μm 时，经不同超声冲击时间处理后的试样划分表。第三小组和第二小组相比，除了通过超声冲击时间较长外，还通过改变超声冲击过程中撞击针前后摆动的倾角

使得在焊趾处获得较大的过渡半径（约为第二小组过渡半径的 2~3 倍）。

表 6-21　不同超声冲击处理参数的具体设置

试样编号	试样处理状态	冲击时间/min
第一小组	原始焊态	0
第二小组	超声冲击态	5
第三小组	超声冲击态	15
第四小组	焊态磨平焊缝	0

为了衡量超声冲击对焊接接头焊趾处应力集中系数的影响程度，采用 ATOS 非接触式精密光学测量仪（见图 6-66），来测量经过超声冲击处理的焊趾区域，使其产生圆滑过渡的半径。由于其独有的流动式设计，让使用者可以在不借用任何工作平台（如数控机械、三坐标测量机或机械手等）的情况下，在任何可测量的方位，测量头均可做高速测量。测量的完整过程为：首先基于光学三角形原理的定位，进行自动摄取影像，然后进行数码影像处理并分析，最后自动合并所测得的点云数据，使之成为一个完整而连续的曲面，由此得到高质量零件原型的点云数据，并将之保存为后缀名 igs 格式的文件。经过 NX Imageware 13 进行点云数据处理，进一步拟合得到光滑曲面，通过软件直接测算出经过超声冲击处理之后，每一个焊趾区域的过渡半径。

图 6-66　ATOS 测量系统的全景图

图 6-67 为焊接对接接头经超声冲击后焊趾区域的表面性貌。

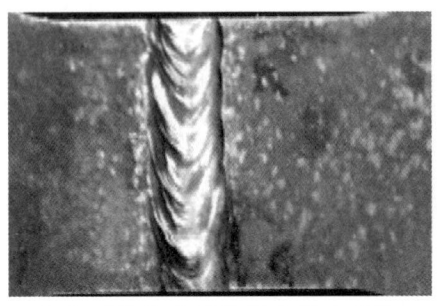

(a）对接接头原始焊态焊趾形貌  (b）对接接头超声冲击1道焊趾形貌

(c）对接接头超声冲击3道焊缝及焊趾区域形貌 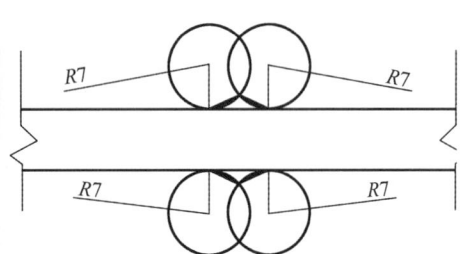 (d）图（c）经过ATOS测量转换的形貌

图 6-67 超声冲击后焊趾表面形貌

对不同应力集中系数的焊接接头进行疲劳寿命测试，测试时所加的最大外载荷为 260 MPa，由于超声冲击后焊接接头的拉伸残余应力会减小，甚至转变为残余压应力。为了消除超声冲击引起的残余应力变化的影响，原始焊态焊接接头和超声冲击后焊接接头均进行消除残余应力处理。焊接接头的疲劳寿命如表 6-22 所示。

表 6-22 不同应力集中系数焊接接头的疲劳试验结果

试样编号	接头处理状态	疲劳寿命 $N/10^6$	断裂位置	平均值$/10^6$
1-1	焊态+热处理	0.288	焊趾	
1-2	焊态+热处理	0.302	焊趾	0.335
1-3	焊态+热处理	0.416	焊趾	
2-1	超声冲击+热处理	0.770	焊趾	0.641
2-2	超声冲击+热处理	0.494	焊趾	

续表

试样编号	接头处理状态	疲劳寿命 $N/10^6$	断裂位置	平均值$/10^6$
2-3	超声冲击+热处理	0.660	焊趾	
3-1	超声冲击+热处理	3.362	焊趾	
3-2	超声冲击+热处理	3.597	焊趾	3.258
3-3	超声冲击+热处理	2.815	焊趾	
4-1	焊态+磨平焊缝	5.241	未断	
4-2	焊态+磨平焊缝	5.155	未断	6.026
4-3	焊态+磨平焊缝	5.672	未断	

从表 6-22 中可以看出，随着焊接接头焊趾处过渡半径的增加，即应力集中系数的降低，焊接接头的疲劳寿命逐渐增加。当采用机加工方法将焊接接头余高磨平以后，焊接接头完全消除了应力集中，其疲劳寿命得到大幅度提高。

叶雄林等人[86]对超高强钢进行了超声冲击处理得到冲击前后焊趾处的形状，如图 6-68 所示。通过对比可见，经超声冲击处理后的焊件焊趾区的过渡更加平滑。超声冲击处理把超声频的机械振动传递给焊接接头，使接头表面产生一定深度的塑变层，使余高变小，同时可通过冲击头的冲击调整焊趾与母材连接处的过渡，使焊趾角与焊趾半径增大，进而降低了应力集中程度。增大过渡半径和减小过渡角使焊趾平滑过渡是超声冲击改善接头表面形貌、降低应力集中的主要表现形式。通过对比可见，经超声冲击处理后的焊件焊趾区的过渡更加平滑。从疲劳试验试件断裂位置看，焊态试件断裂位置都在焊趾，冲击处理试件虽然疲劳性能大幅度提高，但大多也断在焊趾，这说明几何不连续性在焊趾形成的应力集中是影响焊接接头疲劳性能的一个重要因素。

杨彦涛等人[87]测量了超声冲击处理前后 Ti80 合金焊接接头的外形尺寸，发现焊缝高度、焊缝宽度、焊缝倾角均无变化，只有焊趾区过渡半径增大较多，而应力集中系数却明显减小。通过定量计算发现，经超声冲击处理后 Ti80 合金对接接头的有效应力集中系数降低约 20%，十字接头则降低了 22%。向学建等人[88]通过对 Q370qE 钢焊接接头的研究发现，经超声冲击处理后焊缝宽度无变化,而余高稍降低,焊趾区过渡半径从 1.58 mm 增大到 2.63 mm,焊缝过渡角由 38°减小到 27°。霍立兴等[89]对超声冲击处理改善 16Mn 钢焊接接头应力集中的研究表明,焊趾区的过渡半径 ρ 从焊态试件的 0.2~0.4 mm 变为超声冲击处理后的 1.6~2.0 mm,十字接头有效应力集中系数降低了 25%,对接接头降低了 23%。法国的 An-dre Galtier[90]研究了超声冲击状态下钢疲劳性能的变化,得出应力集中系数的降低与超声冲击后焊趾过渡半径 ρ 增大有关,原因是超声冲击改善了焊趾的表面形貌,而焊趾过渡角 θ 却没有太大改变。

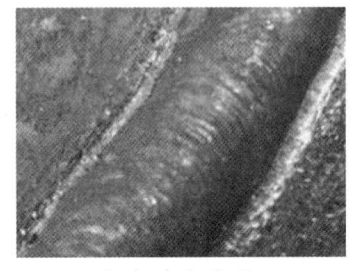

(a)冲击处理　　　　　　　　(b)焊态

图 6-68　超声冲击处理前后焊趾处形貌

文献[14]采用超声冲击方法改善 SMA490BW 钢十字焊接接头的应力集中系数。超声冲击试验采用 HJ-Ⅲ型超声冲击设备,冲击针的直径为 3 mm。将焊接后的十字焊接接头试样板固定在夹具上面,冲击针的排列阵列平行于焊缝,将超声冲击枪置于焊趾的上方。冲击时,冲击针与焊趾的表面倾斜一定的角度,施加一定的外力确保冲击设备在其自重的情况下运行,冲击设备在沿焊趾移动的同时并沿焊趾的两侧做小幅度的摆动,以获得圆滑过渡的焊趾。冲击参数选择 10 min/1.5 A,冲击时的频率可达到 20 kHz,振幅为 20 μm,超声冲击示意图如图 6-69 所示。

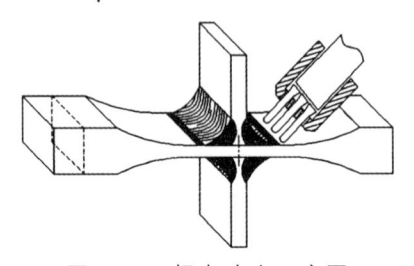

图 6-69　超声冲击示意图

超声冲击处理能有效改善焊趾处的表面状态，减弱焊接缺陷带来的影响，增大焊趾处的过渡半径，减小弹性应力集中系数。由图 6-70（a）、（c）可知，原始焊态焊趾处的过渡半径 ρ 比较小，过渡区域比较尖锐。经过超声冲击后，焊趾处的过渡半径明显增大，并且除去了表面油污、表面锈层等，露出了金属光泽，改善了焊趾的表面状态，如图 6-70（d）所示。

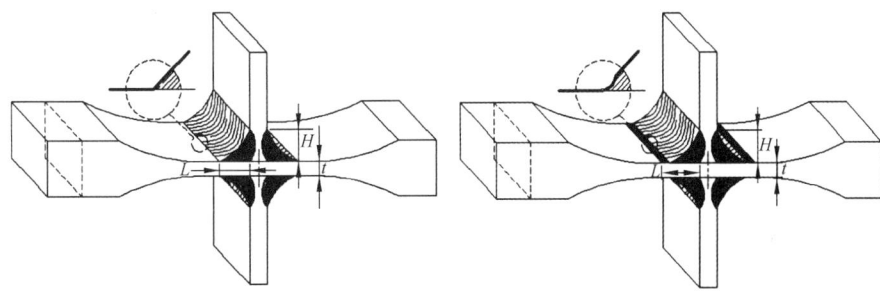

（a）十字接头原始焊态几何形状参数示意　　（b）十字接头冲击态几何形状参数示意

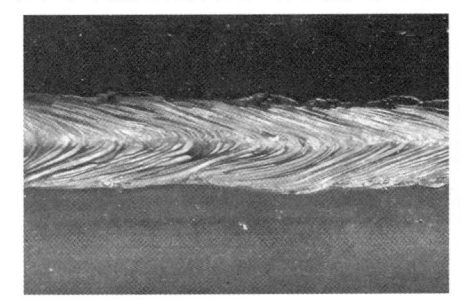

（c）十字接头原始焊态焊趾宏观照片　　（d）十字接头冲击态焊趾宏观照片

图 6-70　超声冲击处理前后焊趾处宏观形貌

利用金相分析设备记录超声冲击处理前后试样焊趾处半径的信息，将获得的焊趾半径图片导入二维制图软件 AutoCAD 中，从而获得处理前后试样焊趾区域的具体过渡半径数值。冲击前后焊趾处的轮廓形状如图 6-71 所示，裂纹产生的位置均位于焊趾区域。处理前后焊接接头的几何参数如表 6-23 所示。

表 6-23　SMA490BW 焊接接头几何形状参数

参　数	ρ/mm	θ/（°）	H/mm	L/mm	t/mm
焊态	0.83	36.0	4.7	5.0	3.0
冲击态	4.40	30.0	4.7	5.0	3.0

图 6-71　超声冲击处理前后焊趾处形状参数测量

其中，ρ 为焊趾处半径，计算获得；θ 为焊趾角；H 和 L 均为焊角尺寸；t 为板厚度，通过测量获得。

焊趾处是容易产生应力集中的区域，提高焊接接头的疲劳寿命很大一部分取决于焊趾处过渡的情况。Peterson[91]提出了计算十字接头焊趾处弹性应力集中系数的估算方程：

$$\begin{cases} K_t = \beta\left[1+\alpha(t/\rho)^\lambda\right] \\ \alpha = 0.35(\tan\theta)^{0.25}\left[1+1.1(H/L)^{1.65}\right] \end{cases} \quad (6\text{-}16)$$

式中，$\beta=1$，$\lambda=0.5$。利用表 6-23 冲击前后焊接接头相关几何参数计算焊趾处的弹性应力集中系数，并利用 MATLAB 数值分析软件进行编程计算后的结果为：焊态 $K_t=2.22$；冲击态 $K_t=1.50$。由此可见，超声冲击能够增大焊趾的过渡半径，减小焊趾处的应力集中系数，降低裂纹在焊趾处萌生的概率，提高试样的疲劳寿命。采用超声冲击技术可以通过改变焊趾半径和焊趾角来修整焊趾区域外形。从表 6-23 中可以看出，冲击态试样相比于焊态试样的焊趾角减小了 17%，焊趾半径提高了 430%。这些改变导致焊趾处的应力集中得到大幅度的降低，降低了 32.7%，大大降低了裂纹在焊趾处萌生的概率，从而大幅度提高焊接接头的疲劳寿命。

6.4　超声冲击对焊接接头疲劳裂纹萌生及扩展的影响

在循环交变载荷作用下，材料微观区域首先产生局部的塑性变形，疲劳微裂纹在不均匀滑移且存在应力集中的薄弱点上萌生，在交变载荷作用下缓慢扩展，并逐步形成宏观裂纹直至发生瞬时断裂，这就是所谓的疲劳断裂过程[92]。疲劳断口记录了裂纹的形核、缓慢及快速扩展直至发生断裂的全过程，是分析材料断裂性质的依据。

文献[10]从疲劳断口入手，对圆柱状母材、板状焊态接头以及超声冲击态接头的疲劳裂纹萌生、裂纹扩展以及最终断裂三个区域进行了研究。

图 6-72（a）为 SMA490BW 钢母材高周疲劳断口的整体形貌，由于母材晶粒组织较为均匀，断口比较平坦，各区域呈现不同的形貌特征。图 6-72（b）为疲劳源区的形貌，呈半椭圆形，该区较光滑平整，局部区域可看到闪光的小刻面。试样表面由于存在机加工痕迹，容易产生应力集中，有利于疲劳裂纹从表面的萌生。图 6-72（c）为不同高度起始的裂纹在扩展中相遇形成的放射状条纹和台阶。母材高周疲劳裂纹萌生的机制主要表现为表面驻留滑移带处的"挤出"和"挤入"。图 6-72（d）为疲劳裂纹扩展区的微观形貌，没有观察到规则明显的疲劳条带，其原因可能与材料性质和环境条件有关。SMA490BW 钢为层错能较高的金属材料，滑移系较多，易于交错滑移，不利于形成塑性疲劳条带。断口上显示为参差不齐、不规则的类似解理河流花样的图样，同时伴有二次裂纹和疲劳台阶。图 6-72（e）为瞬时断裂区形貌，当裂纹扩展接近临界尺寸时，即试样剩余截面不足以承受外加载荷时，短时间内会发生瞬时断裂，该区域断面比较粗糙，呈现伸长的或抛物线状的撕裂韧窝形貌。显微空穴各部位在撕裂应力的作用下，沿着受力较大的撕裂方向，两个匹配面的韧窝被拉长呈抛物线状[93]。呈抛物线状的韧窝方向朝上，其底部可看到"涟波"滑移痕迹，如图 6-72（e）中白色箭头所示。

SMA490BW 钢焊态接头板状试样的超高周疲劳断口 SEM 照片如图 6-73 所示。断口凹凸不平，不如母材试样断口平坦，这是由焊接接头晶粒组织不均匀、内部缺陷较多造成的。

(a）整体形貌

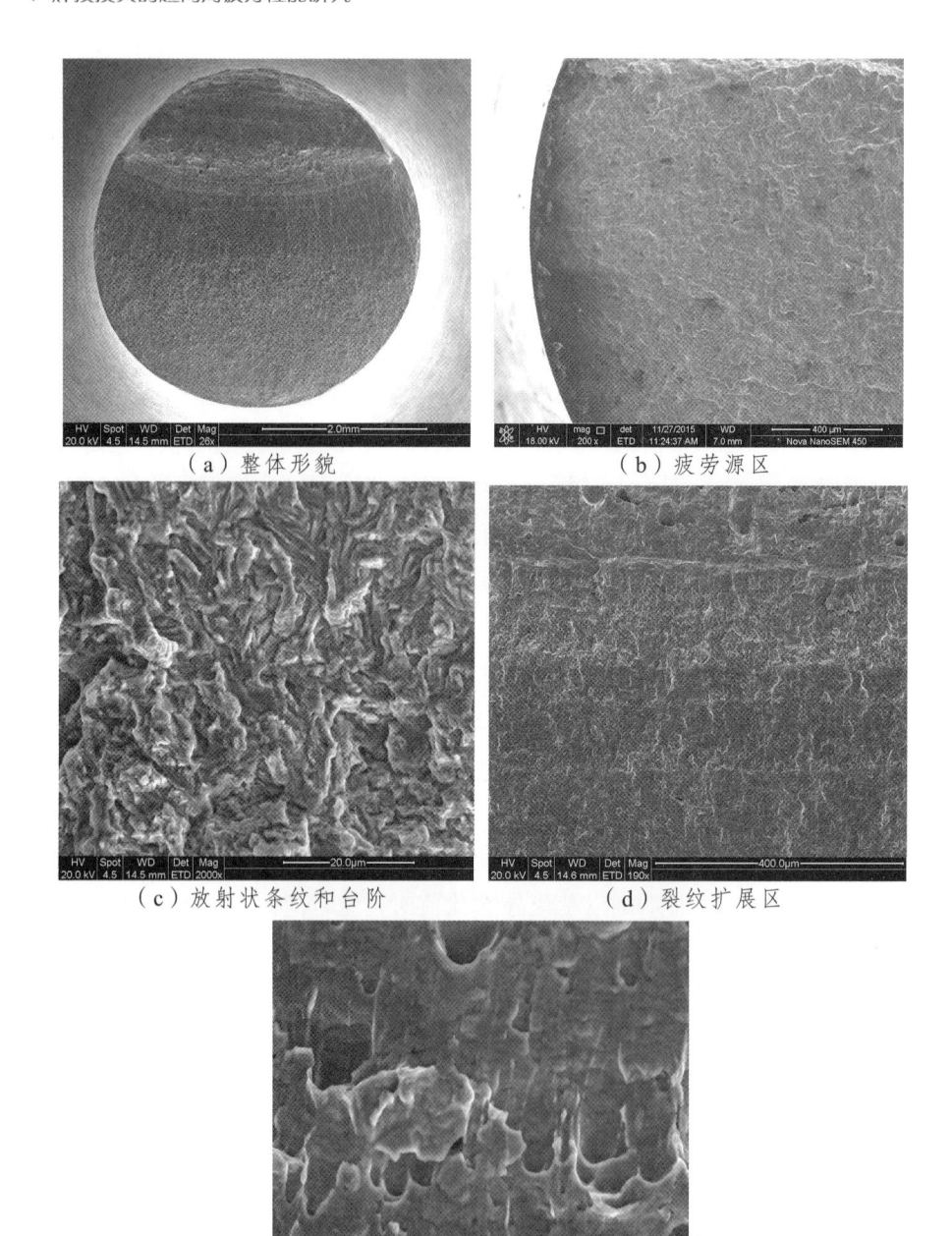

(b）疲劳源区

(c）放射状条纹和台阶

(d）裂纹扩展区

(e）瞬时断裂区

图 6-72　SMA490BW 钢母材高周疲劳断口（$\Delta\sigma = 340\,\text{MPa}$，$N = 1.45 \times 10^6$）

(a) 整体形貌　　　　　　　　　　　　(b) 疲劳源区

(c) 裂纹扩展区　　　　　　　　　　　(d) 裂纹扩展区

(e) 瞬时断裂区　　　　　　　　　　　(f) 瞬时断裂区

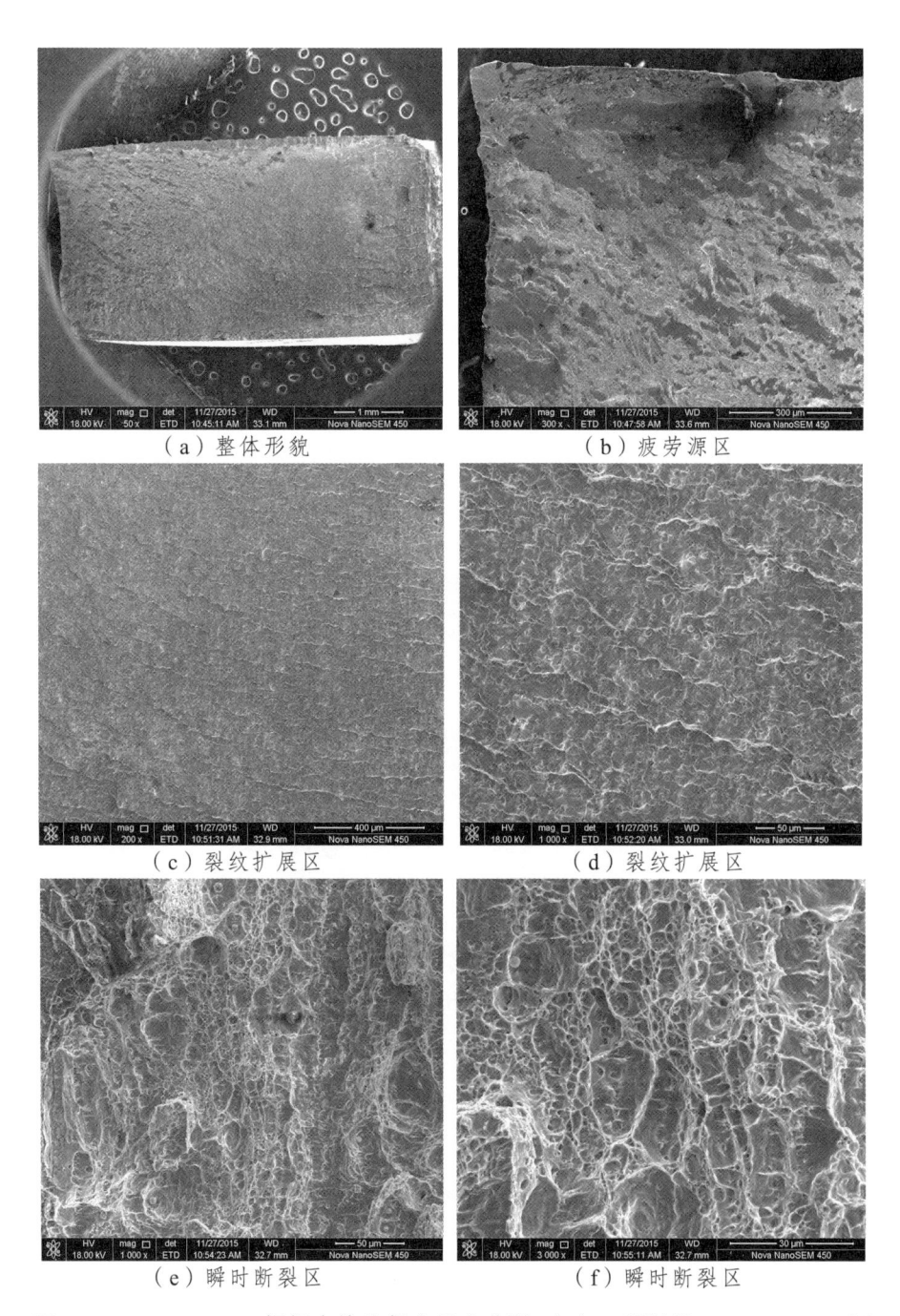

图 6-73　SMA490BW 钢焊态接头超高周疲劳断口（$\Delta\sigma = 135 \text{ MPa}$，$N = 7.86 \times 10^8$）

由图 6-73（b）观察可知，焊态接头超高周疲劳裂纹均萌生于焊趾表面的应力集中处。断口上存在多个裂纹源，裂纹早期扩展方向与断裂面扩展路径相同，能观察到较清晰的疲劳小弧线。由图 6-73（c）、（d）可以看出，超高周疲劳裂纹扩展区均呈现明显的类似解理河流花样，同时存在撕裂棱、解理台阶及少量的二次裂纹。二次裂纹呈不连续分布，一般垂直于裂纹扩展方向，往往在材料内部的夹杂物或孔隙处萌生。从图 6-73（e）、（f）中可以看出，超高周疲劳裂纹瞬断区都存在大小不一的等轴韧窝，显示材料具有良好的塑性，尤其是大韧窝周围密集着很多小韧窝，少量韧窝底部能看到第二相粒子。韧窝边缘较为锐利，且在大韧窝的内壁上可看到"蛇形滑移""涟波"等滑移线痕迹（图 6-74 黑色方框所示）。

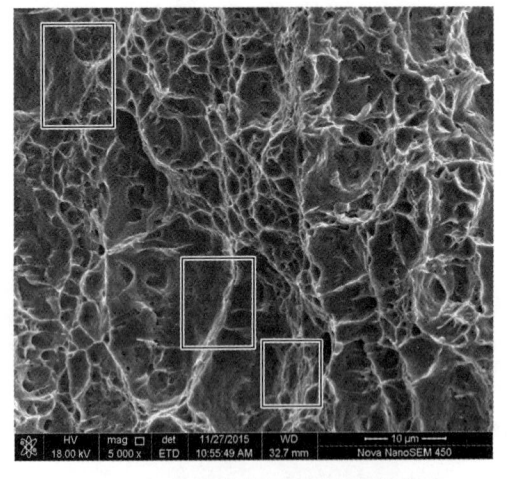

图 6-74　大韧窝内壁的滑移线痕迹

对于焊态接头试样，高周或超高周疲劳裂纹源大多位于焊趾表面的应力集中处，个别试样的裂纹起源于焊接接头焊趾表面的缺陷夹渣处，如图 6-75 所示。未发现裂纹从试样内部夹杂物或气孔处起裂的情况。裂纹扩展区均呈现类似解理的河流花样，出现大量不规则的撕裂棱线条，同时伴有解理台阶和二次裂纹。瞬断区主要表现为大小不一的等轴韧窝形貌，表明 SMA490BW 钢焊态接头的疲劳断裂是介于解理断裂与韧窝之间的一种过渡断裂形式，即准解理断裂。

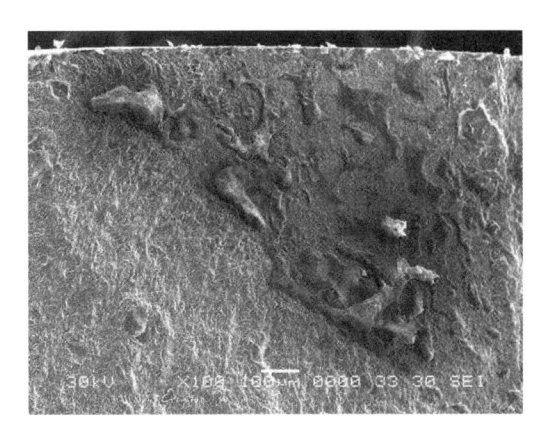

图 6-75 焊态接头裂纹源萌生于焊趾表面夹杂物的应力集中处

图 6-76 为 SMA490BW 钢冲击态接头的高周疲劳断口 SEM 照片。与焊态接头的断口形貌类似，冲击态接头断口也凹凸不平，疲劳源位于焊趾表面缺陷处，裂纹由表面向试样内部扩展，如图 6-76（b）、（c）所示。图 6-76（d）、（e）为裂纹扩展区形貌，存在向四周放射的河流花样，它是由解理台阶及局部塑性形变形成的撕裂脊线所组合的条纹，并且分布有不连续的二次裂纹，二次裂纹会消耗主裂纹的能量，可以延缓其早期扩展。图 6-76（f）、（g）为瞬断区形貌，与静载断裂的断口形貌基本一致，存在大量的等轴韧窝，较大的韧窝周围密集着均匀的小韧窝。

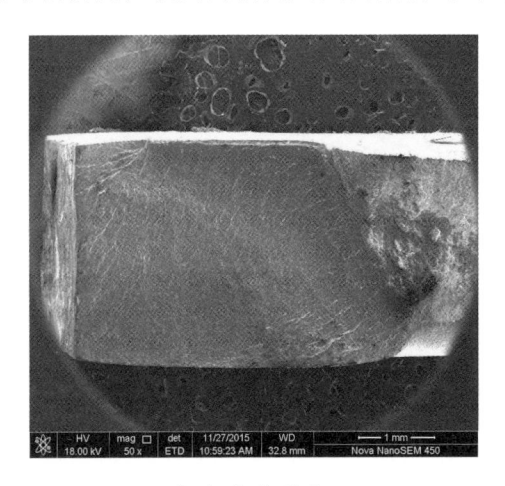

（a）整体形貌

（b）疲劳源区　　　　　　　　　　　　（c）疲劳源区

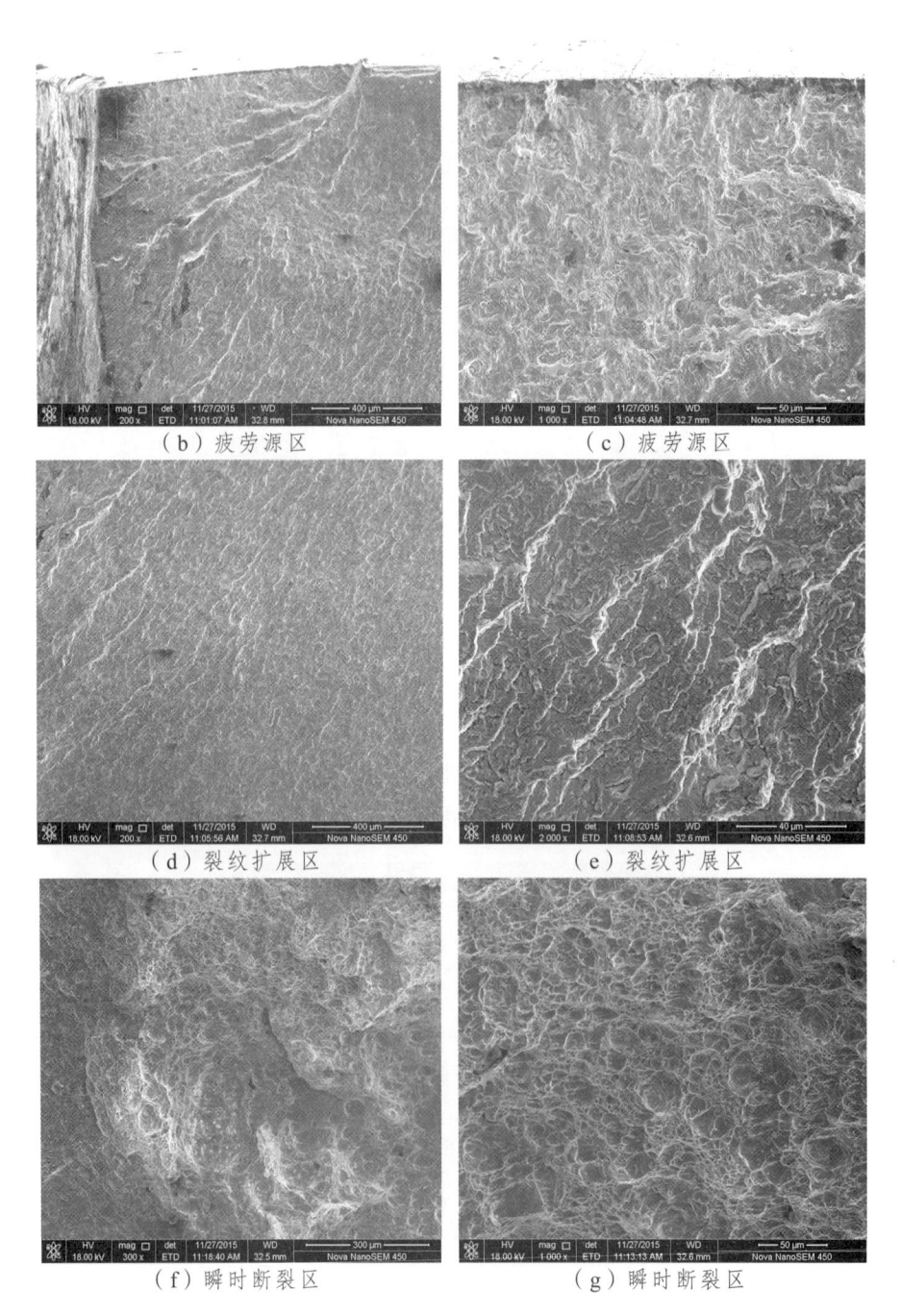

（d）裂纹扩展区　　　　　　　　　　　（e）裂纹扩展区

（f）瞬时断裂区　　　　　　　　　　　（g）瞬时断裂区

图 6-76　SMA490BW 钢冲击态接头高周疲劳断口（$\Delta\sigma = 210 \text{ MPa}$，$N = 2.89 \times 10^6$）

图 6-77 为 SMA490BW 钢冲击态接头的超高周疲劳断口 SEM 照片。从图 6-77（b）、（c）中可以明显看出，裂纹萌生于试样内部的夹杂物集簇群，裂纹沿疲劳源向四周放射扩展，存在多个大小不等的夹杂物，呈现椭圆形的类似"鱼眼"形貌。

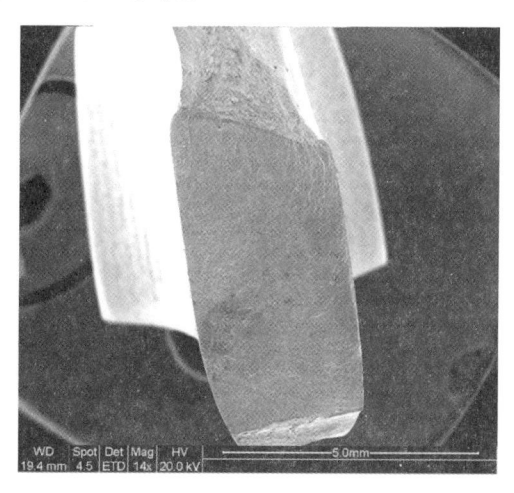

（a）整体形貌

（b）疲劳源区 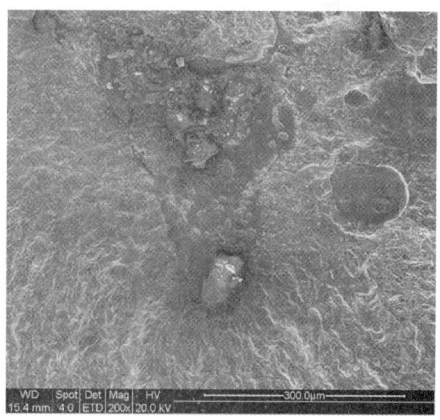　　　　　　　　（c）疲劳源区

（d）裂纹扩展区　　　　　　　　　（e）裂纹扩展区

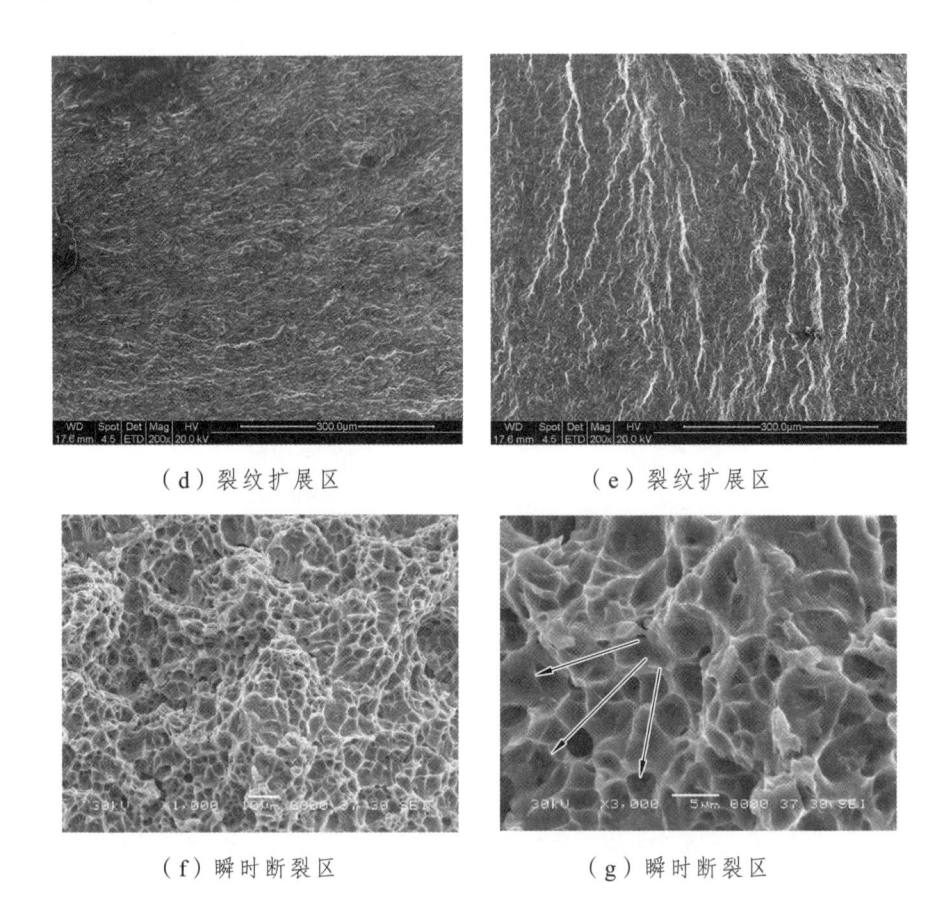

（f）瞬时断裂区　　　　　　　　　（g）瞬时断裂区

图 6-77　SMA490BW 钢冲击态接头超高周疲劳断口（$\Delta\sigma = 200$ MPa，$N = 5.43\times10^7$）

由图 6-77（c）可以看出，第Ⅰ阶段的裂纹扩展发生在椭圆形"鱼眼"内部，该阶段裂纹扩展速率较低，断口平面较为平整。图 6-77（d）、（e）依次为第Ⅱ阶段疲劳裂纹前、后期扩展的形貌，该阶段的前期裂纹尖端塑性区穿过多个晶粒，断口平面表现为带波纹状；后期裂纹扩展往往沿两个滑移系统同时或交替进行，形成参差不齐、不规则的脆性疲劳条带，显示为类似解理河流花样的图样。

图 6-77（f）、（g）为瞬断区形貌，在断口上可以看到由显微空穴聚集形成的等轴韧窝形貌，韧窝边缘较为锋利，有的韧窝底部存在第二相粒子，如黑色箭头所示。

与焊态接头类似，无论是在高周或超高周疲劳阶段，冲击态接头试样的裂纹大多萌生于焊趾表面应力集中处，少数试样的裂纹在内部夹杂物处萌生，如图 6-77（b）所示，超高周疲劳断口上并未出现典型的"鱼眼"形貌。超声冲击由于可以在焊趾表面形成较大的残余压应力，从而大大延缓疲劳裂纹的萌生，并延长疲劳裂纹在压应力层中的扩展速度。但由于超声冲击层厚度只有几百微米，因此裂纹一旦生成并扩展深度超过残余压应力层的深度，超声冲击的作用就不明显了。无论是焊态还是超声冲击态试样，裂纹扩展区均出现清晰的解理河流花样和撕裂棱线条，并伴有许多大小不一的二次微裂纹。瞬断区均呈现较为均匀的等轴韧窝形貌，韧窝边缘较为锋利，且少量韧窝底部存在第二相粒子。焊接接头经超声冲击处理后，焊趾表面强化层的厚度仅为几百微米，而瞬时断裂区的尺寸却远大于强化层厚度，超声冲击对瞬断区韧窝形貌影响不大。表面经冲击后形成的细晶强化层在一定程度上抑制了表层裂纹的萌生和早期扩展，从而延长了焊接接头的疲劳寿命。

材料的组织结构、滑移特性、载荷形式以及环境介质等因素均会影响疲劳裂纹扩展的微观机理。裂纹的扩展一般可分为三个阶段，即近门槛值区、Paris 区和失稳区，如图 6-78 所示。第Ⅰ阶段（近门槛值区）裂纹扩展路径通常呈"Z"字形，表现为纯滑移机制；第Ⅱ阶段（Paris 区）裂纹扩展表现为双滑移机制，其扩展方向与正应力相垂直，该阶段最重要的显微特征是疲劳条带；第Ⅲ阶段（失稳区）的疲劳裂纹快速扩展，静态的断裂韧性会影响其扩展规律，韧性材料的断口上通常呈现韧窝形貌[94]。采用 Axio Vert.A1 万能金相显微镜观察焊态及冲击态 SMA490BW 钢接头疲劳裂纹扩展路径，研究其裂纹扩展行为及机理，为该材料在高速列车转向架焊接构架的安全应用与疲劳性能评估提供了一定的参考依据。

图 6-79 为焊态接头疲劳裂纹扩展路径的全貌，由图可知，裂纹从焊趾表面萌生并向内部扩展，裂纹扩展方向垂直于试样加载应力方向，如黑色箭头所示，扩展路径较为平直，出现少量的分叉裂纹。由于第Ⅰ阶段的疲劳裂纹扩展时间很短，尖端塑性区只局限几个晶粒内，并未观察到该阶段典型的"Z"字形扩展路径。图 6-80（a）、（b）为熔合区内裂纹扩展第Ⅱ阶段前期的形貌，由于熔合区是焊缝与母材不规则结合形成的区域，组织为细条状的先共析铁素体和少量珠光体，化学成分和力学性

能均有较大的不均匀性，裂纹容易在该区萌生并快速扩展。图 6-80（c）、（d）为母材区裂纹扩展第Ⅱ阶段后期的形貌，SMA490BW 钢母材组织由粗大的铁素体和少量珠光体组成，裂纹大多穿过粗大的铁素体扩展。

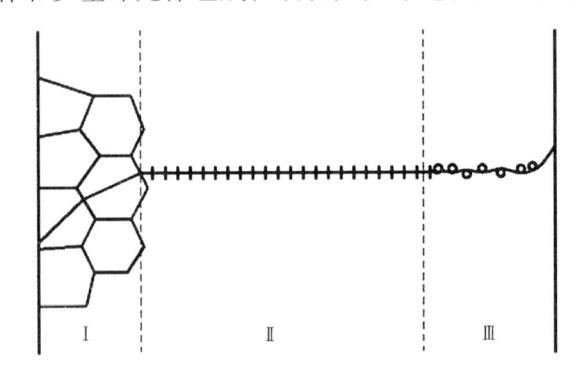

图 6-78 疲劳裂纹扩展三个阶段的示意图

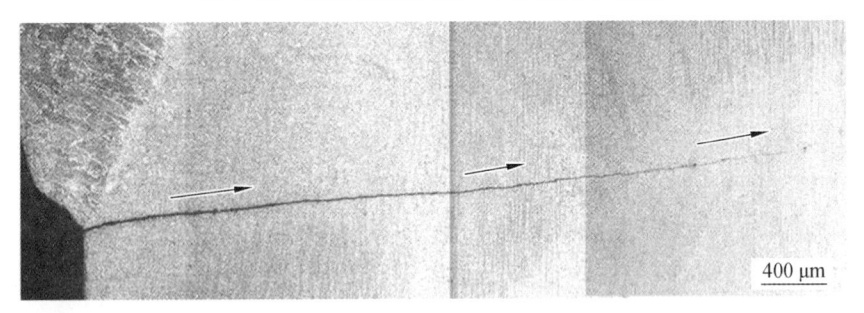

图 6-79 焊态接头的疲劳裂纹扩展路径（$\Delta\sigma = 200$ MPa，$N = 1.08\times 10^6$）

（a）前期　　　　　　　　　　　（b）前期

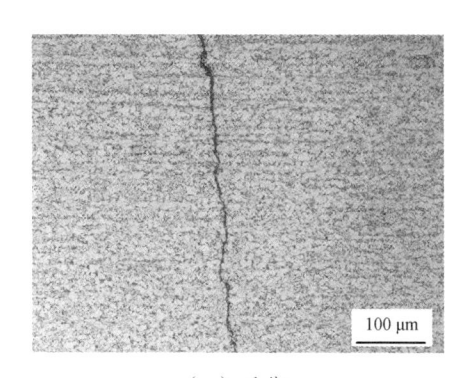

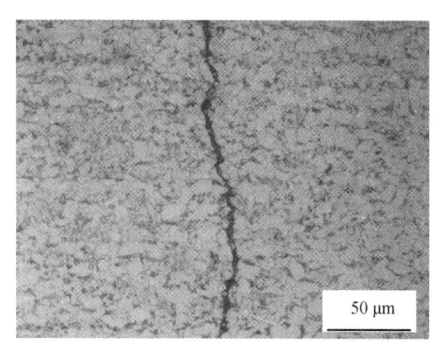

（c）后期　　　　　　　　　　　　（d）后期

图 6-80　第 Ⅱ 阶段的疲劳裂纹扩展路径

在裂纹扩展过程中，会出现裂尖钝化及分叉（二次裂纹）现象，如图 6-81（a）所示。二次裂纹会消耗主裂纹的扩展能量，在一定程度上延缓裂纹的扩展。图 6-81（b）中的组织晶界清晰，裂纹偏折角度不大，可以看出裂纹扩展主要表现为穿晶断裂。

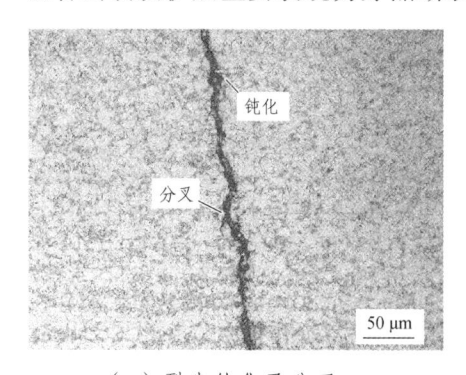

（a）裂尖钝化及分叉　　　　　　　　（b）穿晶断裂

图 6-81　疲劳裂纹扩展特征

图 6-82 为冲击态接头疲劳裂纹扩展路径的全貌，从图 6-82 中可以看出，与焊态接头相比，冲击态焊接接头由于超声冲击处理导致在接头焊趾及其附近区域的表层产生了剧烈的塑性变形，并导致从表面向下几百微米层深内产生了有利于组织裂纹萌生的残余压应力，从而导致焊接接头焊趾表面萌生的疲劳裂纹扩展路径相比于焊态接头整体较为曲折，裂纹萌生于焊趾表面组织内并沿熔合区边界线向内扩展，黑色箭头代表裂纹扩展方向。

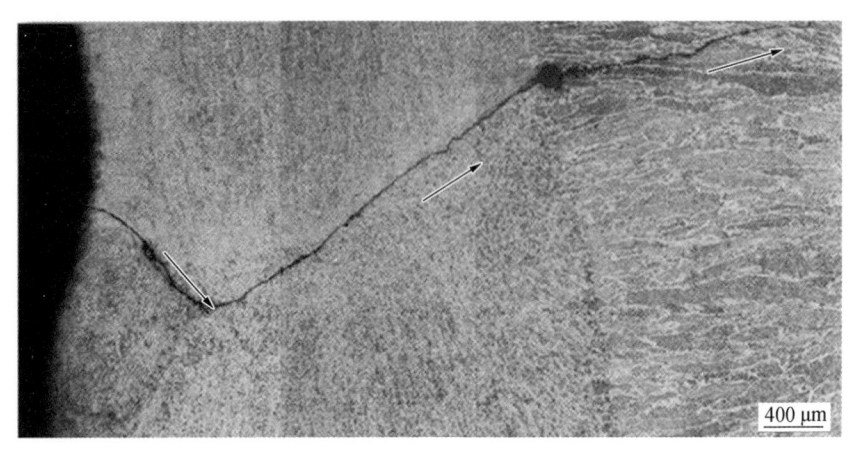

图 6-82　冲击态接头的疲劳裂纹扩展路径（$\Delta\sigma = 205$ MPa，$N = 4.86\times10^6$）

图 6-83（a）、（b）为疲劳裂纹扩展第Ⅱ阶段前期的形貌，存在明显的裂纹分叉现象，分叉后的两条裂纹经过一段距离的扩展后重新汇合成一条主裂纹。晶界或细小组织会阻碍裂纹的扩展，裂纹尖端会发生钝化，扩展速率得到减缓。在循环交变载荷的作用下，裂纹前端附近应力集中位置会萌生新的裂纹，随着裂纹不断向前扩展，两个裂纹最终连在一起。图 6-83（c）、（d）为裂纹扩展第Ⅱ阶段后期的形貌，裂纹偏折较大角度，呈锯齿状，在疲劳断口上往往呈现脆性疲劳条带的形貌。裂纹扩展到第Ⅲ阶段（快速扩展区）的形貌如图 6-83（e）、（f）所示，该区应力强度因子范围较大，是由正应力为主再次过渡到剪应力为主的区域，开动的滑移系数量多，多种滑移（交滑移、攀移）方式发挥作用，裂纹穿过粗大的柱状晶组织。由于柱状晶组织内分布着不均匀的合金元素，存在偏析现象，其力学性能较差。

图 6-84（a）、（b）为接头熔合区内裂纹扩展的形貌，裂纹两边组织形貌有明显的差异，左下方组织为粗大的铁素体和少量珠光体；右上方为细条状先共析铁素体和细小珠光体，存在严重的组织和性能不均匀性，裂纹容易沿着界线处快速扩展。图 6-84（c）、（d）中组织晶界清晰，裂纹边界粗糙度较高，具有大量塑性变形的痕迹，裂纹扩展表现为典型的穿晶断裂。

(a) 第Ⅱ阶段前期

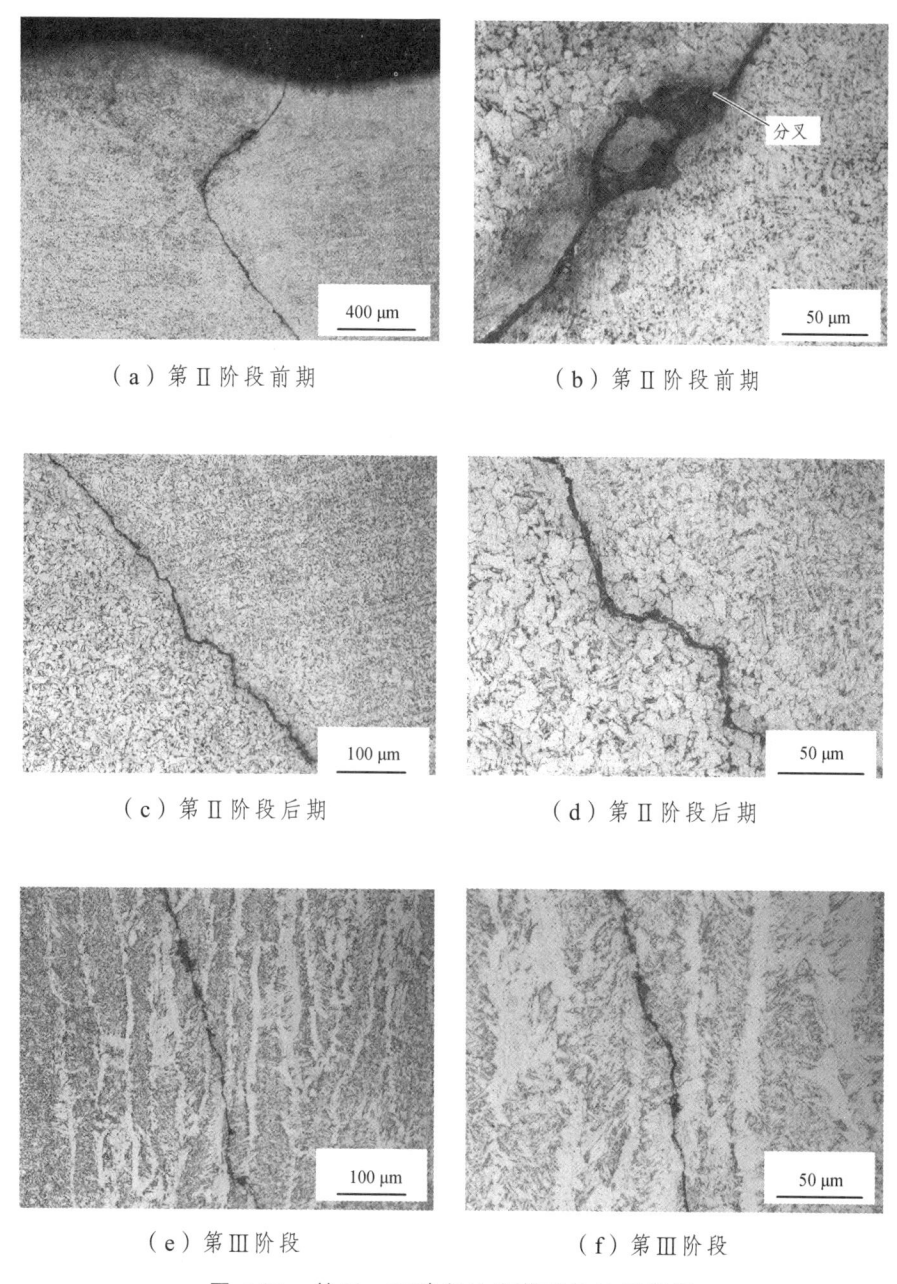

(b) 第Ⅱ阶段前期

(c) 第Ⅱ阶段后期

(d) 第Ⅱ阶段后期

(e) 第Ⅲ阶段

(f) 第Ⅲ阶段

图 6-83　第Ⅱ、Ⅲ阶段的疲劳裂纹扩展路径

(a) 熔合区内裂纹扩展　　　　　　　(b) 熔合区内裂纹扩展

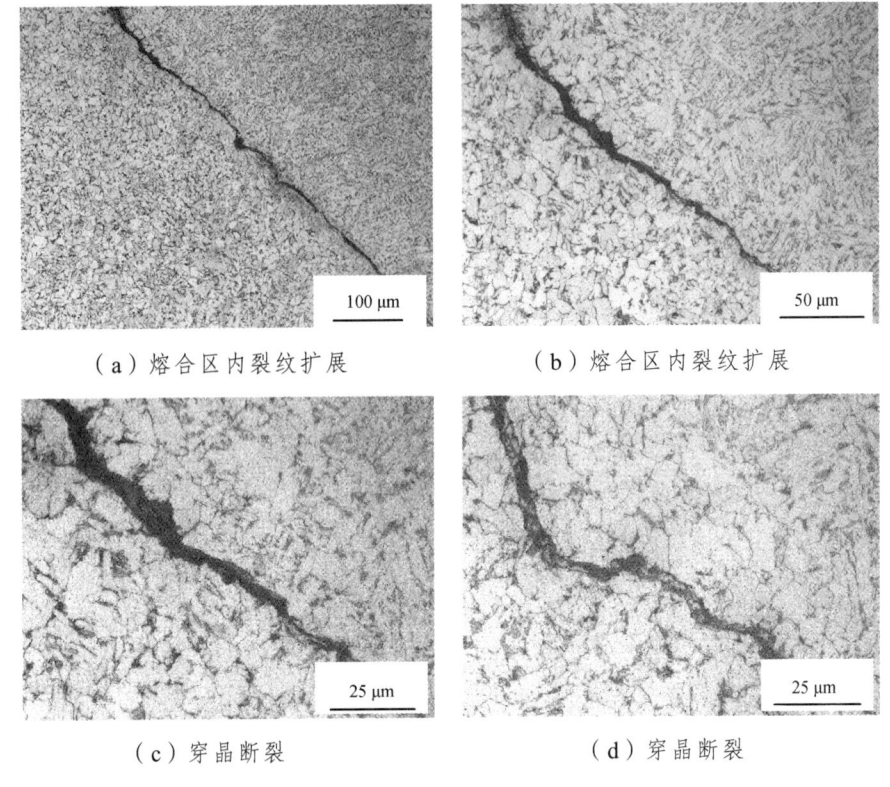

(c) 穿晶断裂　　　　　　　　　　　(d) 穿晶断裂

图 6-84　裂纹扩展特征

综上，虽然冲击后接头焊趾圆弧过渡半径得到增大，焊趾表面的细晶强化层可以延缓裂纹早期扩展，但无论是焊态接头或冲击态接头，疲劳裂纹均在焊趾表面组织内萌生，说明 SMA490BW 钢焊接接头焊趾处仍然是最薄弱的部位。图 6-79 对应的焊态接头疲劳寿命为 1.08×10^6，外载荷为 200 MPa；而图 6-82 对应的冲击态接头疲劳寿命为 4.86×10^6，外载荷为 205MPa，超声冲击可以大幅度延长焊接接头的疲劳寿命，但不会改变疲劳裂纹的扩展机理，均表现为典型的穿晶断裂，并伴有明显塑性变形的痕迹。

文献[14]也对 SMA490BW 钢焊态十字接头以及超声冲击态接头的疲劳裂纹萌生、裂纹扩展以及最终断裂三个区域进行了研究。

图 6-85 为高应力和低应力下试样断口在 SEM 下的全貌。图 6-85(a)

和（b）是高应力范围下试样的整个微观断口，从图中可以清晰地看到多疲劳裂纹源，见箭头标识，疲劳裂纹源的位置均位于焊趾表面应力集中处（过渡不圆滑），产生多裂纹源的原因是这些位置同时产生应力集中且数值应该相似，足以使这些位置同时产生裂纹源。尤其图 6-85（a）中，裂纹源①、②、③存在一定的高度差，即裂纹起源于试样不同的高度，裂纹在扩展的过程中会汇合，以塑性方式撕裂残余连接部分，可以看到许多韧窝的出现，如图 6-86 所示。由图 6-85（b）可以发现，断口上出现因裂纹扩展产生的凸起片状，在片状末端发生撕裂现象。在片状两侧断面上分布着二次裂纹群，凸起片状的产生也是由于二次裂纹沿垂直于断面向上的方向扩展，最后残余连接的部分由于外加载荷的作用而发生断裂，如图 6-87 所示。同时，片状上面有疲劳扩展痕迹——疲劳沟线，疲劳沟线在片状上端终止，发生撕裂现象。

图 6-85（c）和（d）是低应力范围下试样微观形貌，从图中可以发现既有多疲劳裂纹源又有单裂纹源，如箭头标识所示。疲劳裂纹源的位置均位于焊趾表面应力集中处（过渡不圆滑），产生多个裂纹源的原因是这些位置同时产生应力集中且数值相似，足以使这些位置同时产生裂纹源；单裂纹源的位置在试样焊趾边侧。此结果与 Zhang 等[95]的研究结论不同，文献[95]认为在高应力幅下裂纹会从多个位置起源，而低应力幅下裂纹萌生位置有一个或多个，但应力集中最大处萌生的裂纹才会扩展并致使试样断裂。

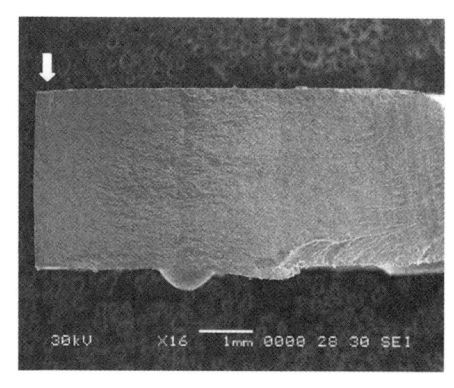

（a）σ_a=230 MPa，N_f=4.11×10^5　　（b）σ_a=210 MPa，N_f=6.23×10^5

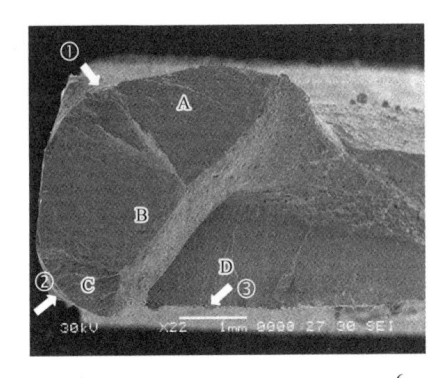

（c）σ_a=115 MPa，N_f=5.07×10^6 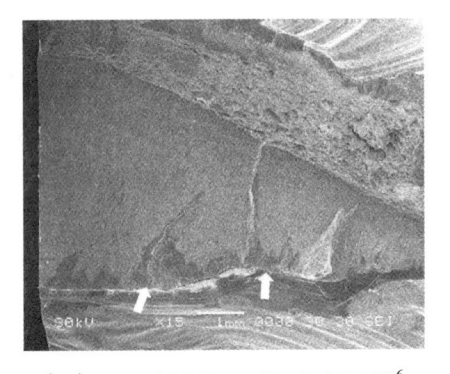 （d）σ_a=110 MPa，N_f=5.65×10^6

图 6-85　疲劳试样断口 SEM 全貌

图 6-86　残余连接部分撕裂形貌

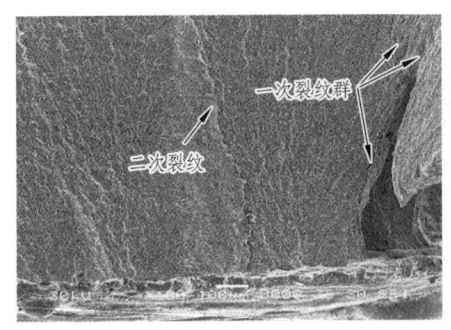

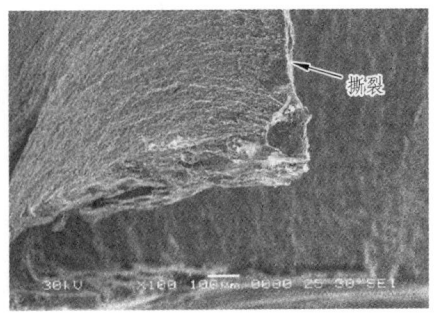

图 6-87　残余连接部分撕裂及二次裂纹

疲劳断裂扩展阶段留在断口上最基本的宏观特征是贝纹线（或海滩花样），这也成为识别和判断疲劳断裂失效的主要依据。但并不是在所有情况下断口上都会出现贝纹线，这主要与贝纹线的产生原因有关。贝纹线的产生是因载荷变动引起的，载荷变动本身就具有偶然性，并不具有规律性，因此在裂纹扩展前沿线留下弧状贝纹线痕迹也是随机的。疲劳扩展区贝纹线是一簇平行的弧线，凹侧指向裂纹源，凸侧指向裂纹扩展方向。贝纹线间距在靠近断裂区变得稀疏，表明裂纹扩展速率较快。试验中也观察到了疲劳贝纹线，如图 6-88 所示。

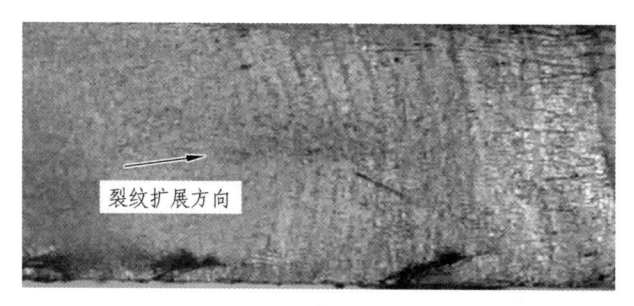

图 6-88 扩展区疲劳弧线（σ_a=150 MPa，N_f=2.50×10^6）

为了获得试样在瞬断前裂纹的长度及裂纹的扩展路径，将含裂纹的金属切割下来，取样示意图如图 6-89 所示。从图 6-89 中可以看出，疲劳裂纹萌生在焊趾表面，然后沿着熔合线附近扩展直至断裂，如图 6-90 所示。由于焊接试样的裂纹都是从试样表面或近表面萌生并开始扩展的，可认为是简单形式的边缘裂纹，与裂纹相关的构件几何形状因子 Y 取值为 1.3[96]。采用 Paris 经验公式预测扩展寿命中主要的参数就是 c、m 数值。预测过程中参考了贾法勇等[97]对 20MnHR 焊缝和热影响区疲劳裂纹扩展速率的试验结果。20MnHR 和 SMA490BW 两种材料的力学性能（屈服强度 σ_s、抗拉强度 σ_b）比较接近，这使得参考 20MnHR 数据获得结果的准确性高一点。c、m 数值选用焊缝（平面应变）测试的数据，c=2.00×10^{-13}，m=3.98，运用 MATLAB 进行计算，结果为：N_p=6.89×10^5，试样的总寿命 N_f=4.11×10^6，则裂纹第二扩展阶段所占总寿命的比例约为 18%。

图 6-89 取样位置

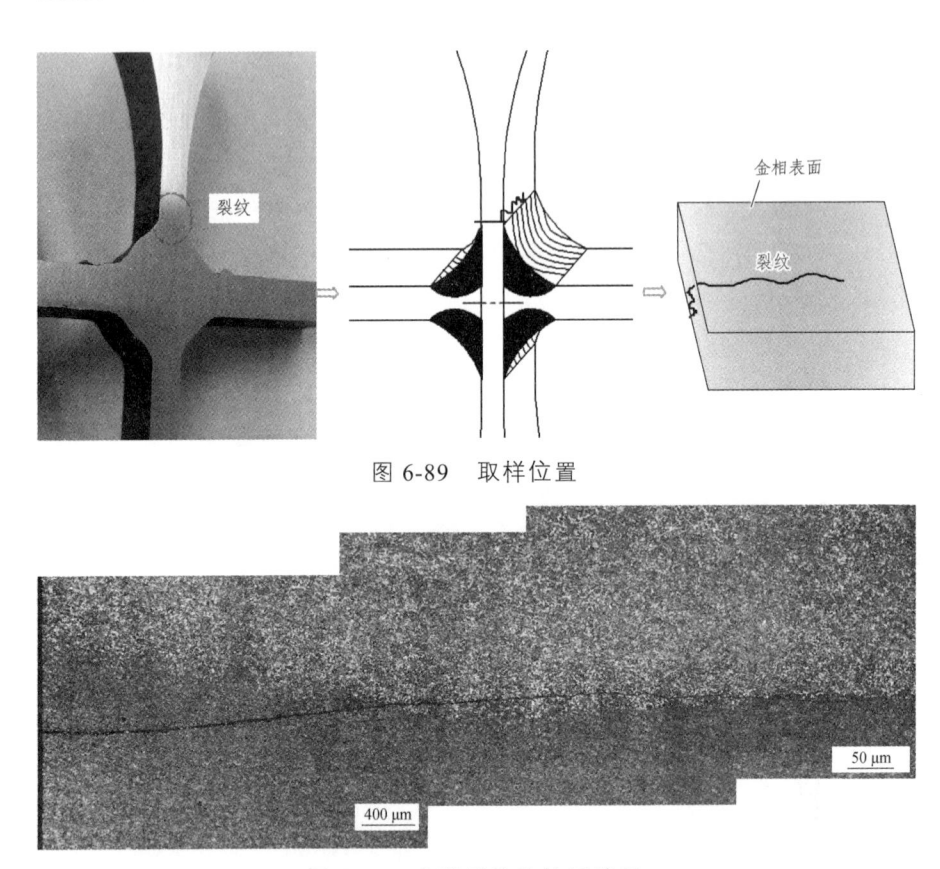

图 6-90 疲劳裂纹的扩展路径

冲击态疲劳试样断口 SEM 全貌如图 6-91 所示。无论高应力还是低应力范围，整个试样断面均可划分为 A、B、C、D 四个区域，分别为裂纹源、扩展前期阶段、扩展后期阶段、断裂区。试样的裂纹均起源于焊趾与试样侧面交界 A 处。裂纹源位置如箭头所指。相比于焊接试样，超声冲击后焊趾处形貌得到修整，焊趾处的应力集中减少，裂纹源的数量也由多个减少到单个，降低了裂纹萌生的概率，推迟了疲劳裂纹萌生的时间，提高了试样的疲劳寿命。

与焊接试样相比，虽然冲击态疲劳失效试样的裂纹源数量减少到单个，但是裂纹源萌生的位置仍位于焊趾的自由表面上，所不同的是冲击态试样无论在高应力还是在低应力范围，裂纹都从焊趾表面与侧面的交界处萌生，如图 6-92 所示。虽然超声冲击后接头焊趾圆弧过渡半径得到提高，过渡倾角增大，焊趾表面的细晶强化层可以延缓裂纹早期扩展，但无论是焊态接头还是冲击态接头，疲劳裂纹大都在焊趾表面萌生，说明 SMA490BW 钢焊接十字接头焊趾处仍然是最薄弱的部位。个别试样的疲劳裂纹萌生位置转变为由超声冲击引入的缺陷（微观裂纹）造成应力集中的位置。同时在裂纹源的周围产生超声冲击旋涡，发生了剧烈的塑性变形，如图 6-92（d）所示。图 6-92（e）为对应的金相组织照片，从图中可以看出沿试样横截面深度梯度分布的硬度，试样疲劳裂纹在表面萌生后，由于表层材料的硬度比较高，且硬度是反映抵抗局部变形与断裂的能力，从而导致表层材料的强度提高。疲劳强度与抗拉强度的关系如下：

$$\sigma_{-1} \approx \frac{\sigma_b}{2} \tag{6-17}$$

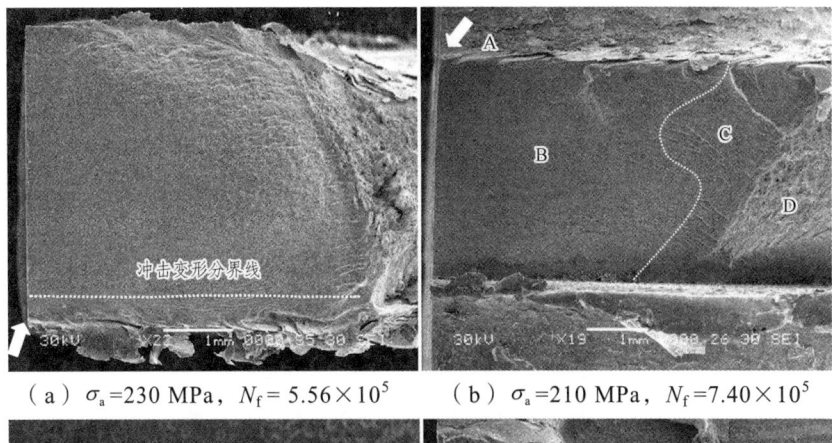

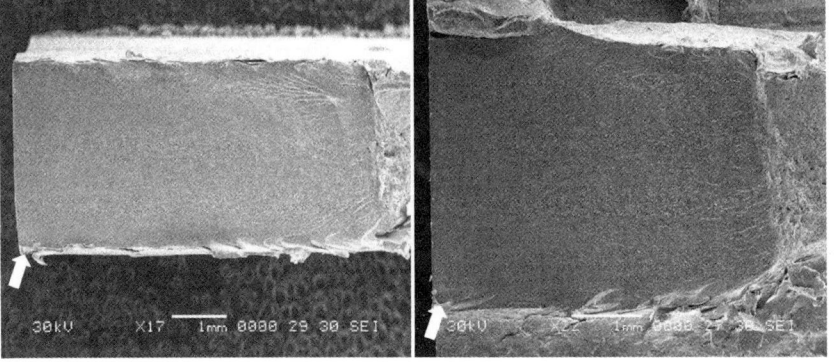

（a）σ_a=230 MPa，N_f = 5.56×10^5

（b）σ_a=210 MPa，N_f = 7.40×10^5

（c）σ_a=160 MPa，N_f = 3.96×10^6

（d）σ_a=135 MPa，N_f = 4.74×10^6

图 6-91 疲劳试样断口 SEM 全貌

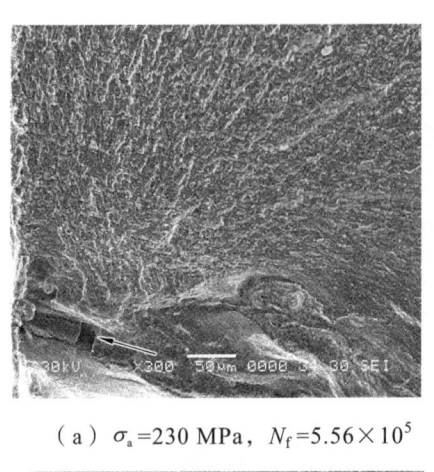

（a）$\sigma_a=230$ MPa，$N_f=5.56\times10^5$

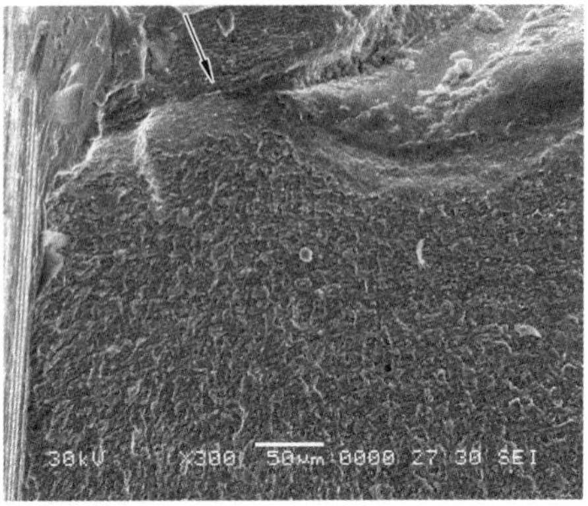

（b）$\sigma_a=210$ MPa，$N_f=7.40\times10^5$

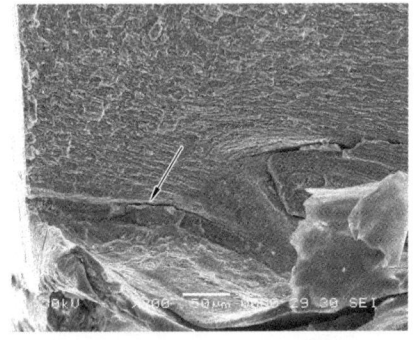

（c）$\sigma_a=160$ MPa，$N_f=3.96\times10^6$

（d）$\sigma_a=135$ MPa，$N_f=4.74\times10^6$

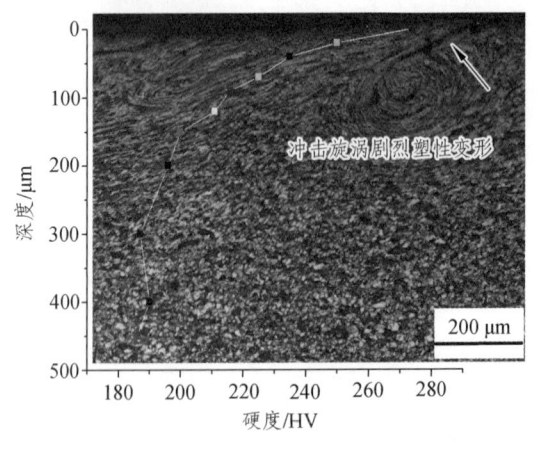

（e）冲击后试样横截面金相组织

图 6-92　裂纹源放大图

虽然式（6-17）主要应用于工程结构材料且是一种经验关系式，但也定性解释了超声冲击诱发晶粒细化使表层金属硬度提高，这有助于提高疲劳强度。

超声冲击引入的微观缺陷如图 6-92 中箭头所指。此结论与 Trsko 等人[98]的研究结果一致。Wang 等人[99,100]给出了一种叠形裂纹（缺陷）产生的解释，如图 6-93 所示。其中，冲击针高速撞击表面后，冲击痕周围出现了剥离毛刺；冲击针高速撞击下一区域时，表面附着毛刺处在冲击针下方，毛刺和基体金属间的空隙被压入硬化层，形成叠形缺陷。

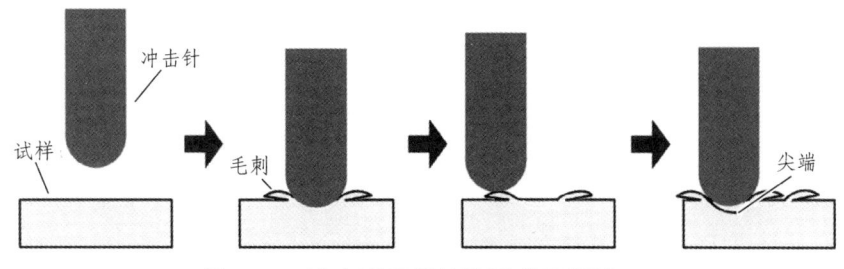

图 6-93 冲击时表层缺陷形成示意图

参考文献

[1] HE B L, YU Y X, YU H H et al. Grain Refining Mechanism and Fatigue Properties of Bogie Welded Cruciform Joints Treated by Ultrasonic Impact[J]. Current Nanoscience, 2012, 8（2）：17-22.

[2] HE B L, LIU J, WANG B. Study on the Methods of the Surface Self-nanocrystalline Technology and its Effect on the Materials Properties[J]. Applied Mechanics and Materials ,2011, 80-81: 673-677.

[3] HE B L, DENG H P, JIANG M M, et al. Effect of ultrasonic impact treatment on the ultra high cycle fatigue properties of SMA490BW steel welded joints[J]. International Journal of Advanced Manufacturing Technology, 2018, 96（5-8）：1571-1577.

[4] 叶雄林,朱有利. 超声冲击细化 22SiMn2TiB 超高强钢焊接接头晶粒研究[J]. 热加工工艺，2006，35（23）：12-14.

[5] 李东，樊钊，廖礼宝，等. J507 堆焊层超声冲击表面纳米化[J]. 焊接学报，2009，30（1）：101-103.

[6] 郝明. 超声冲击对镍基合金堆焊层微观组织及性能的影响[D]. 大连：大连理工大学，2012.

[7] 李占明，朱有利，刘开亮，等. 超声冲击对 30CrMnSiNi2A 焊接接头组织性能的影响[J]. 热加工工艺，2012，41（21）：150-152.

[8] 向学建，黄元林，朱有利，等. 超声冲击对 Q370qE 钢焊接接头组织结构的影响[J]. 热加工工艺，2011，40（9）：122-129.

[9] 宋燕. 超声冲击对 P355NL1 钢焊接接头疲劳性能影响的研究[D]. 南昌：华东交通大学，2014

[10] 谢学涛. 超声冲击对 P355NL1 钢焊接接头超高周疲劳性能的影响[D]. 南昌：华东交通大学，2017.

[11] 魏康. 超声冲击对 SMA490BW 钢对接接头超高周疲劳性能的影响研究[D]. 南昌：华东交通大学，2016.

[12] 何柏林，史建平，颜亮，等. 超声冲击对钢轨钢组织与性能的影响[J]. 中国铁道科学，2009，30（4）：58-62.

[13] 何柏林，余皇皇. 超声冲击表面纳米化研究的发展[J]. 热加工工艺，2010，49（18）：112-114.

[14] 吕宗敏. 超声冲击对转向架焊接十字接头表层组织及超高周疲劳性能的影响[D]. 南昌：华东交通大学，2016.

[15] HE B L, XIONG L, JIANG M M, et al. Surface grain refinement mechanism of SMA490BW steel cross joints by ultrasonic impact treatment[J]. International Journal of Minerals, Metallurgy and Materials, 2017, 24（4）：410-414.

[16] 胡兰青. 金属纳米晶化及机理研究[D]. 太原：太原理工大学，2005.

[17] HE B L, YU Y X, LEI S Y, et al. Research about the Effect of Ultrasonic Impact on the Mechanical Property of Welded Cruciform Joint of P355NL1 Steel[J]. Applied Mechanics and Materials, 2014, 650: 4748-4751.

[18] 何柏林，熊磊. 金属表面纳米化及其对材料性能影响的研究进展[J].

兵器材料科学与工程，2016，39（2）：116-120.

[19] 李茂林. 高能喷丸铝合金表层晶粒细化机制研究[J]. 中国表面工程，2007，30（3）：18-21.

[20] 毛卫民，赵新兵. 金属的再结晶与晶粒长大[M]. 北京：冶金工业出版社，1994.

[21] 徐滨士. 纳米表面工程[M]. 北京：化学工业出版社，2004.

[22] 张洪旺，刘刚，卢柯，等. 表面机械研磨诱导AlsI304不锈钢表层纳米化I组织与性能[J]. 金属学报，2003，39（22）：342-346.

[23] 廖礼宝. 金属表面纳米晶化方法及性能研究[D]. 上海：华东理工大学，2010.

[24] HE B L, DENG H P, JIANG M M, et al. Effect of ultrasonic impact treatment on the ultra high cycle fatigue properties of SMA490BW steel welded joints[J]. Int J Adv Manuf Technol., 2018, 62（6）：1-7.

[25] YU Y X, HE B L, LIU J, et al. Surface Plastic Deformation and Nanocrystallization Mechanism of Welded Joint of 16MnR Steel Treated by Ultrasonic Impact [J]. MATERIALS SCIENCE (MEDŽIAGOTYRA), 2015, 21（4）：612-615.

[26] 胡兰青，李茂林，许并社，等. 铝合金表面纳米化处理及显微结构特征[J]. 中国有色金属学报，2004，14（12）：2016-2020.

[27] VALIEV R Z, ISLMAGALIEV R K, ALEXNADROV I V. Bulk nanostructured materials from severe plastic deformation[J]. Progr Mat Sci., 2000, 45（2）：103-189.

[28] 潘金生，全健民，田民波. 材料科学基础[M]. 北京：清华大学出版社，1998.

[29] WU X, TAO N, HONG Y. Strain-induced grain refinement of cobalt during surface mechanical attrition treatment[J]. Acta Mater, 2002, 53（3）：681-691.

[30] 田锡唐. 焊接结构[M]. 北京：机械工业出版社，1982.

[31] 方洪渊. 焊接结构学[M]. 北京：机械工业出版社，2013.

[32]（苏）奥凯尔波洛姆. 焊接应力与变形[M]. 雷源，译. 北京：中国工

业出版社，1958.

[33] GURNEY T R. Cumulative damage of welded joints[M]. Cambridge: Abington Publishing, 2006.

[34] MADDOX S J. Influence of tensile residual stresses on the fatigue behavior of welded joints in steel[C]. ASTM. Residual Stress Effects in Fatigue. Philadelphia:Society for Testing and Materials Publishing, 1982: 63-96.

[35] OHTA A, MAEDA Y, MAWARI T, et al. Fatigue strength evaluation of welded joints containing high tensile residual stresses[J]. International Journal of Fatigue, 1986, 8（2）: 147-150.

[36] OHTA A, SUZUKI N, MAEDA Y. Effect of residual stresses on fatigue of weldment [C]. International Conference on Performance of Dynamically Loaded Welded Structures. San Francisco:Welding Research Council, 1997: 108-122.

[37] OHTA A, MAEDA Y, SUZUKI N. Residual stress effect on fatigue strength of non-load-carrying cruciform welded joints of SM570Q steel for welded structures[J]. Welding in the World, 2002, 46（11-12）: 20-25.

[38] OHTA A. Shift of S-N curves with stress ratio[J]. Welding in the World, 2003, 47（1-2）: 19-24.

[39] 何柏林，于影霞，史建平，等. 超声冲击对转向架用 16MnR 钢焊接接头疲劳性能的影响[J]. 中国铁道科学，2011, 32（5）: 96-99.

[40] 何波，胡宗武，商伟军，等. 残余应力对焊接头疲劳性能的影响[J]. 机械强度，1998, 20（3）: 167-170.

[41] 周张义，李芾. 焊接残余应力对钢结构疲劳性能影响研究[J]. 机车电传动，2009（3）: 24-29+33.

[42] FRICKE W. Effects of residual stresses on the fatigue behaviour of welded steel structures[J]. Materialwissenschaft und Werkstofftechnik, 2005, 36（11）: 642-649.

[43] MADDOX S J. Developments in fatigue design codes and fitness-for-

service assessment methods[C]. International Conference on Performance of Dynamically Loaded Welded Structures. San Francisco:Welding Research Council, Inc, 1997: 22-42.

[44] KREBS J, KASSNER M. Influence of welding residual stresses on fatigue design of welded joints and components[J]. Welding in the World, 2007, 51（7-8）：54-68.

[45] SONSINO C M. Effect of residual stresses on the fatigue behaviour of welded joints depending on loading conditions and weld geometry[J]. International Journal of Fatigue, 2009, 31（1）：88-101.

[46] HE B L, YU Y X, LIU J, et al. Effect of Ultrasonic Impact Treatment on Corrosion Resistance of Welded Joints of 16MnR Steel[J]. Advanced Materials Research, 2013, 815: 689-694.

[47] 周尚谕. 超声冲击改善16MnR焊接接头疲劳寿命的原因细分研究[D]. 南昌：华东交通大学，2012.

[48] 何柏林，雷思勇. 超声冲击对焊接残余应力影响的研究进展[J]. 兵器材料科学与工程，2015, 38（2）：120-123.

[49] 何柏林，金辉，张枝森，等. SMA490BW钢对接接头高周疲劳性能的机理探究[J]. 材料导报B（研究篇），2018, 32（6）：2008-2014.

[50] JANOSCH J J, KONECZNY H, DEBIEZ S, et al. Improvement of fatigue strength in welded joint (inHSS and in aluminum alloy) by ultrasonic hammer peening[Z]. IIW, Doc. XIII-1594-95, 1995.

[51] TRUFYAKOV V I, MIKHEEV P P, KUDRYAVTSEV Y F, et al. Ultrasonic impact treatment of welded joints[Z]. IIW, Doc. XIII- 1609-95, 1995.

[52] CHENG X H, FISHER J W, PRASK H J, et al. Residual stress modification by post weld treatment and its beneficial effect on fatigue strength of welded structures[J]. International Journal of Fatigue, 2003, 25（3）：1259-1262.

[53] 饶德林，陈立功，倪纯珍，等. 超声冲击对焊接结构残余应力的影响[J]. 焊接学报，2005, 26（4）：48-51.

[54] YE X L, ZHU Y L, WANG K. Effect of ultrasonic impact treatment on the residual stress and fatigue performance of ultrahigh strength steel weld joint[C]. International Technology and Innovation Conference, 2006, 150-154.

[55] 马杰, 尤逢海, 方声远, 等. 超声冲击对钛合金焊缝表面压应力的影响[J]. 宇航材料工艺, 2012, 1: 89-91.

[56] 苏豪, 周伟, 陈辉, 等. 超声冲击对 SMA490BW 耐候钢焊接残余应力的影响[J]. 电焊机, 2011, 41（11）: 65-67+105.

[57] 盛永华. 超声冲击处理对 16Mn 焊接接头性能的影响研究[J]. 江西化工, 2012, 2: 141-144.

[58] 陈佳伟. 超声波冲击处理消除 16MnR 焊件残余应力研究[D]. 长春: 吉林大学, 2010.

[59] 吕宗敏, 何柏林, 于影霞, 等. 超声冲击调整焊接接头残余应力的试验研究[J]. 兵器材料科学与工程, 2016, 39（3）: 99-102.

[60] 高玉魁. 高强度钢喷丸强化残余压应力场特征[J]. 金属热处理, 2003, 28（4）: 42-44.

[61] 杨永红, 乔明杰, 张卫红. 喷丸条件对残余应力场的影响规律[J]. 中国表面工程, 2009, 22（2）: 45-48.

[62] 刘锁. 金属材料的疲劳性能与喷丸强化工艺[M]. 北京: 国防工业出版社, 1977.

[63] 夏立乾. 超声冲击对高强钢焊接接头疲劳性能影响研究[D]. 天津: 天津大学, 2012.

[64] 陈鹏. 振动消除宏观残余应力的机理研究[J]. 电焊机, 2005, 35（1）: 54-56.

[65] D. 拉达伊. 焊接结构疲劳强度[M]. 郑朝云, 张式成, 译. 北京: 机械工业出版社, 1994.

[66] 王东坡, 周达. 超声冲击法提高焊接接头疲劳强度的机理分析[J]. 天津大学学报, 2007, 40（5）: 623-628.

[67] 何柏林, 于影霞, 史建平, 等. 应力集中对转向架用 16MnR 钢对接接头疲劳寿命的影响[J]. 中国铁道科学, 2013, 34（5）: 96-99.

[68] 张彦华. 焊接结构疲劳分析[M]. 北京：化学工业出版社，2013.

[69] RADAJ D, SONINO C M. Fatigue assessment of welded joint by local approaches[M]. Cambridge, England: Abington Pub., 1998.

[70] 何柏林，叶斌，邓海鹏，等. 转向架用 SMA490BW 钢焊接接头超高周疲劳性能[J]. 焊接学报，2019，40（2）：31-37.

[71] 张毅. 典型焊接接头应力集中系数和应力强度因子有限元分析[D]. 上海：上海交通大学，2005.

[72] 佐藤邦言，等. 坡口形状板厚焊缝厚度焊根角度对焊缝根部应力集中系数的影响[J]. 国外焊接技术，1980（3）：12-17.

[73] BRENNAN F P, PELETIES P, HELLIER A K. Predicting weld toe stress concentration factors for T and skewed T-joints plate connections[J]. International Journal of Fatigue, 2000, 22: 573-584.

[74] 魏康，何柏林. 基于 ABAQUS 的转向架十字焊接接头应力集中系数分析[J]. 兵器材料科学与工程，2016，39（1）：41-44.

[75] 吴胜川. 材料与结构的疲劳[M]. 北京：国防工业出版社，2016.

[76] FROST N E, MARSH K J, POOK L. Metal Fatigue[M]. Oxford: Clarendon Press, 1974.

[77] 张彦华. 焊接结构疲劳分析[M]. 北京：化学工业出版社，2013.

[78] NEUBER H. Kerbspannungslehre[M]. Springer Verlag, 1958.

[79] PETERSON R E. Stress concentration factors[M]. New York: John Wiley & Sons, 1974.

[80] HE B L, WEI K, YU Y X, et al. Fatigue Life Analysis of Ultrasonic fatigue Welded Butt Joint for Train Bogie Based on ABAQUS/FE-SAFE[J]. China Welding, 2016, 25（4）：1-7.

[81] 王东坡，霍立兴，荆洪阳，等. 改善焊接接头疲劳强度超声冲击装置的研制及应用[J]. 机械强度，2000，22（4）：249-252.

[82] 何柏林，于影霞，余皇皇，等. 超声冲击对转向架焊接十字接头表层组织及疲劳性能的影响[J]. 焊接学报，2013，34（8）：51-54.

[83] YAO P, ZHANG Z Y, WU X Y, et al. Influence of Ultrasonic Impact Following TIG Remelting at Weld Toe on Residual Stress and Fatigue

Strength of Welding Joints[J]. Ordnance Material Science and Engineering, 2014, 37（5）: 94-97.

[84] 赵小辉, 王东坡, 王惜宝, 等. 承载超声冲击提高 TC4 钛合金焊接接头的疲劳性能[J]. 焊接学报, 2010, 31（11）: 58-60.

[85] PEDERSEN M M, MOURITSEN O, HANSEN M R, et al. Comparison of post weld treatment of high strength steel welded joints in medium cycle fatigue[J]. Welding in the World, 2010, 5（7）: 208-217.

[86] YE X L, ZHU Y L, WANG K. Effect of ultrasonic impact treatment on the residual stress and fatigue performance of ultrahigh strength steel weld joint[C]. International Technology and Innovation Conference, 2006.

[87] 杨彦涛, 张永洋, 余巍. 超声冲击处理钛合金焊接接头性能的研究[J]. 材料开发与应用, 2007, 22（1）: 28-32.

[88] 向学建, 黄元林, 朱有利, 等. 超声冲击对 Q370qE 钢焊接接头性能的影响[J]. 热加工工艺, 2011, 40（13）: 96-98.

[89] 霍立兴, 王东坡, 张玉凤, 等. 改善焊接接头疲劳强度超声冲击法的试验研究[J]. 机械工程学报, 2000, 36（4）: 78-82.

[90] GALTIER A, STATNIKOV E S. The influence of ultrasonic impact treatment on fatigue behavior of welded joints in high-strength steel[S]. IIW/IIS Doc. XⅢ, 1976.

[91] PETERSON R E. 应力集中系数[M]. 北京: 国防工业出版社, 1988.

[92] 刘新灵, 张峥, 陶春虎. 疲劳断口定量分析[M]. 北京: 国防工业出版社, 2010.

[93] 姜锡山, 赵晗. 钢铁显微断口速查手册[M]. 北京: 机械工业出版社, 2010.

[94] 钟群鹏, 赵子华. 断口学[M]. 北京: 高等教育出版社, 2006.

[95] ZHANG J W, LU L T, SHIOZAWA K, et al. Analysis on fatigue property of micro shot peened railway axle steel[J]. Materials Science and Engineering A, 2011, 528（3）: 1615-1622.

[96] 王丹妮. 钢结构疲劳裂纹应力强度因子计算及裂纹扩展路径分析[D].

天津：天津大学，2013.

[97] 贾法勇，霍立兴，张玉凤，等. 疲劳裂纹扩展速率两种数据处理方法的比较[J]. 机械强度，2003，25（5）：568-571.

[98] TRŠKO L, BOKUVKA O, NOVY F, et al. Effect of severe shot peening on ultra-high-cycle fatigue of a low-alloy steel[J]. Materials & Design, 2014, 57: 103-113.

[99] LIU Y, WANG D P, DENG C Y, et al. Influence of re-ultrasonic impact treatment on fatigue behaviors of S690QL welded joints[J]. International Journal of Fatigue, 2014, 66: 155-160.

[100] 王东波，龚宝明，吴世品，等. 焊接接头与结构疲劳延寿技术进展综述[J]. 华东交通大学学报，2016，33（6）：1-14.

第 7 章
影响材料超高周疲劳性能的频率和环境因素探讨

在试验中，有很多因素都能影响材料的疲劳行为，如试验频率、表面处理、环境影响、加载方式、载荷特征和温度等一些因素，同时，各种因素之间也会产生交互作用。

超声疲劳试验方法是研究金属材料超高周疲劳性能的有效途径，其试验频率高达 20 kHz，比实际工程应用的频率范围高出 2~4 个数量级，超声疲劳试验中频率对试验结果的影响成了值得关注的问题[1,2]。频率的改变，将通过影响循环应力-应变响应、应变局部化、断裂模式而影响裂纹扩展速率以至于最终改变疲劳寿命[3-6]。与低周疲劳（LCF）和高周疲劳（HCF）相比，频率效应对超高周疲劳性能的影响有下降的趋势。近期超高周疲劳频率效应的研究有类似的观点，但也存在不同的意见[7]。

高频时位错运动时间有限，每周次的塑性变形量降低，因此要达到与低频情况相同的疲劳损伤，需要更长时间或更强的应力，因此超声疲劳试验方法有可能使疲劳强度提高，另外超声疲劳试验时应变率提高可能使试样发热，从而影响疲劳试验结果[8]。各国研究者对超声疲劳试验的频率效应已经进行了大量研究，研究方法主要是将超声疲劳试验结果与低频疲劳试验结果进行对比。结果表明，超声频率对金属材料超高周疲劳的断裂机理和断口形貌没有影响，不同频率时金属材料的门槛值也相差无几[9-11]。Kawagoish 等还通过表面复型技术，观察超声疲劳试样表面裂纹萌生和小裂纹扩展，发现超声疲劳裂纹仍为驻留滑移带萌生，得到超声频率对疲劳断裂机制没有影响的直接证据[12]。但是某些情况下，超声频率试验方法可能降低裂纹扩展速率，使疲劳寿命有所增加，同时提高疲劳强度[13,14]。针对这种情况，在将超声疲劳试验结果应用于发生低频振动的工程构件时，可以在超声疲劳试验结果上加一个修正因子[15]。

频率效应本质上是应变率的改变引起的，与时间相关的环境因素交互作用，并且在高应力水平时的作用比低应力时明显[16]。例如，面心立方金属的塑性变形对应变率敏感性不强，因此在应力强度因子较低的早期扩展阶段，频率的改变对面心立方金属疲劳行为几乎没有影响，但是在裂纹扩展速率高、裂纹尖端塑性变形大时情况则可能发生改变。空气中水分与裂纹尖端断口可以产生化学反应，而水分子的扩散和化学反应都是与裂纹张开时间相关的，因此在高频下化学反应可能来不及发生，从而使高频下的裂纹扩展率降低。Mayer 的研究表明，真空中频率对裂纹扩展没有影响，空气中是否有频率效应，则取决于裂纹尖端化学反应能否发生，在裂纹尖端的水分子足够多、裂纹尖端张开时间足够长、化学反应可以发生的情况下，频率的改变不会影响材料的疲劳行为。因此当空气湿度足够大时，超声疲劳试验得到的材料疲劳寿命与常规疲劳试验得到的结果基本相同，超声疲劳试验结果可以用于一般工程构件的疲劳设计[11]。对于不同的材料，具体哪种环境下得到的超声疲劳的试验结果可信度高，哪些试验结果需要修正，目前还没有系统的理论，需要针对不同的问题分别进行研究。对超声疲劳试样发热问题的研究表明，试样温度升高数量很小，例如频率为 20 kHz、应力比为-1 时，疲劳寿命 10^9 周次的试样表面温度升高 40～60 ℃，不足以影响材料的疲劳性能[17]。另外，采用压缩空气冷却及断续试验等方法可以很好地控制试样发热[18]。

一般地，对于强度较低的金属材料，其组织结构对位错移动和增值的阻碍作用很小，则根据文献[2]提供的式（17），提高加载频率 f 可以有效减小 L 值，从而提升疲劳寿命，这很好地解释了这些材料在疲劳试验过程中呈现的频率效应[19]；对于高强度的金属材料，其组织内部存在的大量固定位错、杂质粒子、晶界等障碍，会有效地阻碍位错的运动，显著降低加载频率 f 对位错移动距离 L 的影响，材料疲劳性能的频率效应随之降低，甚至消除[20-23]。虽然在某些情况下，超声加载频率可能会提高金属材料的疲劳寿命和疲劳强度，但不会影响疲劳失效的断裂机制和断口形貌[12,24-26]。且频率效应仅仅存在于裂纹的萌生阶段,疲劳裂纹的扩展过程则不会受到加载频率的影响[27-30]。

本章内容仅仅就频率和环境因素对 P355NL1 钢及其焊接接头的超高周疲劳性能的影响进行了初步探讨。

7.1 频率因素对 P355NL1 钢超高周疲劳性能的影响

以往对低周或高周疲劳问题的研究,都是使用常规疲劳试验机进行试验,频率大都在几十赫兹。而在超高周疲劳问题的研究中,尽管超声疲劳技术的运用使得试验的时间成本大大减少,给试验带来极大的便利,但是频率的改变是否会对材料的疲劳特性产生影响,这成为研究人员所关心的问题。

从本质上来讲,频率对疲劳性能的影响主要是改变加载的应变率。国内外对超声疲劳试验的频率效应进行了大量研究。早期倪金刚[31]、Roth[32]等对超高周疲劳性能的频率效应进行了相关研究,并总结发现,加载频率对不同的材料有不同的影响,认为循环硬化材料和 FCC 材料没有频率效应;循环软化材料和 BCC 材料有频率效应。FCC 材料的频率敏感性很弱,其位错源与滑移系在超声频率下仍旧很活跃,而 BCC 材料随着应变率和载荷频率的增加,材料强度提高,从而导致了频率效应。李伟等[33]对 GCr15 钢在两种不同频率下的超高周疲劳性能进行研究,通过 S-N 曲线的对比,发现超声频率确实提高了材料的超高周疲劳强度。分析其原因认为,提高加载频率相当于提高加载速率,加载速率高于裂纹扩展速率时,就使得裂纹来不及扩展,从而使其疲劳强度与寿命提高。薛红前等[34]研究了两种频率对 D38MSVSS 钢与 100C6 钢的影响,发现频率对 100C6 钢的疲劳性能影响不大;$R=-1$ 时,D38MSVSS 钢 20 kHz 频率下的 S-N 曲线略低于 30 Hz 频率下的 S-N 曲线,当 $R=0.1$ 时,频率对 D38MSVSS 钢疲劳性能的影响更为明显。他认为,高频下,材料内摩擦引起试样温度升高,塑性应变增加,从而加快了疲劳断裂,这种状态下应考虑频率的影响。衣鸿飞[35]以车轴钢 35CrMo 和高强度钢轴承钢 Gr15

为研究对象，通过常规（80 Hz）频率轴向加载疲劳试验和超声（20 kHz）频率加载疲劳试验，进行疲劳性能的对比研究，得出超声频率提高了车轴钢 35CrMo 与轴承钢 Gr15 的疲劳寿命。

文献[36]为研究频率效应对材料疲劳性能的影响，试验采用了常规疲劳试验机和超声疲劳试验机进行对比研究。试验采用厚度为 12 mm 的转向架用 SMA490BW 钢板，常规疲劳试样的具体尺寸和实物如图 7-1 所示。试样形状尺寸按照图纸所标尺寸经过线切割机床加工获得，之后对试样两侧依次用 800#、1 000#、1 500#、2 000#的砂纸打磨，尽量消除机械加工的残留刀痕以及表面残余应力。采用试验机型号为 INSTRON8801 的液压伺服疲劳试验机（见图 7-2）进行常规疲劳试验。该疲劳试验系统能够提供完整的先进材料与元件试验解决方案，非常适用于高低周疲劳试验、热机械疲劳试验及断裂力学试验；同时具有高达 100 kN 的载荷容量、更大的工作空间、高刚度及精密对中度；可以提供不同应力比的拉-压疲劳、拉-拉疲劳。试验频率可根据试验要求进行调整，频率范围为 0～120 Hz。试验中采用应力比为 $R=-1$ 的拉压疲劳，频率为 50 Hz。超高周疲劳试验所用材料同样为 SMA490BW 钢板，试样具体尺寸和实物如图 7-3 所示。试样形状尺寸按照图纸所示经线切割获得，之后同样对试样两侧依次用 800#、1 000#、1 500#、2 000#的砂纸打磨，尽量消除机械加工的残留刀痕以及表面残余应力。超高周疲劳试验采用 USF-2000 型超声疲劳试验机。为了获得具有可比性的试验数据，在研究并探讨转向架用 SMA490BW 钢的超高周疲劳行为时，应力比的选取与常规疲劳相同，即 $R=-1$。试验在室温条件下进行，试件共振时由于内部摩擦的存在且吸收超声振动的能量而产生升温现象，所以试验中采用强迫空冷的方式对试件进行降温，如图 7-4 所示。试验过程中的间歇比采用 200∶400（ms），以免因为温度过高影响试样的超高周疲劳性能。

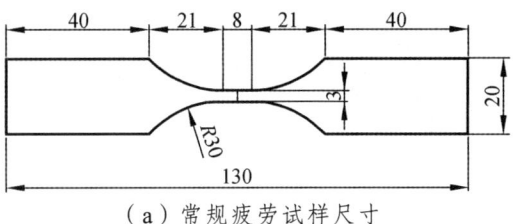

（a）常规疲劳试样尺寸

(b）常规疲劳试样实物

图 7-1　常规疲劳板状试样尺寸及实物图

图 7-2　INSTRON8801 液压伺服疲劳试验机

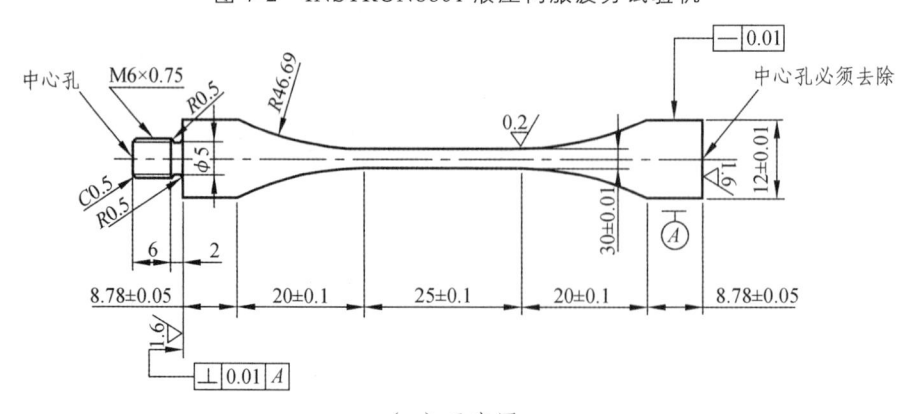

(a）示意图

(b）实物图

图 7-3　超声疲劳板状母材试样

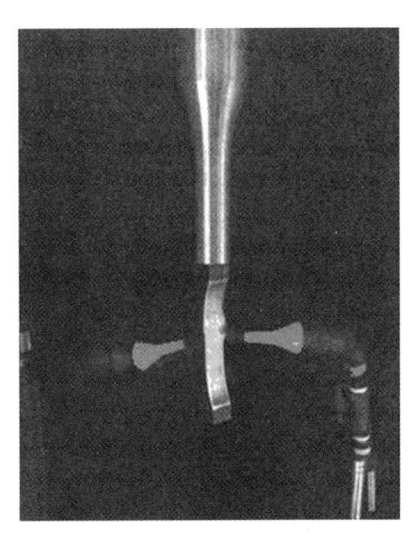

图 7-4 USF-2000 超声疲劳试验机冷却系统

7.1.1 常规疲劳试验结果

根据以往经验，常规疲劳试验最初所加载应力为 275 MPa，然后按照 5~10 MPa 降载，由于试验费用及时间的限制，常规疲劳试验的循环周次范围只做到了 $4×10^7$（未断）。获得的试验数据和 S-N 曲线如表 7-1 和图 7-5 所示，图中箭头所示为未断试样点。根据试验数据拟合出板状母材常规疲劳试验的 S-N 曲线方程为：$\lg N=106.80-41.86\lg\Delta\sigma$。从表 7-1 中可以看出，断裂试样的断裂位置基本都在中心平行处，因为中心平行处截面面积最小，所受到的应力最大。从 S-N 曲线图可以看出，循环周次为 10^4~10^7 时 S-N 曲线为连续下降型曲线，并且在 10^7 之后仍然会发生断裂，没有出现传统意义上所说的疲劳极限。

表 7-1 SMA490BW 钢板状试样常规疲劳试验结果

试样编号	应力幅值/MPa	应力循环次数	最终状态	裂纹源个数	断裂位置
1	275	$2.30×10^5$	断裂	2	表面
2	265	$3.69×10^5$	断裂	2	表面
3	260	$1.10×10^6$	断裂	1	表面
4	255	$1.60×10^6$	断裂	1	表面

续表

试样编号	应力幅值/MPa	应力循环次数	最终状态	裂纹源个数	断裂位置
5	250	8.80×10^5	断裂	1	表面
6	250	1.10×10^6	断裂	1	表面
7	245	1.80×10^7	断裂	1	表面
8	230	4.00×10^7	未断	—	—

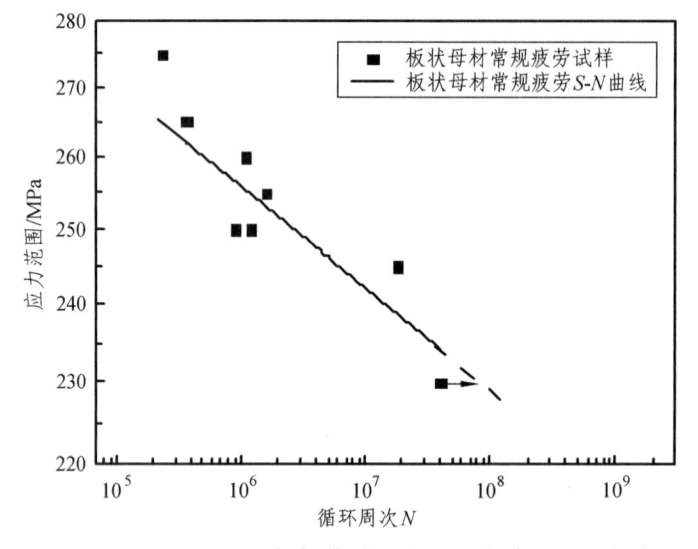

图 7-5 SMA490BW 钢板状试样常规疲劳试验 S-N 曲线

7.1.2 超声疲劳试验结果

通过在超声疲劳试验机上进行疲劳试验，获得超高周范围内的疲劳试验数据，如表 7-2 所示。再根据表 7-2 中的试验数据，用 Origin 软件绘出超声疲劳试验结果的 S-N 曲线，如图 4-6 所示。根据超声疲劳试验数据拟合出 SMA490BW 钢板状试样超声疲劳试验的 S-N 曲线方程为：$\lg N = 131.23 - 51.87 \lg \Delta \sigma$。从图 7-6 中可以看出，板状母材在 $10^5 \sim 10^9$ 时为一条连续下降型曲线，不存在传统意义上的疲劳极限。

表 7-2　SMA490BW 钢板状母材超声疲劳试验数据

试样编号	应力幅值/MPa	应力循环次数	最终状态	断裂位置
1	270	2.40×10^5	断裂	表面
2	270	2.93×10^5	断裂	表面
3	265	4.10×10^5	断裂	表面
4	260	9.24×10^5	断裂	表面
5	255	6.27×10^5	断裂	表面
6	250	3.98×10^6	断裂	表面
7	245	2.40×10^7	断裂	表面
8	240	8.90×10^7	断裂	表面
9	235	1.56×10^8	断裂	表面
10	230	5.42×10^8	断裂	表面
11	230	1.00×10^9	未断	—
12	225	1.00×10^9	未断	—

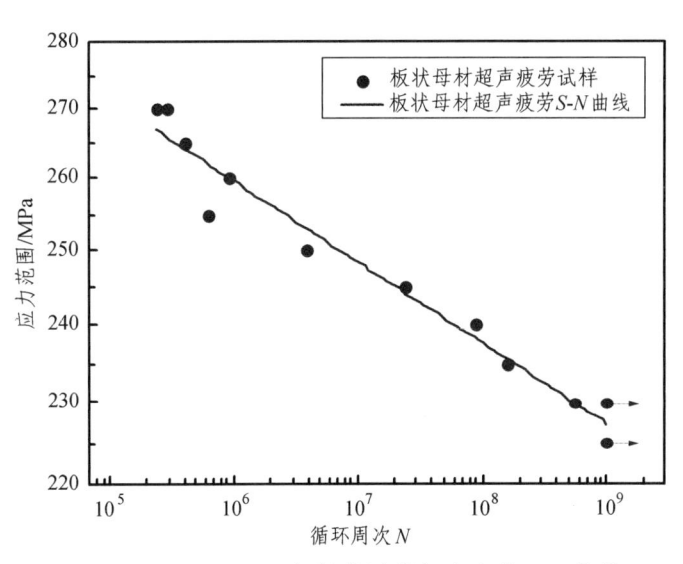

图 7-6　SMA490BW 钢板状试样超声疲劳 S-N 曲线

7.1.3 疲劳断口分析

疲劳断口保留了整个断裂过程的所有痕迹，记载了很多断裂信息，具有明显的微观形貌特征。这些特征又受到材料性质、应力状态、应力大小及环境因素的影响。通过对疲劳断口的分析，能够更加清楚地了解疲劳的断裂过程、疲劳失效原因以及疲劳断裂的机理等。用扫描电镜对每一个常规疲劳试样断口以及超高周疲劳试样断口进行断口观察分析，断口在观察前用酒精对其表面进行仔细清洗，然后再将断口试样放入盛有酒精溶液中的玻璃杯中，将玻璃杯放入超声振荡器中进行进一步超声波振荡清洗，以彻底消除试样表面的杂质和污垢。

1. 常规疲劳试样断口分析

疲劳源区是疲劳裂纹的策源地，是疲劳破坏的起点，多出现于构件的表面，常和缺口、裂纹、刀痕坑蚀等缺陷相连。在大量的超高周疲劳研究中，疲劳裂纹源也有产生于试样的内部缺陷处，例如内部非金属夹杂物、第二相成分以及内部气孔等。裂纹萌生于表面还是内部主要与材料的表面状况、加载应力大小以及材料组织成分有关，但不管怎样，裂纹源首先萌生在构件最大的应力集中处。疲劳源区及其附近的裂纹表面由于受到反复的挤压与摩擦，所以该区及其附近区域较光亮与平坦，硬度也较高。疲劳裂纹源可以是一个，也可以是多个，这和加载状态有关系。如果断口中同时存在几个裂纹源，可根据每个疲劳源区的光亮和平坦程度确定各疲劳源产生的先后，源区较光亮平坦的先产生；反之，则产生得较晚[37]。

通过扫描电镜观察断口发现，对于 SMA490BW 钢常规疲劳试样断口，疲劳寿命在 10^7 循环周次以下的断裂试样，疲劳裂纹都萌生在试样表面，并且发现，在高应力区，疲劳倾向于多裂纹源萌生。随着加载应力的降低，疲劳源的数目也会减少。

图 7-7 和图 7-8 为常规疲劳试样中处于高应力区的两个疲劳断口低倍形貌，从图中可以看出，两个疲劳试样断口都具有双裂纹源，且裂纹源位置都在试样的表面。另外，疲劳扩展区分为两部分，即早期慢速扩展

和后期快速扩展区，在这里把它们分别称为扩展区 1 和扩展区 2。这两部分在微观形貌上有一定的区别，在低倍的断口图像上，可以看出早期扩展区域更加平坦，后期慢速扩展区出现大量的疲劳沟线。

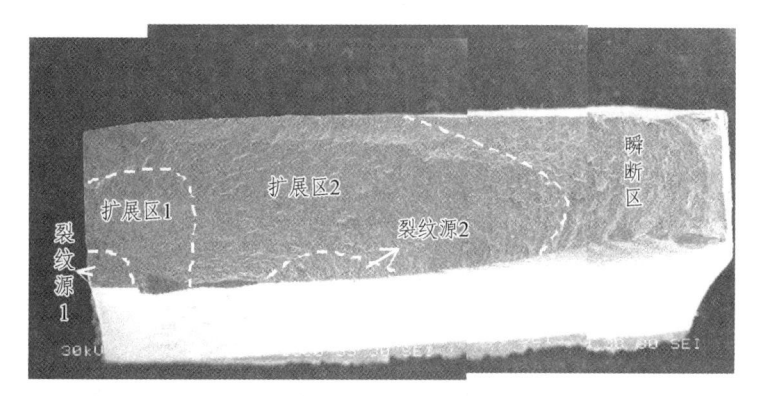

图 7-7　常规疲劳试样断口形貌 $\sigma=275$ MPa，$N_f=2.30\times10^5$

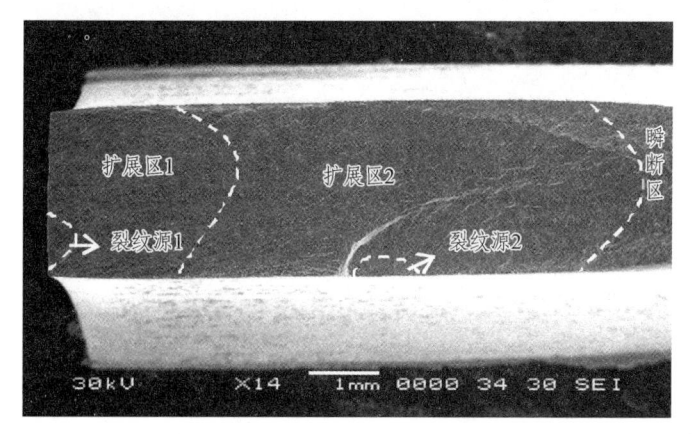

图 7-8　常规疲劳试样断口低倍形貌 $\sigma=265$ MPa，$N_f=3.69\times10^5$

随着疲劳应力的降低，裂纹萌生倾向于单个裂纹源。图 7-9 为较高周范围内常规疲劳断口形貌，与图 7-7 和图 7-8 中的高疲劳应力相比，随着加载应力的降低，裂纹源数目减少，两个试样均只有一个裂纹源。疲劳断口可以明显地分为裂纹源区、扩展区和瞬断区。扩展区也可细分成扩展区 1 和扩展区 2。图 7-10 是循环应力为 $\sigma=245$ MPa，循环寿命为 $N_f=1.80\times10^7$ 的疲劳试样断口形貌。从图中可以看到在高周较低应力幅范围内，疲劳试样仍然从试样表面断裂，且裂纹源只有一个。根据裂纹扩展形态可以将疲劳裂纹扩展区分为扩展区 1 和扩展区 2。

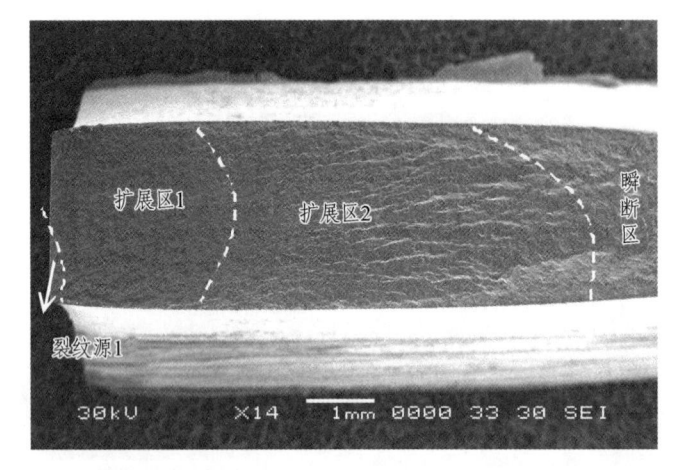

图 7-9　常规疲劳试样断口低倍形貌 $\sigma=260$ MPa，$N_f=1.11\times10^6$

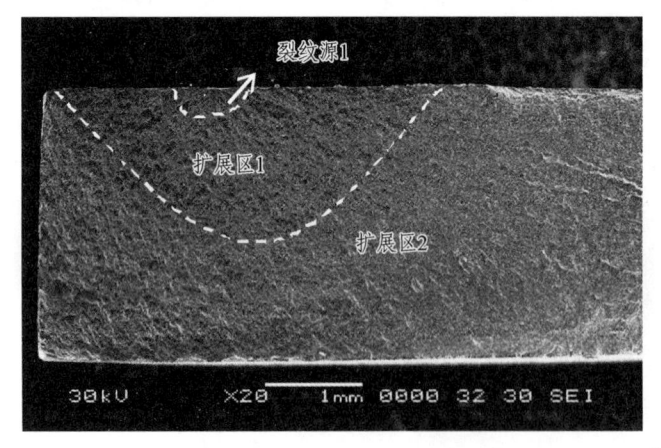

图 7-10　常规疲劳试样断口形貌 $\sigma=245$ MPa，$N_f=1.80\times10^7$

通过对常规疲劳试样的断口进行观察可以发现，无论是较高周还是高周范围，疲劳裂纹的起始位置都在试样的表面，且在加载应力比较高的时候，裂纹可能在多处应力集中比较大的表面缺陷处萌生；随着加载应力的降低，疲劳裂纹源的数目也相应地减少。

2. 超声疲劳断口观察

通过对超声疲劳板状母材试样的扫描电子显微镜的观察发现，超声疲劳板状试样的疲劳裂纹也都在试样表面或者近表面区域萌生。无论是在高周还是超高周循环范围，没有发现疲劳试样从内部形成裂纹并扩展至断裂的情况，且所有超声疲劳试样的断口都显示只有一个裂纹源。说明试验频率对疲劳裂纹源的萌生位置没有影响，且超高频率下疲劳源更倾向于单裂纹源萌生。

图 7-11 为 $\sigma=265$ MPa，$N_\mathrm{f}=2.30\times10^5$ 的低倍断口形貌和裂纹源放大图像。该试样在 S-N 曲线中处于低周次高应力加载区域，从图 7-11 中可以看到，疲劳裂纹源位置在试样的表面部位，并且在裂纹源周围有强烈的摩擦痕迹。整个疲劳断口可分为裂纹源区、扩展区和瞬时断裂区（由于扫面电镜探头拍到的范围有限，因此瞬断区没有完全显示出来）。扩展区可以分为扩展区 1 与扩展区 2。可以看出，扩展区 1 表面比较平坦，扩展区 2 出现明显的疲劳沟线，疲劳沟线的出现表明该区域的扩展速度更快。另外，在该应力下，扩展区 1 与扩展区 2 的面积大约各占 50%。图 7-12 为 $\sigma=250$ MPa，$N_\mathrm{f}=3.98\times10^6$ 的低倍断口形貌和裂纹源放大图像。从图 7-12 中可以观察到，在该应力下，疲劳裂纹源萌生于试样表面，扩展区分为扩展区 1 与扩展区 2。且随着加载应力的降低，扩展区 1 与扩展区 2 的所占面积相比，扩展区 1 所占比例有所增大，从图中来看，扩展区 1 面积大约为 70%。表明随着加载应力幅值的降低，超声疲劳的早期慢速扩展所占的时间更长，因而疲劳寿命也更长。

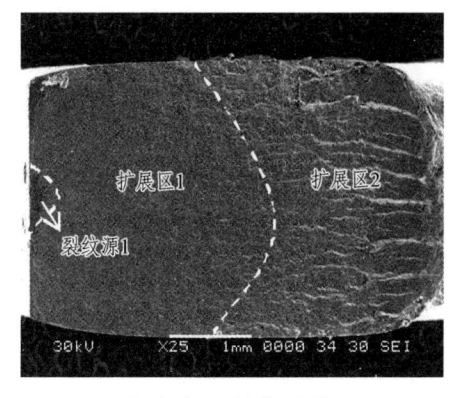

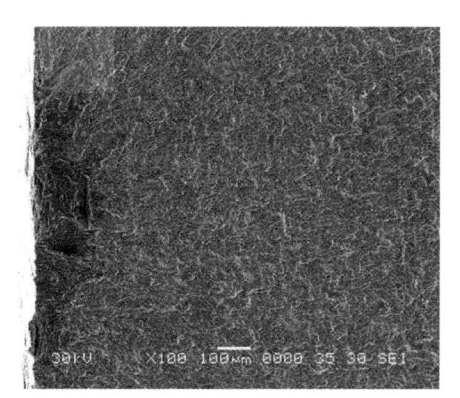

(a) 断口低倍形貌　　　　　　(b) 裂纹源放大图

图 7-11　$\sigma=265$ MPa，$N_\mathrm{f}=4.10\times10^5$ 超声疲劳试样断口

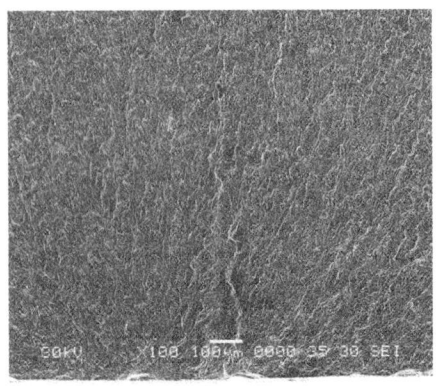

(a) 断口低倍形貌　　　　　　　　(b) 裂纹源放大图

图 7-12　σ=250 MPa，N_f=3.68×10^6 超声疲劳试样断口

图 7-13 为 σ=230 MPa，N_f=5.42×10^8 的低倍断口形貌和裂纹源放大图像。在超高周范围内的超声疲劳试样，疲劳裂纹源萌生位置仍然处于试样的表面应力集中处。另外，在超高周范围，扩展区 2 的范围变得更小，甚至几乎只出现扩展区 1，如图 7-13（a）所示，扩展区 1 所占扩展区面积比例在 90%以上。

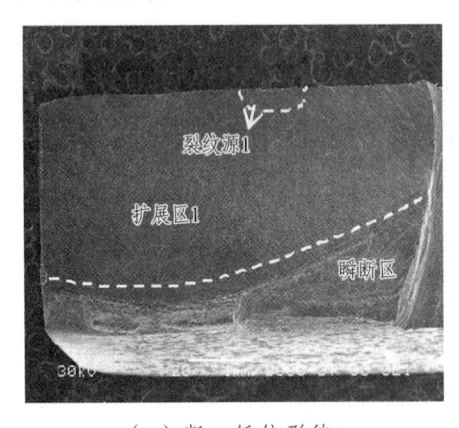

(a) 断口低倍形貌　　　　　　　　(b) 裂纹源放大图

图 7-13　σ=230 MPa，N_f=5.42×10^8 超声疲劳试样断口

通过对常规疲劳和超声疲劳试样的裂纹源 SEM 观察可以总结得出，对于常规疲劳试样，在低周高应力区裂纹倾向于多裂纹源萌生，且随着加载应力幅值的减小，裂纹源数目也相应地减少。与常规疲劳试样相比，

超声疲劳试样从低周到超高周都只有单个裂纹源，且对于超声疲劳试样，能够明显地观察到随着加载应力幅值的降低，扩展区 1 所占整个扩展区面积的比例也不断增大，说明了加载应力越小，慢速扩展区所占的时间更长，疲劳寿命也更长，这一点在常规疲劳试样中也一样。

3. 扩展区断口分析

疲劳裂纹扩展区是疲劳裂纹亚临界扩展所形成的断口形貌。传统的疲劳扩展理论认为，疲劳扩展区分为两个阶段：第一阶段和第二阶段，如图 7-14 所示。

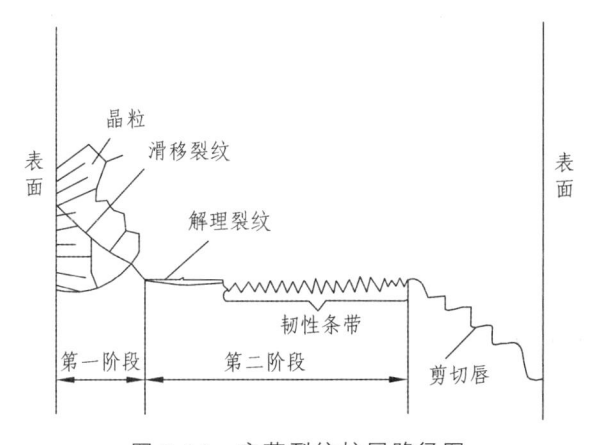

图 7-14 疲劳裂纹扩展路径图

在疲劳裂纹扩展的第一阶段，裂纹扩展速率很低，每一个应力循环大约只有 10^{-4} mm 数量级，扩展深度为 2~5 个晶粒大小。一般认为，疲劳裂纹扩展区第一阶段是在交变应力作用下，裂纹沿特定滑移面反复滑移塑性变形产生新表面（滑移面断裂）所致。当第一阶段扩展的裂纹遇到晶界时便逐渐改变方向，转到与最大拉应力垂直的方向，此时便达到第二阶段。在第二阶段内，裂纹是穿晶扩展的，扩展速率较快，每一应力循环大约扩展数微米量级。疲劳裂纹扩展第二阶段的一个显著特征是在高倍微观断口上常常可以看到平行排列的条带，称为疲劳条带或疲劳辉纹[38]。

在真实的疲劳试样断口上，疲劳条带的数量不一定与循环次数完全相等，因为疲劳条带受应力状态、环境条件、材质等因素的影响较大。通常情况下，在塑性比较好的材料如铜、铝、不锈钢中显示得较为清晰，但对于高强度钢便不容易看到，或只看到一部分。本次疲劳试验中，无论是常规疲劳还是超声疲劳，在裂纹扩展区均能看到非常典型和明显的疲劳辉纹。

图 7-15 为试样承受 σ=265 MPa、循环寿命 N_f=3.69×10^5 载荷条件下的常规疲劳裂纹扩展区形貌，图 7-16 为试样承受 σ=260 MPa、循环寿命 N_f=1.11×10^6 载荷条件下的常规疲劳裂纹扩展区形貌，图 7-17 为试样承受 σ=245 MPa、循环寿命 N_f=1.2×10^7 载荷条件下的常规疲劳裂纹扩展区形貌。对两个扩展区形貌分析发现，扩展区形貌均以穿晶断裂为主，但有不同的微观特征。对于 3 个常规疲劳试样断口，在扩展区 1，断面形貌粗糙，都存在比较剧烈的磨损现象，扩展区 1 断面上的黑色区域即为磨损区域，磨损区域的大小和剧烈程度与加载应力的大小和加载形式有关。通过 3 个扩展区 1 的比较可以看到，随着疲劳应力幅值的降低，磨损区域的大小有减小的趋势。但在 3 个扩展区 1 中均能观察到疲劳辉纹。在上述 3 个图中所有的疲劳裂纹扩展区 2，断面相对平坦，存在众多高低不平的解理小平面，另外在扩展区 2 还能隐约观察到与裂纹扩展方向垂直的疲劳辉纹，并在主裂纹面上可以观察到大量的二次裂纹。且随着应力幅值的降低，疲劳辉纹逐渐变得不清晰，二次裂纹在数量上基本没变。

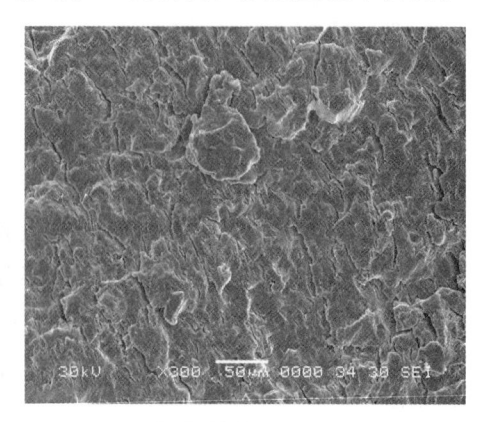

（a）扩展区 1　　　　　　　　（b）扩展区 2

图 7-15　常规疲劳试样裂纹扩展区 σ=265 MPa，N_f=3.69×10^5

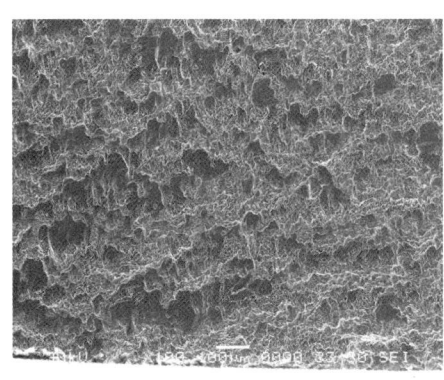

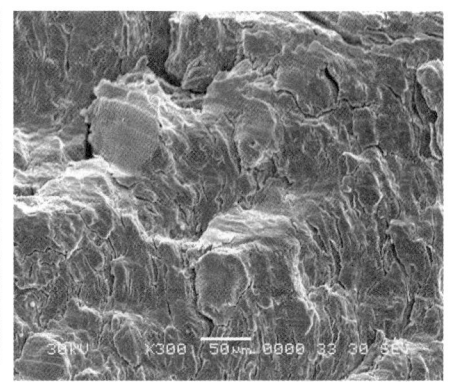

(a)扩展区 1　　　　　　　　　（b）扩展区 2

图 7-16　常规疲劳试样裂纹扩展区 σ=260 MPa，N_f=1.11×10^6

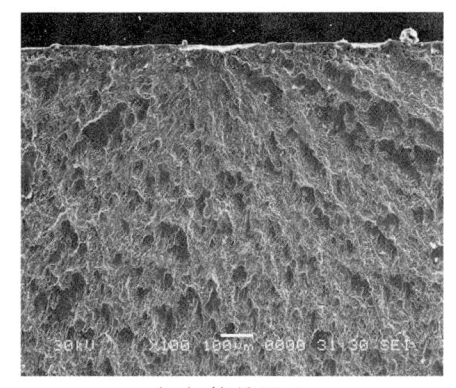

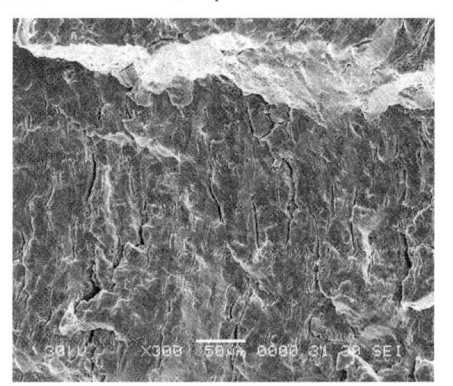

(a)扩展区 1　　　　　　　　　（b）扩展区 2

图 7-17　常规疲劳试样裂纹扩展区 σ=245 MPa，N_f=1.80×10^7

图 7-18 为试样承受 σ=265 MPa、循环寿命 N_f=4.10×10^5 载荷条件下的超声疲劳裂纹扩展区形貌，图 7-19 为试样承受 σ=250 MPa，循环寿命 N_f=3.68×10^6 载荷条件下的超声疲劳裂纹扩展区形貌，图 7-20 为试样承受 σ=230 MPa，循环寿命 N_f=5.42×10^8 载荷条件下的超声疲劳试样的裂纹扩展区形貌。由于承受 σ=230 MPa、循环周次 N_f=5.42×10^8 的试样处于低应力超高周范围，因此该试样的扩展区基本上只存在扩展区 1。在这 3 个疲劳试样中，扩展区 1 几乎看不到疲劳辉纹，这与常规疲劳试样在扩展区 1 相比具有相似之处。图 7-18 和 7-19 中的扩展区 2，同样能隐约观察到与裂纹扩展方向垂直的疲劳辉纹，但在主裂纹面上出现的二次裂纹相比常规疲劳试样来说，数量较少。同时在扩展区 2 中还观察到有众多

的解理小平面，并且出现了明显的与裂纹扩展方向一致的疲劳沟线，这与常规疲劳试样的扩展区 2 基本相似。

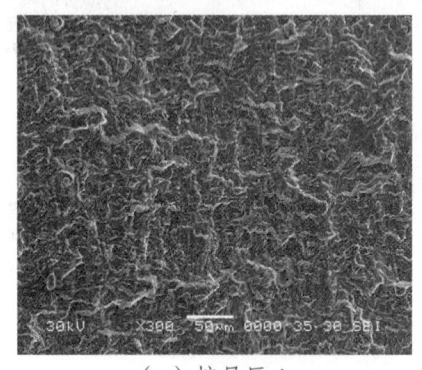

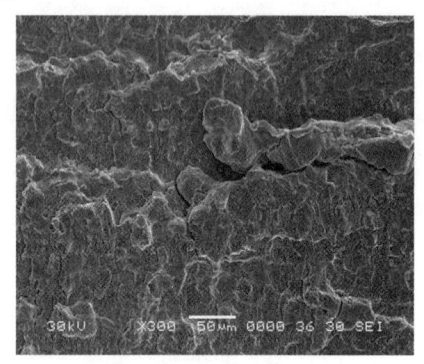

（a）扩展区 1　　　　　　　　　（b）扩展区 2

图 7-18　超声疲劳试样裂纹扩展区 σ=265 MPa，N_f=4.10×10^5

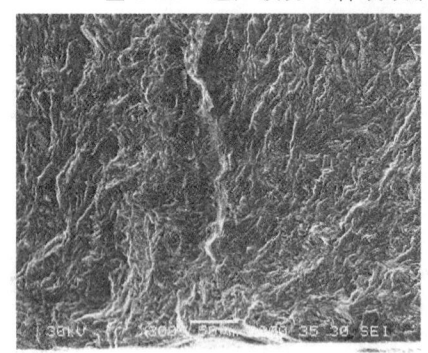

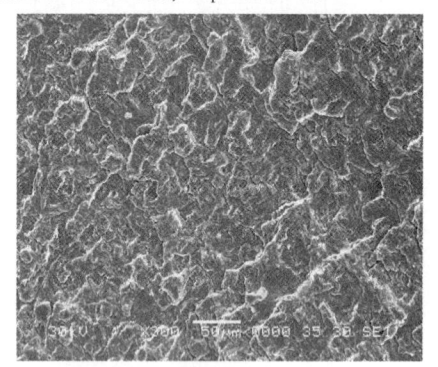

（a）扩展区 1　　　　　　　　　（b）扩展区 2

图 7-19　超声疲劳试样裂纹扩展区 σ=250 MPa，N_f=3.68×10^6

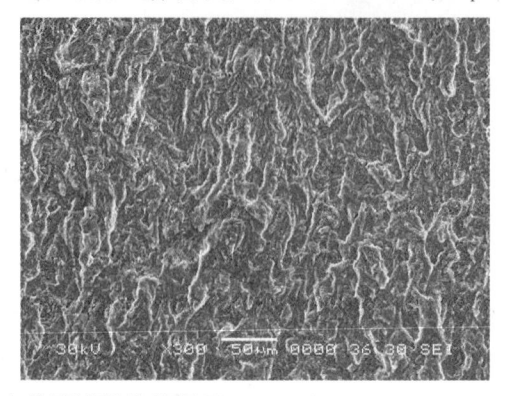

图 7-20　超声疲劳裂试样纹扩展区 σ=230 MPa，N_f=5.42×10^8（扩展区 1）

4. 瞬断区断口分析

瞬断区是疲劳失稳快速扩展至断裂的区域，对于塑性材料，典型的瞬断区微观形貌是呈现大量的等轴韧窝，通常在韧窝内都会观察到第二相粒子。图 7-21 为部分常规疲劳试样断口的瞬断区形貌，它具有典型的塑性材料断口形貌，并出现了大量的等轴拉伸韧窝，且在韧窝底部可以观察到清晰的第二相粒子。图 7-22 为部分超声疲劳试样的断口瞬断区形貌，与常规疲劳试样的瞬断区一样，也为典型的塑性材料瞬断区形貌，在韧窝底部处也发现一定数量量的第二相粒子。

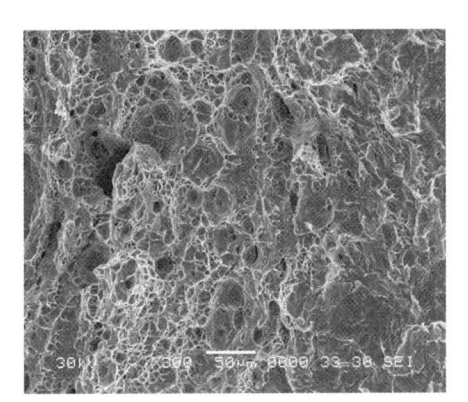

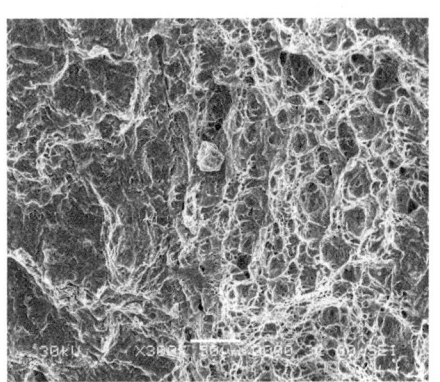

图 7-21 常规疲劳试样瞬断区

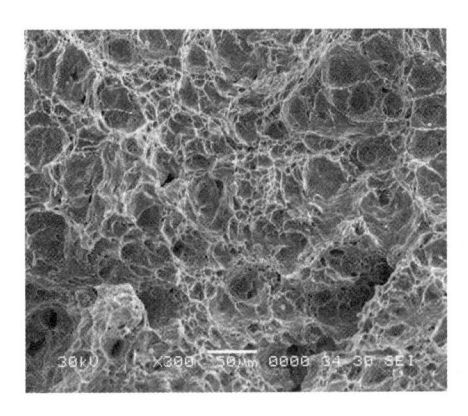

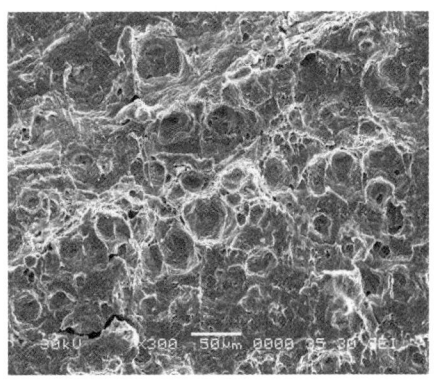

图 7-22 超声疲劳试样瞬断区

综上所述，通过对常规疲劳试样断口与超声疲劳试样断口的扫描电镜观察对比，两组试样在疲劳裂纹源数目、裂纹早期扩展区存在一定的区别，这两个现象在一定程度上反映了SMA490BW钢在常规疲劳加载和超声疲劳加载时的频率效应。

7.1.4　不同频率下的疲劳 S-N 曲线对比

将常规加载疲劳试验 S-N 曲线与超声加载疲劳试验 S-N 曲线画在一个图上进行对比（见图 7-23），由于常规疲劳试验数据只做到 5×10^7 周次，根据拟合曲线的趋势对超高周范围内的疲劳曲线进行延伸，以作为和超声疲劳试验的对比。从 S-N 曲线对比图可以看到，超声疲劳加载的疲劳 S-N 曲线下降得更缓。在高应力区，频率对 SMA490BW 钢的疲劳性能影响比较小，但随着加载应力的降低，疲劳寿命相对延长，频率对疲劳性能的影响逐渐增大，并且表现为超声疲劳加载在超高周范围具有更高的疲劳强度。

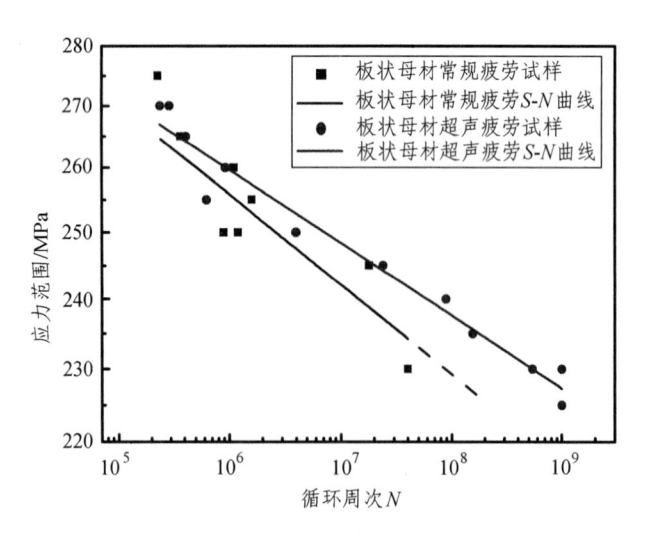

图 7-23　常规疲劳与超声疲劳 S-N 曲线对比

从图 7-23 中可以得出，加载频率升高可以使材料的疲劳寿命和疲劳强度升高。在循环次数 $1×10^6$ 周次时，常规疲劳 S-N 曲线上所对应的疲劳强度约为 256 MPa，而超声疲劳试验 S-N 曲线上所对应的疲劳强度约为 260 MPa，由于频率效应引起的疲劳强度仅升高了 1.56%，所以因频率效应引起的疲劳强度上升可以忽略不计；而在超高周的 $1×10^8$ 周次时，常规疲劳 S-N 曲线上所对应的疲劳强度约为 229 MPa，而超声疲劳试验 S-N 曲线上所对应的疲劳强度约为 238 MPa，由于频率效应引起的疲劳强度升高了 3.93%，从数据上验证了频率效应对 SMA490BW 钢的疲劳性能影响在高应力较低寿命区，影响比较小，而在低应力的超高周疲劳寿命区频率对疲劳性能的影响相对增大。一般来说，采用超声疲劳试验大都为了获得试样的超高周疲劳寿命，也就是说为了获得不小于 $1×10^8$ 循环周次的疲劳寿命，根据上述试验条件下所获得的 S-N 曲线来看，频率对疲劳强度的影响在 $1×10^8$ 循环以内，提高的幅度均在 4% 以内，即便是到了 $1×10^9$ 循环周次，频率对疲劳强度的影响也不超过 5%。通过以上分析可以得出以下重要结论，采用超声疲劳试验机进行材料的超高周疲劳性能的研究不会引起很大误差，只需在所得结果上减去 3%~5% 就可以了。

7.2　试样形状对超高周疲劳性能的影响

一般来说，材料的疲劳强度与试样的尺寸大小有关系，试样越大，材料的疲劳强度会更低，这种疲劳强度随着试样尺寸增大而降低的现象称为尺寸效应[39]。尺寸效应产生的原因一般被认为是，尺寸越大，材料所含有的缺陷越多，出现大缺陷的概率也会更大，这是从统计因素方面来进行解释的[40]。从本试验的试验数据看，同样作为母材，圆柱状试样与板状试样的疲劳强度显示出了较大的区别。为了让两种形式下的母材的疲劳性能更好地进行对比，对两组试验数据进行 Origin 拟合，得到的 S-N 曲线图如图 7-24 所示。

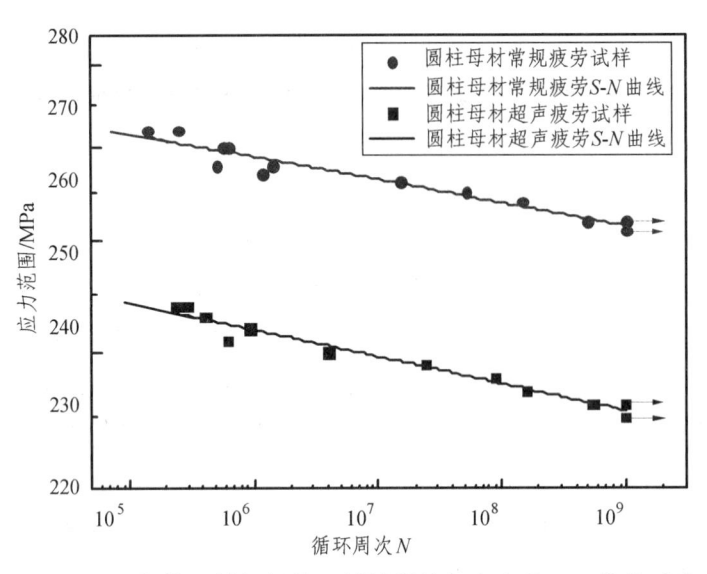

图 7-24 圆柱状母材与板状母材试样的超声疲劳 S-N 曲线对比

从图 7-24 中可以看到，圆柱状母材试样的疲劳强度要远大于板状母材试样的疲劳强度。由前面的内容可知，圆柱状母材试样的疲劳 S-N 拟合曲线方程为：$\lg N=159.32-60.42\lg\Delta\sigma$；板状母材试样的疲劳 S-N 拟合曲线方程为：$\lg N=131.23-51.87\lg\Delta\sigma$。在 10^7 循环周次下，圆柱状与板状试样的疲劳强度分别为 332 MPa 和 248 MPa，板状试样比圆柱状试样下降 25.3%；在 10^9 循环周次下，圆柱状与板状试样的疲劳强度分别为 308 MPa 和 227 MPa，板状试样比母材试样下降了 26.3%。从对比中发现，同一种材料的疲劳强度和试样的尺寸与形状有非常大的关系，刘永杰[41]在文献中也提到了相似的现象，圆柱状试样的疲劳强度要远高于板状试样的疲劳强度，但未给出原因解释。从本试验分析，作者认为造成这种区别最大的因素有两点：第一是表面粗糙度的原因，板状试样由于是线切割机上加工而来的，表面粗糙度更大。第二是在加载时不同形状在试样表面引起的应力梯度分布不一样，板状试样的应力分布更不均匀，更复杂，关于这个因素希望在以后的研究中能够再深入探讨。

文献[42]在研究转向架焊接构架用 P355NL1 钢母材和焊接接头的疲劳性能时，分别采用圆柱状母材试样和板状母材试样、圆柱状焊接接头试样和板状焊接接头试样进行疲劳试验，试验结果也都得出了与上述相

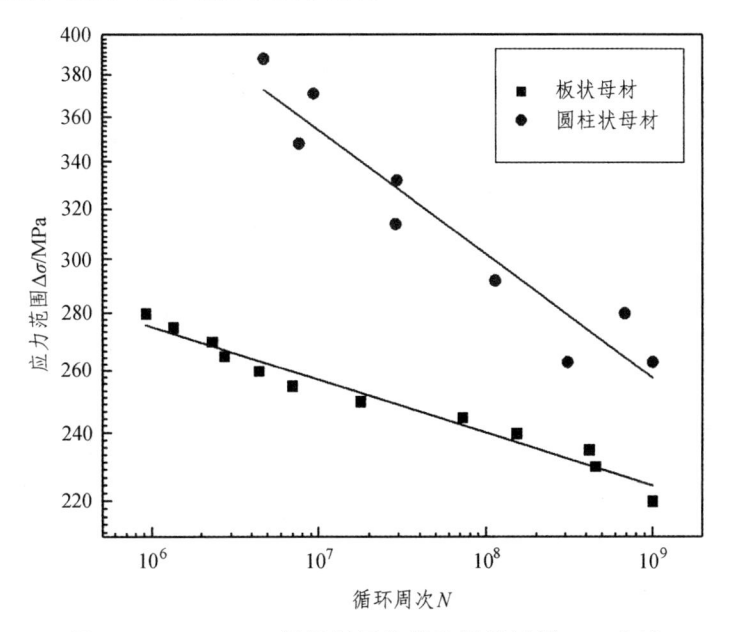

同的结论,如图 7-25 和图 7-26 所示。

图 7-25 P355NL1 钢母材圆柱状和板状试样 S-N 曲线

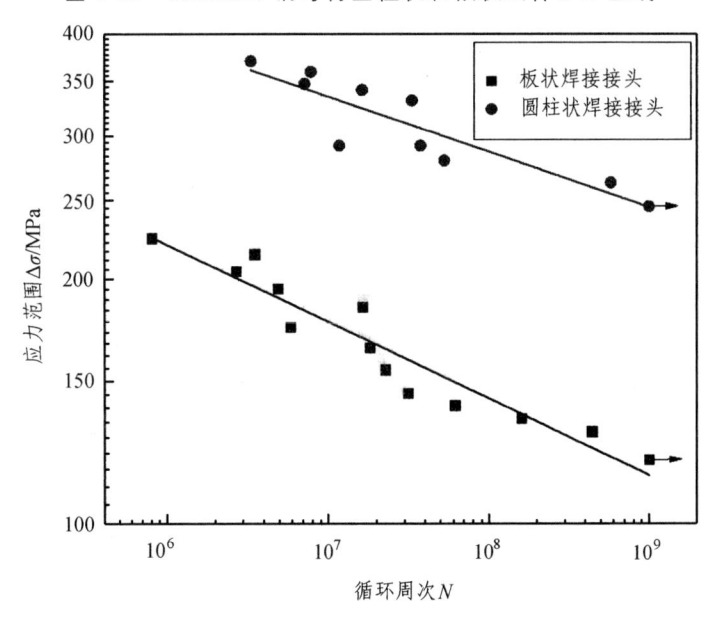

图 7-26 P355NL1 钢焊接接头圆柱状和板状试样 S-N 曲线

7.3 环境因素对 P355NL1 钢焊接接头超高周疲劳性能的影响

文献[43]采用超声疲劳试验机对 P355NL1 钢焊接接头以及超声冲击焊接接头在不同腐蚀环境中的超高周疲劳性能进行了研究。

7.3.1 P355NL1 钢焊接接头常态下超声疲劳试验结果及分析

试验中所采用的板状焊接接头试样如图 7-27 所示,在常态下(即冷却环境为水)试验结果表明,焊接接头的疲劳试样均断裂于焊趾处,断裂位置如图 7-28 所示。这是因为焊接接头焊趾处应力集中程度最高,有害残余应力较大。超声疲劳试验结果如表 7-3 所示。

图 7-27 P355NL1 钢焊接接头试样

图 7-28 常态下焊态接头试样断裂位置

表 7-3 P355NL1 钢焊接接头常态下超声疲劳试验结果

试样编号	应力范围/MPa	循环周次	断裂位置
1	225	8.00×10^5	焊趾
2	215	3.50×10^6	焊趾
3	205	2.69×10^6	焊趾
4	195	4.88×10^6	焊趾
5	185	1.63×10^7	焊趾
6	175	5.83×10^6	焊趾

续表

试样编号	应力范围/MPa	循环周次	断裂位置
7	165	1.80×10^7	焊趾
8	155	2.25×10^7	焊趾
9	145	3.12×10^7	焊趾
10	140	6.12×10^7	焊趾
11	135	1.59×10^8	焊趾
12	130	4.40×10^8	焊趾
13	120	1.00×10^9	未断

将表 7-3 中数据进行简单处理，利用 Origin 软件对其进行线性拟合得出 P355NL1 钢焊接接头常态下超声疲劳试验结果的 S-N 曲线，如图 7-29 所示，箭头表示试验过程中未断试样。从 S-N 曲线中可以看出不同载荷下不同试样的疲劳寿命，P355NL1 钢疲劳试样在常态下进行试验，S-N 曲线基本呈连续下降趋势，载荷越大，疲劳寿命越短，超过 10^7（超高周疲劳）后，疲劳试样仍会断裂，说明试样不存在传统意义上的疲劳极限。疲劳寿命 S-N 曲线方程为：$\lg N + 10.57 \lg \Delta\sigma = 30.78$（$4 \times 10^5 \leqslant N \leqslant 1.0 \times 10^9$）。

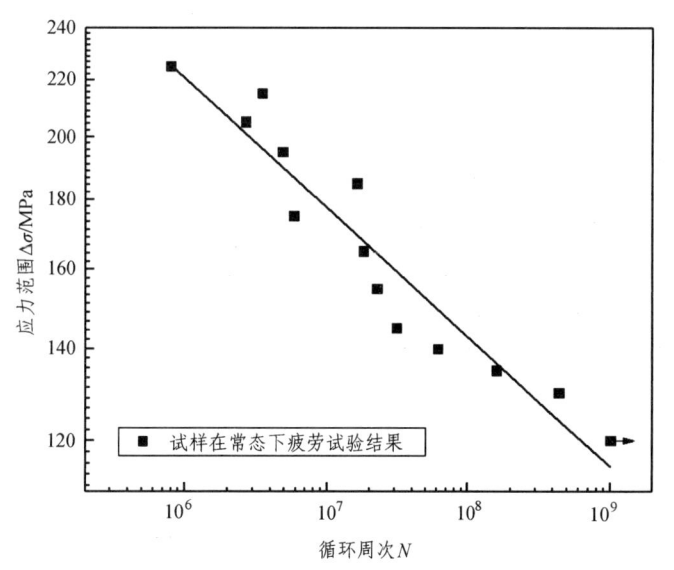

图 7-29　P355NL1 钢焊接接头常态下 S-N 曲线

7.3.2 P355NL1 钢焊接接头在不同浓度腐蚀液中疲劳试验结果与分析

P355NL1 钢焊接接头在不同浓度腐蚀液中的超高周疲劳试验分三组进行，分别对应着 6%NaCl、9%NaCl、12%NaCl 腐蚀液浓度。

P355NL1 钢焊接接头在 6%、9%和 12%NaCl 腐蚀溶液中的超高周疲劳试验结果分别如表 7-4 ~ 表 7-6 所示。

表 7-4　P355NL1 钢焊接接头在 6% NaCl 腐蚀液中疲劳试验结果

试样编号	应力范围/MPa	循环周次	断裂位置
1	215	6.08×10^5	焊趾
2	210	1.62×10^6	焊趾
3	200	3.05×10^6	焊趾
4	190	4.12×10^6	焊趾
5	180	1.37×10^6	焊趾
6	170	1.62×10^7	焊趾
7	160	1.83×10^7	焊趾
8	150	2.16×10^7	焊趾
9	140	2.76×10^7	焊趾
10	130	7.24×10^7	焊趾
11	120	2.08×10^8	焊趾
12	115	5.06×10^8	焊趾
13	110	1.00×10^9	未断

表 7-5　P355NL1 钢焊接接头在 9% NaCl 腐蚀液中疲劳试验结果

试样编号	应力范围/MPa	循环周次	断裂位置
1	220	4.08×10^5	焊趾
2	210	1.23×10^6	焊趾
3	200	2.42×10^6	焊趾
4	190	3.65×10^6	焊趾

续表

试样编号	应力范围/MPa	循环周次	断裂位置
5	180	6.06×10^6	焊趾
6	170	1.21×10^7	焊趾
7	160	1.56×10^7	焊趾
8	150	1.82×10^7	焊趾
9	140	2.34×10^7	焊趾
10	130	6.53×10^7	焊趾
11	120	1.98×10^8	焊趾
12	115	4.76×10^8	焊趾
13	110	1.00×10^9	未断

表 7-6　P355NL1 钢焊接接头在 12% NaCl 腐蚀液中疲劳试验结果

试样编号	应力范围/MPa	循环周次	断裂位置
1	215	4.03×10^5	焊趾
2	210	8.02×10^5	焊趾
3	200	1.37×10^6	焊趾
4	190	2.08×10^6	焊趾
5	180	6.61×10^6	焊趾
6	170	9.05×10^6	焊趾
7	160	1.53×10^7	焊趾
8	150	2.16×10^7	焊趾
9	140	3.52×10^7	焊趾
10	130	5.49×10^7	焊趾
11	120	9.81×10^7	焊趾
12	115	5.05×10^8	焊趾
13	110	7.21×10^8	焊趾
14	105	1.00×10^9	未断

在不同腐蚀环境下，三种疲劳试样同样断裂于焊趾处。将这三组数据进行处理，拟合得出三条 S-N 曲线，如图 7-30 所示，箭头表示未断试

样。从图 7-30 中可以看出，三条曲线呈现出连续下降趋势，且自上而下分别对应 6%、9% 和 12% NaCl 浓度腐蚀溶液的超高周疲劳 S-N 曲线。说明在不同浓度腐蚀环境下，试样的超高周腐蚀疲劳寿命会受到影响，并且随着腐蚀液浓度的升高，焊接接头的疲劳性能下降。在受到相同载荷的作用下，处于 6% NaCl 溶液中的疲劳试样的疲劳寿命明显优于处在 9% 和 12% NaCl 溶液中的疲劳试样；在疲劳寿命相同的情况下，所能承受的载荷也更高。这是因为试样在较高浓度腐蚀液中其表面所受侵蚀较为严重，点蚀坑也较多，应力集中明显，加速了裂纹的萌生。当循环周次大于 10^7 时，经过试验发现腐蚀疲劳试样同样会发生断裂，说明也不存在疲劳极限。对于服役要求较长的焊接构件来说，设计采用传统的疲劳极限准则来进行会相当危险。

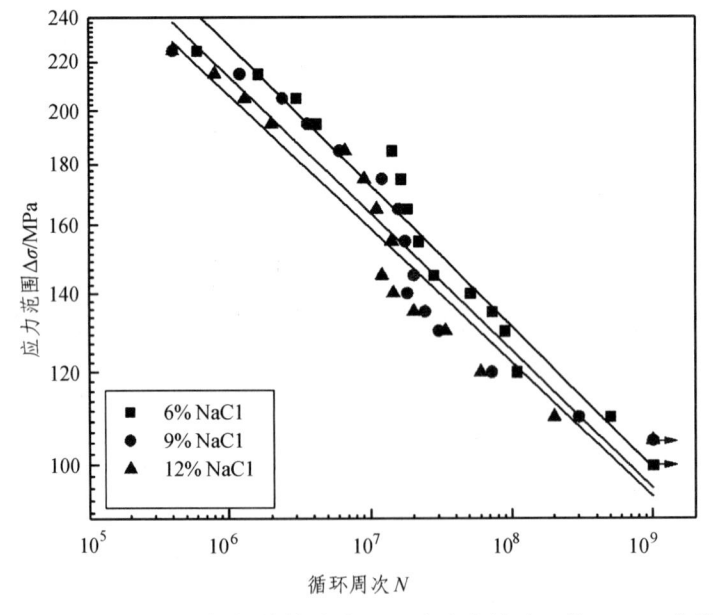

图 7-30 P355NL1 钢焊接接头在不同浓度腐蚀液环境下 S-N 曲线

7.3.3 超声冲击态试样在不同腐蚀液中的超声疲劳试验结果及分析

P355NL1 钢焊接接头在经过超声冲击表面强化处理之后，超高周腐蚀疲劳试验结果如表 7-7～表 7-9 所示，疲劳试样的断裂位置如图 7-31 所示，相较于之前未经超声冲击处理的试样来说，断裂位置从焊趾位置处转移至焊缝甚至母材区，疲劳强度显著上升。

图 7-31　冲击态试样断裂位置

将表 7-7～表 7-9 中的疲劳试验数据进行处理，得出在 6%、9%和 12%NaCl 腐蚀溶液中超声冲击态试样的疲劳 S-N 曲线，箭头表示腐蚀疲劳过程中未断试样。从图 7-32 中可以看出，随着腐蚀溶液浓度的增加，P355NL1 钢冲击态焊接接头的 S-N 曲线逐渐降低，在超高周疲劳阶段，试样同样会发生断裂，不存在传统意义上的疲劳极限。在相同应力范围下，疲劳寿命受到腐蚀液浓度的影响，随着腐蚀液浓度的升高而降低。在低应力范围内，疲劳寿命随应力下降变化更明显。

表 7-7　冲击态试样在 6% NaCl 腐蚀液中疲劳试验结果

试样编号	应力范围/MPa	循环周次	断裂位置
1	310	1.08×10^6	焊缝
2	300	1.50×10^6	焊缝
3	290	3.40×10^6	焊缝
4	280	5.04×10^6	母材
5	270	6.33×10^6	焊缝
6	260	9.20×10^6	母材
7	250	1.03×10^7	母材
8	240	2.40×10^7	焊缝
9	230	4.30×10^7	焊缝
10	220	1.20×10^8	焊缝
11	215	5.46×10^8	焊缝
12	210	1.00×10^9	未断

表 7-8　冲击态试样在 9% NaCl 腐蚀液中疲劳试验结果

试样编号	应力范围/MPa	循环周次	断裂位置
1	310	1.40×10^6	焊缝
2	300	1.20×10^6	焊缝
3	290	1.60×10^6	焊缝
4	280	4.78×10^6	焊缝
5	270	6.90×10^6	焊缝
6	260	8.79×10^6	焊缝
7	250	9.80×10^6	焊缝
8	240	1.96×10^7	焊缝
9	230	5.50×10^7	焊缝
10	220	8.90×10^7	焊缝
11	215	4.77×10^8	焊缝
12	210	6.50×10^8	焊缝
13	205	1.00×10^9	未断

表 7-9　冲击态试样在 12% NaCl 腐蚀液中疲劳试验结果

试样编号	应力范围/MPa	循环周次	断裂位置
1	310	5.00×10^5	焊缝
2	300	1.00×10^6	焊缝
3	290	1.50×10^6	焊缝
4	280	3.20×10^6	焊缝
5	270	4.70×10^6	焊缝
6	260	7.00×10^6	焊缝
7	250	9.00×10^6	焊缝
8	240	1.80×10^7	焊缝
9	230	3.00×10^7	焊缝
10	220	7.00×10^7	焊缝
11	215	2.00×10^8	焊缝
12	210	4.50×10^8	焊缝
13	205	8.70×10^8	焊缝
14	200	1.00×10^9	未断

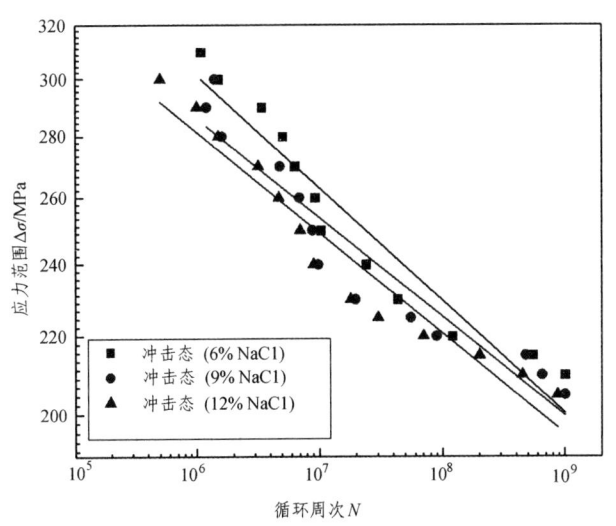

图 7-32 冲击态试样在不同浓度腐蚀液环境下 S-N 曲线

7.3.4 不同 S-N 疲劳曲线分析

将上述 7 组疲劳试样的拟合曲线放在一起观察比较,如图 7-33 所示。从图中可以更加清楚地观察到这几组试验结果的差别,也可以更加清晰直观地了解疲劳强度随腐蚀液浓度的改变而变化的趋势。拟合得出的各条 S-N 曲线方程经整理计算如表 7-10 所示。

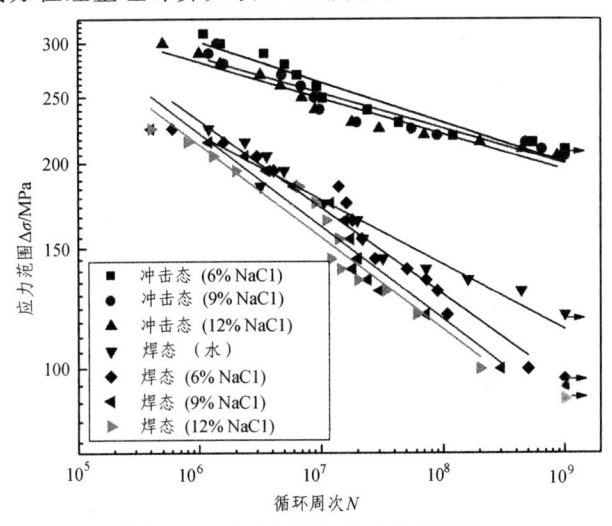

图 7-33 三组试样 S-N 曲线汇总

表 7-10　三组试样 S-N 曲线方程汇总表

试　样	S-N 曲线方程	
焊态（水冷却）	$\lg N+10.57\lg\Delta\sigma=30.78$	$4\times10^5 \leqslant N \leqslant 1.0\times10^9$
焊态（6%NaCl）	$\lg N+8.33\lg\Delta\sigma=25.64$	$4\times10^5 \leqslant N \leqslant 1.0\times10^9$
焊态（9%NaCl）	$\lg N+8.58\lg\Delta\sigma=26.00$	$4\times10^5 \leqslant N \leqslant 1.0\times10^9$
焊态（12%NaCl）	$\lg N+8.80\lg\Delta\sigma=26.36$	$4\times10^5 \leqslant N \leqslant 1.0\times10^9$
冲击态（6%NaCl）	$\lg N+16.97\lg\Delta\sigma=48.06$	$4\times10^5 \leqslant N \leqslant 1.0\times10^9$
冲击态（9%NaCl）	$\lg N+19.28\lg\Delta\sigma=53.36$	$4\times10^5 \leqslant N \leqslant 1.0\times10^9$
冲击态（12%NaCl）	$\lg N+18.98\lg\Delta\sigma=52.49$	$4\times10^5 \leqslant N \leqslant 1.0\times10^9$

从图 7-33 中可以看出，超声冲击态焊接接头的 S-N 曲线明显高于原始焊态试样的 S-N 曲线，说明经超声冲击处理之后，试样的超高周疲劳寿命显著提高，疲劳性能得到大幅度提升。不同浓度腐蚀液环境下，疲劳寿命都是随腐蚀液浓度的增大而降低，腐蚀环境对超高周疲劳性能有很大的影响。

根据表 7-10 中拟合的 S-N 曲线方程可以明显地看出经过超声冲击处理之后，方程斜率减小，冲击态试样较焊态试样相比，腐蚀速率明显下降，同时疲劳性能得到显著提高。可以计算当疲劳循环周次分别选择 1×10^6、1×10^7 和 1×10^8 时，相对应的应力值如表 7-11 所示。对比表 7-11 中数据可知，P355NL1 钢焊接接头在经超声冲击处理之后，疲劳强度显著上升，在同等循环周次下，冲击态试样超高周疲劳强度要远高于焊态试样，在 1.0×10^6 循环周次下，在 6%NaCl、9%NaCl 和 12%NaCl 腐蚀溶液中，冲击态疲劳强度分别是焊态的 1.32、1.33 和 1.37 倍；在 1.0×10^7 循环周次下，在 6%NaCl、9%NaCl 和 12%NaCl 腐蚀溶液中，冲击态疲劳强度分别是焊态的 1.52、1.54 和 1.58 倍；在 1.0×10^8 循环周次下，在 6%NaCl、9%NaCl 和 12%NaCl 腐蚀溶液中，冲击态疲劳强度分别是焊态的 1.75、1.8 和 1.83 倍，在相同循环周次 1.0×10^8 下，相较于焊态，最高提升疲劳强度 83.3%。P355NL1 钢焊接接头在经过超声冲击处理之后，疲劳性能明显超过在冷却条件为水环境下焊接接头的疲劳性能，可以看出腐蚀液浓度对疲劳强度有较大的影响，超声冲击技术对改善焊接接头腐蚀疲劳性能有显著作用。在所进行的几组试验中发现，在 1.0×10^7 循环周次之后，试样还是会发生疲劳断裂，并未达到无限寿命，说明传统的疲劳极限在超高周腐蚀疲劳阶段并不成立。

表 7-11 三组试样疲劳强度对比

试 样	疲劳强度/MPa		
	1.0×10^6	1.0×10^7	1.0×10^8
焊态（水）	221	178	142
焊态（6%NaCl）	230	172	131
焊态（9%NaCl）	215	164	125
焊态（12%NaCl）	205	158	120
冲击态（6%NaCl）	301	263	229
冲击态（9%NaCl）	286	253	225
冲击态（12%NaCl）	280	249	220

通过表 7-10 中的 S-N 曲线方程计算还可以得出，超声冲击态焊接接头和原始焊态接头试样在 220 MPa 应力作用下所对应的疲劳寿命，具体结果如表 7-12 所示。从表 7-12 中可以明显看出，焊接接头经过超声冲击处理之后，试样在相同应力水平下，疲劳寿命明显高于原始焊态试样的疲劳寿命，在 6% NaCl 腐蚀溶液中，冲击态试样比原始焊态试样疲劳寿命提升 117 倍，在 9% NaCl 腐蚀溶液中，冲击态试样比原始焊态试样疲劳寿命提升 120 倍，在 12% NaCl 腐蚀溶液中，冲击态试样比焊态试样疲劳寿命提升 125 倍，说明超声冲击可以大幅度提高 P355NL1 钢焊接接头的超高周腐蚀疲劳寿命。

表 7-12 试样疲劳寿命对比

试 样	应力/MPa	疲劳寿命 N
焊态（水冷）	220	1.29×10^6
焊态（6%NaCl）	220	1.04×10^6
焊态（9%NaCl）	220	7.94×10^5
焊态（12%NaCl）	220	5.62×10^5

续表

试　样	应力/MPa	疲劳寿命 N
冲击态（6%NaCl）	220	1.22×10^8
冲击态（9%NaCl）	220	9.58×10^7
冲击态（12%NaCl）	220	7.07×10^7

参考文献

[1] GUENNEC B, NAKAMURA Y, SAKAI T, et al. Reconfirmation and new discussions on frequency effect of fatigue property of materials based on numerous published data[J]. International Journal of Materials and Structural Integrity, 2014, 8（4）: 221-242.

[2] 宋亚南, 徐滨士, 王海斗, 等. 金属材料超高周疲劳的试验方法及失效特征[J]. 中国有色金属学报, 25（12）: 3245-3254.

[3] 洪友士, 赵爱国, 钱桂安. 合金材料超高周疲劳行为的基本特征和影响因素[J]. 金属学报, 2009, 45（7）: 769-780.

[4] GUENNEC B, UENO A, SAKAI T, et al. Effect of the loading frequency on fatigue properties of JIS S15C low carbon steel and some discussions based on micro-plasticity behavior[J]. International Journal of Fatigue, 2014, 66:29-38.

[5] GUENNEC B, UENO A, SAKAI T, et al. Dislocation-based interpretation on the effect of the loading frequency on the fatigue properties of JIS S15C low carbon steel[J]. International Journal of Fatigue, 2015, 70: 328-341.

[6] ZENG R C, HAN E H, KE W. A critical discussion on influence of loading frequency on fatigue crack propagation behavior for extruded Mg-Al-Zn alloys[J]. International Journal of Fatigue, 2012, 36（1）: 40-46.

[7] 关昕, 孟延军. 超高周疲劳的研究进展[J]. 钢铁, 2009, 37（1）: 58-62.

[8] 胡燕慧，张峥，钟群鹏，等. 金属材料超高周疲劳研究进展[J]. 机械强度，2009，31（6）：979-985.

[9] STANZL T S. Fatigue crack growth and thresholds at ultrasonic frequencies[J]. International Journal of Fatigue, 2006, 28:1456-1464.

[10] PAPAKYRIACOU M, MAYER H, FUCHS U, et al. Influence of atmospheric moisture on slow fatigue crack growth at ultrasonic frequency in Aluminium and magnesium alloys[J]. Fatigue &Fracture of Engineering Materials &Structures, 2002, 25:795-804.

[11] HOLPER B, MAYER H, VASUDEMAN A K, et al. Near threshold fatigue crack growth at positive load ratio in Aluminium alloys at low and ultrasonic frequency: influence of strain rate, slip behaviour and air humidity[J]. International Journal of Fatigue, 2004, 26: 27-38.

[12] CHEN Q, KAWAGOISHI N, WANG Q Y, et al. Small crack behavior and fracture of nickel-based superalloy under ultrasonic fatigue[J]. International Journal of Fatigue, 2005, 27:1227-1232.

[13] BATHIAS C. There is no infinite fatigue life in metallic materials[J]. Fatigue &Fracture of Engineering Materials & Structures, 1999, 22: 559-565.

[14] MARINES G I, PARIS P C, TADA H, et al. Fatigue crack growth from small to long cracks in very-high-cycle fatigue with surface and internal "fish-eye" failures for ferrite-perlitic low Carbon steel SAE8620[J]. Materials Science and Engineering A, 2007, 468-470: 120-128.

[15] 王弘. 40Cr50 车轴钢超高周疲劳性能研究及疲劳断裂机理探讨[D]. 成都：西南交通大学，2004：78-83.

[16] EBARA R. The present situation and future problems in ultrasonic fatigue testing Mainly reviewed on environmental effects and materials' screening[J]. International Journal of Fatigue, 2006, 28: 1465-1470.

[17] MORRISSEY R J, NICHOLAS T. Fatigue strength of Ti-6Al-4V at very long lives[J]. International Journal of Fatigue, 2005, 27: 1608-1612.

[18] MAYER H. Ultrasonic torsion and tension-compression fatigue testing: Measuring principle and investigations on 2024-T351 Aluminium alloy[J]. International Journal of Fatigue, 2006, 28: 1446-1455.

[19] ZHANG Y Y, DUAN Z, SHI H J. Comparison of the very high cycle fatigue behaviors of INCONEL 718 with different loading frequencies[J]. Science China Physics, Mechanics and Astronomy, 2013, 56（3）: 617-623.

[20] ZHAO A G, XIE J J, SUN C Q, et al. Effects of strength level and loading frequency on very-high-cycle fatigue behavior for a bearing steel[J]. International Journal of Fatigue, 2012, 38: 46-56.

[21] 张忠健，赵声志，彭文，等. 硬质合金疲劳裂纹的萌生与扩展行为[J]. 中国有色金属学报，2014, 24（12）: 3031-3041.

[22] STANZL T S. Fatigue crack growth and thresholds at ultrasonic frequencies[J]. International Journal of Fatigue, 2006, 28（11）: 1456-1464.

[23] FURUYA Y, MATSUOKA S, ABE T, et al. Gigacycle fatigue properties for high-strength low-alloy steel at 100 Hz, 600 Hz, and 20 kHz[J]. Scripta Materialia, 2002, 46（2）: 157-162.

[24] ZHANG J W, SONG Q P, ZHANG N, et al. Very high cycle fatigue property of high-strength austempered ductile iron at conventional and ultrasonic frequency loading[J]. International Journal of Fatigue, 2015, 70: 235-240.

[25] YAN N, KAWAGOISHI N, MAEDA Y, et al. Effect of loading frequency on fatigue properties of Ni-base super alloy Inconel 718[J]. Structural Longevity, 2009, 2（3）: 139-146.

[26] PAPAKYRIACOU M, MAYER H, PYPEN C, et al. Influence of loading frequency on high cycle fatigue properties of b. c. c and h. c. p metals[J]. Materials Science and Engineering A, 2001, 308（1/2）: 143-152.

[27] TAKEUCHI E, FURUYA Y, NAGASHIMA N, et al. The effect of

frequency on the giga-cycle fatigue properties of a Ti-6Al-4V alloy[J]. Fatigue and Fracture of Engineering Material and Structures, 2008, 31 (7): 599-605.

[28] SCHMID S, HAHN M, ISSLER S, et al. Effect of frequency and biofuel E85 on very high cycle fatigue behaviour of the high strength steel X90CrMoV18[J]. International Journal of Fatigue, 2014, 60: 90-100.

[29] MAYER H, PAPAKYRIACOU M, PIPPAN R, et al. Influence of loading frequency on the high cycle fatigue properties of AlZnMgCu1.5 aluminium alloy[J]. Materials Science and Engineering A, 2001, 314: 48-54.

[30] BOYCE J B L, RITCHIE R O. Effect of load ratio and maximum stress intensity on the fatigue threshold in Ti-6Al-4V[J]. Engineering Fracture Mechanics, 2001, 68:129-147.

[31] 倪金刚. 超声疲劳试验技术的应用[J]. 航空动力学报, 1995（3）: 245-248.

[32] ROTH L D, WILLERTZ L E, LEAX T R. On the fatigue of copper up to ultrasonic frequencies[J]. Ultrasonic Fatigue, 1981, 26: 265-282.

[33] 李伟, 李强, 鲁连涛, 等. 不同加载频率下GCr15钢超高周疲劳行为的研究[J]. 材料热处理学报, 2008（6）: 53-57.

[34] 薛红前, 杨斌堂, 等. 高频载荷下高强钢的超高周疲劳及热耗散研究[J]. 材料工程, 2009, 30（3）: 49-53.

[35] 衣鸿飞. 加载频率对钢铁材料超高周疲劳性能的影响[D]. 成都, 西南交通大学, 2008.

[36] 张志军. SMA490BW钢的超高周疲劳性能及其影响因素研究[D]. 南昌: 华东交通大学, 2016.

[37] 张帆, 周伟敏. 材料性能学[M]. 上海: 上海交通大学出版社, 2009.

[38] 何柏林. 列车转向架构架焊接接头表面超声冲击强化与疲劳性能改善技术[M]. 成都: 西南交通大学出版社, 2020.

[39] 梁旭. 金属材料疲劳强度影响因素的研究[D]. 沈阳: 东北大学,

2009.

[40] 何秋芳. 影响机械零件疲劳强度的主要因素研究[J]. 经营管理者，2010（21）：370.

[41] 刘永杰，何超，方冬慧，等. 焊接接头超高周疲劳实验研究[J]. 实验力学，2011，26（5）：617-624.

[42] 谢学涛. 超声冲击对 P355NL1 钢焊接接头超高周疲劳性能的影响[D]. 南昌：华东交通大学，2017.

[43] 王永祥. 超声冲击对 P355NL1 钢焊接接头超高周腐蚀疲劳性能影响的研究[D]. 南昌：华东交通大学，2021.